© a los textos José Antonio Fortea Cucurull, 2012 (Versión 1.9)
© a la edición Editorial Sekotia, S.L., 2020

EDITA
SEKOTIA, S.L. Teléfono: 914 337 328 www.sekotia.com
Plaza de Bailén, 4E · 91 433 73 28 · 19004 Guadalajara

DISEÑO, ARTE FINAL Y PREIMPRESIÓN
HB&h, S.L. Dirección de Arte y Edición
www.grupo-hbh.com

Está prohibida su reproducción por cualquiera que sea su proceso técnico, fotográfico o digital, sin permiso expreso de los propietarios del copyright.

La Ley de Propiedad Intelectual, aprobado por Real Decreto Legislativo 1/1996, de 12 de abril atribuye al autor y a otros titulares la disposición y explotación de sus obras y prestaciones.

Si usted, consciente o inconscientemente, permite que este producto sea divulgado en otra persona o personas diferentes a usted, debe saber que incurre en un delito tipificado por la Ley y que está permitiendo que otros se apropien de algo que no es suyo y por lo tanto es cómplice de un robo intelectual e industrial. Ser dueño de un ejemplar físico o electrónico de una obra no le convierte en dueño del contenido de esa obra. Existen claros límites en cuanto a lo que puede y no puede hacer con estos productos.

Acabemos con la piratería, no con los consumidores.

ISBN: 978-84-16921-91-1
Depósito legal: CO-541-2020

Exorcística

Cuestiones relativas al demonio, la posesión y el exorcismo

Tomo II

José Antonio Fortea Cucurull

Ofrezco este libro sobre el demonio a la mayor gloria de Dios, mi Creador antes de que yo naciera y mi Juez el día que yo parta de este mundo.

Creo en la Santa Iglesia Católica y me precio, como mi mayor honor, en ser hijo obediente de ella.

Índice general

Índice de Cuestiones 8
Prólogo 13
Consideraciones pastorales para el exorcista 19
El exorcismo en las diferentes religiones 55
La dimicatio o lucha espiritual 65
Pasajes oscuros de la Biblia 75
Antimagia 85
    I parte: los poderes de la mente 85
    II parte: los magos 97
    III parte: los adoradores de Satán 103
Tabula rerum 107
Psiquiatría y vida espiritual 127
Cuestiones 157
Casos 229
Epílogo 285

Índice de cuestiones

—¿Qué tipos de exorcismo han existido en la Iglesia a lo largo de la Historia?

—¿Qué tipos de exorcistas existen?

—El psicoexorcismo

—¿Tiene más poder el demonio por la noche?

—¿Tiene más poder el demonio en algún lugar o región de la Tierra?

—¿Está Jesús en la Eucaristía cuando la profanan en una secta satánica?

—¿Qué hacer para sacar a un hijo de una secta satánica?

—¿Qué hacer para neutralizar el poder de una secta satánica?

—¿Existen carismas exorcísticos?

—¿Hay dones exorcísticos de nacimiento?

—¿Se pueden desear dones exorcísticos?

—¿Cómo saber si un don es de Dios o del Maligno?

—¿Qué es el exorcismo bautismal?

—La jerarquía de los ángeles.

—¿Se puede exorcizar a distancia?

—¿Es posible que un espíritu aparezca en una fotografía?

—¿Es lo mismo condenación que infierno?

—¿Creó Dios el infierno?

—¿Dios es el arquitecto del infierno?

—¿Podía haber hecho Dios el infierno peor?

—¿Existe un cierto paralelismo entre los fenómenos místicos y los diabólicos?

—¿Por qué hacer espiritismo es pecado?

—Los urim y los tumim.

—¿Hay manifestaciones de difuntos en la Biblia?

—¿Por qué Jesús llama serpientes y escorpiones a los demonios?

—¿Cuál es el centro del exorcismo?

—¿Qué hacer si el exorcismo entra en un punto muerto?

—¿La maldición es como un maleficio?

¿Recibe algún beneficio el laico que ayuda en un exorcismo?

¿Cuál es el número máximo de exorcismos que puede hacer un exorcista a la semana?

¿Existe alguna oración para discernir si alguien está poseso?

—El exorcista ante la ley penal

—El poseso ante la ley penal

—El exorcista ante la ley canónica.

—¿Puede un demonio estar en dos lugares a la vez?

—¿Cuáles son los tres peligros mayores del exorcista?

—¿Si Dios es infinitamente misericordioso porqué los condenados son torturados eternamente?

—¿Cuál es el paralelismo entre la oración y el maleficio?

—¿Qué sucedería si una sociedad se corrompiera íntegramente?

—¿Está Dios obligado a intervenir para detener el mal?

—¿Dios escucha instante a instante el interior del pensamiento de cada uno de los demonios?

—¿Hubiera podido suceder que todos los ángeles se hubieran convertido en demonios?

—¿Conoce Dios el número de los demonios que podían haber existido y no existirán?

Exorcística

Cuestiones relativas al demonio, la posesión y el exorcismo

Prólogo

En un castillo en Alemania, en Bielstein, en agosto de 2005, iba a dar una conferencia cuando al comenzar me acordé de un reportaje que había visto en la televisión pocos días antes. En la primera parte del reportaje se mostraba a unos escaladores que llegaban a las más altas cumbres. En la segunda parte del reportaje se mostraba a submarinistas penetrando por grutas marinas que interconectadas entre sí formaban inacabables galerías de kilómetros y kilómetros, galerías que llevaban a profundidades que parecían no tener final ninguno.

Aquella conferencia comenzó de esa manera, explicando la diferencia entre ambos mundos. Expliqué cómo hay hombres que ascienden a esas montañas, a esas alturas, símbolo de los teólogos que estudian las más altas cuestiones místicas. Cuestiones que tratan de una región donde el sol ilumina todo con luz purísima y especial, donde en vano se buscará la más pequeña mota de polvo. Una región de un aire inmaculado desde cuya altura se ve el mundo de los hombres muy abajo, muy pequeño. Los simbolismos inherentes a esta imagen son evidentes y no hace falta explicarlos. Como no hace falta explicar el simbolismo de esa otra región subterránea, donde nunca llega la luz del sol. Una región donde reina la oscuridad y la falta de vida. Un reino de fango donde moran criaturas que instintivamente nos llenan de temor.

Nunca me hubiera introducido yo en esas profundidades de oscuridad donde moran monstruos si no hubiera sido por ayudar a hermanos míos atrapados en esas galerías. Tuve que bucear en ellas por amor a Cristo. Si otros por amor a ese mismo Dios tuvieron que ascender por la ladera de montañas, tuve yo que descender movido por ese mismo amor. La caridad hizo a unos ascender, a mí descender. El ascenso es lento y duro, paso a paso, asimismo el descenso.

Y estuve protegido, ciertamente, porque no era por mi propia voluntad y amor al riesgo por lo que me introduje en laberintos de muerte y fango, sino por obediencia a Aquel que permitió que esos laberintos ocuparan un rincón de su creación. Por eso aunque caminé por *el valle de la sombra de la muerte* (maravilloso y reconfortante salmo 23), nada temí porque tenía quien me guiara y me protegiera.

Es cierto que este libro trata del demonio y no de Dios. Pero tampoco es eso así del todo. Hoy paseando delante de mi parroquia leía una carta recibida del sur de España. La carta era de una persona que había leído mi libro *Obra Férrea*, en la carta me topaba con la siguiente pregunta: ¿Cómo se puede demostrar la verdad de *la Iglesia*? ¿No es el Diablo en sí mismo la demostración? Qué pregunta tan inteligente. Sí, su presencia, tétrica y desagradable, supone una sobrada demostración de todas las verdades de la fe. ¿No es la existencia del demonio una predicación en sí misma? ¿No es su existencia y su eterno clamor un sermón demoniaco acerca de las realidades divinas? Sí, que resuene un antisermón ha sido permitido por el Bien Infinito.

Le doy muchas gracias a Dios de haberme concedido una vida tan llena de hechos apasionantes, por haberme otorgado una existencia que es una diaria constatación de la confrontación entre el Poder de Dios y las Puertas del Infierno. El Poder del brazo de Dios... el poder invencible de sus ángeles... y por otro lado esas puertas del Hades que extienden su poder sobre los hombres, porque también las Tinieblas ostentan un poder. El Mesías mientras estuvo sobre la tierra concedió un poder y una autoridad para contrarrestar ese otro poder, verdadero y terrible. El poder de Dios frente al poder de Satanás, el poder de la Luz frente al poder de la Oscuridad. Sí, este universo alberga en su seno un

Lado Oscuro al que únicamente le puede hacer frente la Fuerza de Yahveh Sebaoth. Sí, Morgoth y Sauron existen y estamos en guerra, no se trata de una ficción. Sin la lucha espiritual de muchas personas que contienen esas Puertas del Infierno el mal invadiría este mundo.

Está profetizado que el Hades no prevalecerá, pero no se dijo que no hacía falta hacer nada. El mal puede conquistar continentes enteros. Puede mantenerse en pie durante siglos en extensas regiones de la tierra. La guerra es muy real y hay verdaderas bajas. Hay gente que vive muy tranquila porque otros batallan y contienen horrores que de salir victoriosos horrorizarían a todos. ¿Pudo el III Reich haber durado siglos? ¿Pudo haber conquistado Europa y África entera? ¿Pudo el poder de los Soviets haber atraído bajo su órbita a medio mundo? Algunos creen que las cosas han sucedido como han sucedido porque no podían haber sido de otra manera: están muy equivocados. El mal retrocede porque hay gente que se esfuerza y batalla. El mal retrocede porque hay gente que lucha por aquellos que no luchan. El mal material que vemos sobre este mundo es fruto del mal moral. El mal visible es consecuencia de un mal invisible: el pecado. Y hay huestes de potestades tenebrosas que extienden ese mal invisible. Ese combate entre los ministros de Dios y las hordas del infierno es real. El exorcista simplemente tiene el privilegio de poderse asomar al infierno. El exorcista tiene el encargo de encontrarse frente a frente con esos Poderes de la Oscuridad y escucharles directamente.

Muchos se preguntarán qué significa el titulo de este libro. Pues bien, el título de EXORCISTICA proviene de *Ars Exorcistica*. Por lo cual se puede traducir como "teoría exorcística".

En fin, acabo deseando que nadie comience a leer este libro sin haber leído antes este prólogo. Porque al principiar la lectura hay que tener en cuenta que esta obra es el suplemento de *Summa Daemoniaca*. En ese otro libro se explica todo lo esencial relativo a la demonología. Este suplemento da por supuesto que se han leído las cuestiones previas y por eso esta obra va directamente al detalle, a los asuntos menores y más accidentales. En ese sentido, este libro, es un gran desván de cuestiones, un almacén donde he ido acumulando todo aquello que me vino a la mente tras escribir el tratado sobre lo esencial, *Summa Daemoniaca*.

Estas páginas, por lo tanto, son una acumulación de cuestiones relativas a la demonología y al ministerio del exorcismo agrupadas sin orden pues son añadidos a la anterior obra en la que todo sí que se explica desde principio a fin y en la que sí que se ofrece el contenido de forma estructurada. Leer este libro sin haber leído el anterior o sin tener buenos conocimientos teológicos sobre el tema, supone sumergirse voluntariamente en un camino zigzagueante cuyo rumbo parecerá marcado por el deseo del autor de esquivar los grandes espacios que conforman la primera obra sobre las cuestiones esenciales.

Leer este libro, por tanto, tiene el encanto de meterse en algo así como en una especie de selva de cuestiones teológicas y espirituales. O como el recorrer el taller de un tallador, donde yacen centenares y centenares de capiteles, trozos de tímpanos, gárgolas y un sinfín de elementos en espera de su sitio.

Escribí este libro pensando en teólogos, en peritos en esta materia. Ahora bien, no tengo la menor duda de que una vez impreso un libro, tendrá este todo tipo de lectores: creyentes y no creyentes, teólogos y gente sin conocimientos acerca de la religión. Y estoy seguro de que habrá quienes expresamente se deleitarán en perderse en esta selva de cuestiones, quienes querrán experimentar voluntariamente la desorientación de ir recorriendo una red de caminos que se cortan y entrecruzan. La lectura por el placer del mismo acto de leer incluye no solo la literatura sino también la teología. Borges era aficionado a este tipo de *excursiones*. Para todos los creyentes y para todos los "borgianos" he creado este pequeño jardín de caminos demoniacos que se dividen, se atraviesan y se separan.

Quisiera también añadir en el final de este prólogo que Dios es honrado, alabado y ensalzado en todos los aspectos y detalles de todo lo que existe. La existencia es un canto de alabanza a Dios, la existencia es la gloria de Dios, la existencia es un acto de la voluntad de Dios. Él es el que permite que exista. Dios determina cómo ha de existir todo lo que de hecho es. Casi nadie le glorifica por esta parte, por esta porción, de la existencia que es el infierno. Algunos hasta consideran que esta parte, la de los seres réprobos, es como una especie de mancha en el mundo de lo existente. Si nuestra mano humana debiera continuar el capítulo I del Génesis o acotarlo o profundizar en él con palabras, escribiría:

> Y vio Dios que todo lo que
> había creado era bueno.
> Mas el mal surgió
> entre las cosas buenas.
> El mal era malo y estaba en
> medio de un mundo bueno.
> Mas vio Dios que era bueno permitir que existieran cosas malas.
> Y permitió Dios que existieran.
> Y vio Dios que su permisión era buena.
> Vio Dios que era bueno que existiera todo lo que Él ha permitido
> que exista.
> Y todo lo que vio que no era bueno permitir que existiera,
> no lo permitió.
> Y el bien existió y el mal coexistió.
> Y hubo día y hubo noche.
> Y hubo criaturas del día
> y criaturas de la noche.

Consideraciones pastorales

Consideraciones pastorales en el desempeño del ministerio del exorcismo

Los siguientes puntos han sido redactados de forma breve y condensada para ser llevados a la oración de todo aquel que se dedique a este ministerio. De su meditación no solo se aprovechará el exorcista, sino también el equipo de laicos que ayuden al exorcista, e incluso los mismos posesos si tienen suficiente capacidad intelectual para ello.

El libro de Job debería ser meditado línea a línea por cada poseso en su tiempo de oración personal. El libro de Job fue escrito por Dios para dar consuelo a todas las personas oprimidas por la tribulación, es un libro de una gran complejidad en algunas de sus partes, pero el poseso deberá leer el libro como un libro escrito para él mismo como destinatario. La historia de un hombre llamado Job atacado por el demonio. El antes, durante y después de esa tribulación demoniaca, personal y familiar supone una gran enseñanza para todo aquel que vaya a la Palabra de Dios buscando consuelo para su opresión diabólica.

Todo en ese libro sagrado es importante, el antes del ataque, el por qué se permite el ataque, el final del tiempo de prueba, la conversación con los amigos, con la esposa. El sacerdote debe insistir al poseso en que saque enseñanzas para él mismo en cada una de sus líneas.

¿De dónde vienes?, le preguntará Yahveh a Satán. De dar vueltas por la tierra y pasearme por ella, responderá. Tristemente, muchos hombres hacen lo mismo. Lo único que hacen en toda su vida es dar vueltas por la tierra, sin otras pretensiones que vayan más allá de esta tierra.

Después los sabeos caerán sobre los siervos de Job para saquear y matar. Irrumpen ellos, pero por instigación del demonio. En estos casos hay que recomendar la oración de Job 1, 21-22: *Desnudo salí del vientre de mi madre...* Después de la primera visita al exorcista, hay que recomendarles que lean este primer capítulo, para empezar la vida espiritual.

En Job 2 conversan Yahveh y Satán. Dios habla y lo hace para fijarse en lo bueno. Este es un modo de luchar contra las tentaciones que nos vienen de los demonios. Dios se fija siempre en lo bueno, el demonio se fija siempre en lo malo.

"Piel por piel" le dirá el Maligno, y al decir eso dirá la verdad, pues así suelen actuar los hombres. Pero el Padre dará la vida de su Hijo por la de los pecadores. Eso hay que recordárselo al atribulado poseso: el Padre ha dado la vida de su Hijo por ti. También los posesos con sus sufrimientos, una vez que se han confesado y empezado una nueva vida, llevan sobre su cuerpo parte de la pasión de Cristo. Y sus sufrimientos, los del poseso, ganarán muchas gracias para otros, liberándolos de las garras del mal. Y si el poseso es un gran pecador, sus propios sufrimientos le arrancarán de los lazos de la iniquidad haciendo de él un hombre nuevo.

El que sufre, desesperanzado por la tardanza de su liberación, puede insistir en que por qué no basta su conversión y ya está, que no debería ser necesario que Dios permita que se prolongue su tiempo de prueba. Pero no debe olvidarse que el cuerpo es la llave del alma. A través del sufrimiento del cuerpo y de la mente se purificará el poseso. El poseso siempre cree estar ya suficientemente purificado.

En los ataques que recibirá Job existe esta sucesión: sabeos-Satán-caldeos. Los sabeos simbolizan los extranjeros, los caldeos simbolizan los cercanos (Abraham era Caldeo), a veces la familia. La persona recibe ataques y heridas de los de fuera de su entorno, del demonio y de los más cercanos a él. Tiene que aceptar que esto es así y resignarse a este triple ataque. Muchos se quejan de que su mujer, o sus padres o alguien cercano en vez de ayudarle, todavía le haga sufrir más. Pero también ese familiar cumple una función, también él es parte de la prueba que hay que superar con amor.

El torbellino (Job 1, 19) representa el uso de las causas naturales para destruir. El cristiano no debe olvidar que terremotos, huracanes, incendios, enfermedades no pueden ir más allá de lo que él permita. El demonio no tiene permiso sobre estos elementos si Dios no se lo permite. Y siempre lo permite para lograr un bien mayor que la destrucción que provocan.

En el libro de Job existe un patrón entre lo natural y lo sobrenatural, entre el mal que viene de las personas y el que viene del demonio directamente:

sabeos-Satán-caldeos-torbellino-piel

Es interesante observar que también se puede leer el libro de Job con una lectura eclesial. Los siervos que mueren representarían los miembros de la Iglesia perseguida por instigación del demonio. Los hijos e hijas estarían en un banquete que es la eucaristía. Los elementos del comienzo del libro no necesitan explicación si se quiere hacer esta lectura simbólica: las ovejas, los pastores, los hijos y finalmente Job. Job sería un símbolo de Cristo doliente, sufriendo en su prójimo, en su cuerpo y en su alma.

Ahí lo tienes, pero perdona su vida (Job 1, 6). Se pueden usar esas palabras en casos muy serios para que Satán no los mate. Es muy útil usar las palabras de Dios. Incluso cuando oramos a Dios, usar sus mismas palabras, las de la Palabra de Dios, hace que nuestra oración sea más perfecta, pues pedimos con las mismas palabras divinas. Y no hay mejores palabras que las del Altísimo. Cada versículo de la Biblia es obra de Dios. En sus líneas sagradas encontraremos un tesoro para pedir, para alabar, agradecer, etc. Por eso es tan útil usar la Palabra de Dios en los exorcismos, aunque sean pocos versículos o uno solo. En todo exorcismo u oración de liberación se debería hacer uso de la santidad y el poder de la Palabra del Altísimo.

Dios hace uso de las cosas físicas para producir efectos espirituales. Eso era válido tanto en el Antiguo Testamento, como en el Nuevo, y por supuesto también para el exorcismo. Algunos desearían que el exorcismo fuera más "puro", más basado solo en la fe sin necesidad de otra cosa, sin intervención de nada "extraño". Pero frente a esta opinión es como si Dios dijera: quiero obrar del modo que elijo; y no me gusta que me pongan límites.

El exorcismo, el arte de exorcizar, es como Dios ha querido, no como lo hemos diseñado los hombres.

La duración de un caso de exorcismo Dios la usa para llevar a la santidad.

Los demonios entran porque ellos quieren, y Dios lo permite para que el poseso se acerque a Dios, primero, y, después, se santifique.

Dios quiere algo más que la liberación.

Cada exorcista que se dedica a este ministerio de forma permanente debería escuchar a Jesús diciéndole: Tú no estás aquí para ser un médico, ni un doctor, sino un padre.

Después del exorcismo hay que hablar con los posesos. Hablar antes del exorcismo y después es muy importante. No se puede acabar el rito y decirle al poseso *vuelva el día tal a tal hora*. El exorcista debe sentirse padre de esa alma. Tiene que excitar amor y compasión por ese poseso en su corazón de pastor. Pues cuanto más le ame, más poderosa será su oración por él.

En todos los preceptos del Antiguo Testamento relativos al cuerpo lo que buscaba Dios era la obediencia. Pero en esos preceptos también hallamos una simbología que conlleva una profunda teología del cuerpo. El precepto ha pasado, pero no el símbolo que fue y será verdadero, aunque a veces muy profundo. También es muy interesante leer Gálatas 5 y meditar el capítulo entero para entender esta teología del cuerpo que subyace en la posesión.

Dentro de esta teología del cuerpo que supone la existencia de la posesión, se ha de entender que existe un poder especial, único, en los esposos para expulsar demonios del cónyuge a través de la oración y la petición a Dios del uno por el otro.

Hay acciones que se hacen con el cuerpo que someten a esclavitud.

Las leyes de Dios nos llevan y mantienen en la libertad para la que nos liberó Cristo.

A la gente desgraciada que nos llega, que nos llega pidiendo, suplicando, su liberación. Es necesario que el exorcista les haga entender (sin presionar) que las leyes de Cristo otorgan esa libertad, así como ciertas otras acciones encadenan al alma. El demonio poseyendo el cuerpo es solo la apariencia visible de un encadenamiento peor que es el del alma. La liberación del exorcismo se circunscribe y subordina a una liberación mayor, integral y eterna.

Caminad bajo la guía del Espíritu Santo y no deis satisfacción al deseo de la carne (Gal 5, 16).

Pero los de Cristo Jesús crucificaron la carne con las pasiones y deseos (Gal 5, 24). Sin ninguna duda al demonio no le gusta estar en un cuerpo crucificado con Cristo. Al demonio le gusta estar en un cuerpo entregado a todos los placeres y pasiones, pero no le gusta estar en un cuerpo que cada vez se está convirtiendo en una imagen del Crucificado, que cada vez más le recuerda a Cristo. Si tiene horror a una imagen del Crucificado, cada vez irá teniendo más horror a un cuerpo que se va crucificando más y más en la negación de toda baja pasión.

El exorcista tiene que hacer comprender al poseso que con oración y actos de virtud, ese cuerpo se tiene que ir convirtiendo en una morada cada vez más desagradable para él, hasta llegar a ser una tortura para el demonio el estar en ese cuerpo.

El cuerpo de un eremita del desierto, de un asceta, sería la peor prisión de un demonio, peor que el infierno. Pues el eremita, el asceta, es ya una imagen de Cristo crucificado. Si el demonio tiene horror al crucifijo que es un objeto, mucho más horror le produce una imagen viviente del Cristo crucificado.

Ni el demonio quiere poseer el cuerpo de un asceta, ni el asceta desea dejar de sufrir por Cristo. ¡Celestial ironía, maravilla de este mundo y del otro!: ni el demonio quiere entrar en ese cuerpo, ni el asceta quiere que no entre si Dios se complace en que porte en su alma y en su cuerpo ese sufrimiento. El demonio quiere hacer sufrir y el asceta desea sufrir. Pero el demonio no quiere padecer estando en ese cuerpo santificado por la penitencia, y el asceta justamente desea sufrir en ese cuerpo que se ha convertido en valiosísimo instrumento para mostrar su amor a Dios.

El cuerpo esclavo del pecado acaba siendo esclavo del sembrador del pecado. El que siembra la semilla justamente contraria, la virtud, acabará entregando ese cuerpo completamente a un nuevo Señor. Y entonces será ese nuevo señor el que luchará por el cuerpo que le ha sido entregado.

El exorcista durante el exorcismo no ha de repetir una y otra vez las órdenes. Pues si tratamos de romper el eslabón erróneo, ya podemos repetir una orden cien veces que no lograremos nada. Las órdenes al demonio han de ser dadas una vez (o pocas) con fe. Si no se logra lo que se ordenaba, hay que entender que en ese momento no era esa la orden que había que dar.

El exorcista durante el exorcismo debe centrarse en Jesús, no en el demonio. Muchos sacerdotes están más pendientes de preguntar al demonio que de escuchar al Señor a ver qué es lo que inspira. El exorcismo debe estar centrado en la adoración a la Santísima Trinidad. Es Dios quien inspirará sin palabras qué eslabón de la cadena es el que hay que quebrantar.

Es muy conveniente que las personas del equipo del exorcista se consagren a María.

Maldice a Dios y muérete (Job 2, 9) le dirá la mujer de Job a su marido. Esas son palabras de Satanás. En la desgracia hay ocasiones en las que los familiares dicen cosas que son de Satán. En esos momentos hay que escuchar únicamente la voz de Dios. Y si respondemos, la mejor respuesta serán las palabras de su misma Palabra santa.

La definición de liberación debe estar centrada en la persona y no en el demonio.

El cuerpo es la llave para el alma. Satán usa el cuerpo para lograr el alma; este es uno de los mensajes implícitos del libro de Job.

Señor, si quieres puedes limpiarme (Lc 5, 12).

a.. "Si quieres", es decir: yo quiero tu voluntad. Esta oración tienen que aprenderla los que vengan a ver al exorcista.
b. "Puedes", es decir: yo creo en ti. Creo. Esta es la segunda parte de la oración. Primero: yo quiero tu voluntad. Segundo: Tú puedes, no tengo la menor duda.
c. "Limpiar-ME", es decir: me pongo a mí al final. Me acerco a la sanación con humildad, no con egoísmo. Cuando me acerco con humildad y no con egoísmo, entonces y solo entonces, Él puede sanarme.

Extendiendo la mano le tomó diciendo: quiero. (Mt 5, 13). Lo cual es una forma de decir: te amo. En ese "quiero" se halla un "te amo". "Si quieres", la persona tiene que posponer su voluntad a la de Dios. Entonces, a esa humildad llega el "quiero", es decir, el amor de Dios y su voluntad son una misma cosa.

Para oírle y ser curados (Lc 5, 15). Él no quiere que vayamos solo para ser curados, sino también para oírle. La sanación viene de la escucha.

Jesús fue llevado por el Espíritu al desierto para ser tentado por el Diablo (Mt 4, 1). Fijémonos en que el texto nos presenta la preposición "para". Fue allí para eso. Se dirige para ser tentado, ese es el fin, porque de la tentación resistida, del sufrimiento, nacen frutos para el alma. Sin ese sufrimiento no hay esos frutos. El poseso no necesita ir al desierto para ser tentado, tiene al demonio dentro. Pero los frutos serán los mismos si sostiene ese combate espiritual.

No solo de pan vive el hombre (Mt 4, 4). La Palabra de Dios, el mero hecho de leerla, da vida.

En Mt 4, 5 vemos que el Diablo le lleva a Jesús a la Ciudad Santa. Para tentar a Jesús no lo lleva a un lugar de pecado, sino a un lugar santo. El demonio para llevarnos al mal, puede usar el bien.

Tenemos que reconocer que somos tan poca cosa, tan débiles, que lo único que podemos hacer en esta lucha espiritual es ocultarnos bajo el manto de María, incluso en su santísimo vientre como un niño que está en su seno, tranquilo y dejándose llevar.

Durante el exorcismo, tenemos que estar en espíritu de adoración. El incienso espiritual de nuestra adoración ahogará al demonio. En adoración, estaremos más dispuestos a recibir las inspiraciones de Dios. Si el exorcismo es, ante todo, alabanza a Dios, el exorcismo no nos cansará, ni nos desgastará. Saldremos relajados, robustecidos, dando gracias a Dios de permitirnos realizar esa función para bien de esa persona y de toda la Iglesia.

El mejor modo de aprestarse a la lucha que es el exorcismo es: primero, estar en adoración, tratando de sentir a Dios todo el tiempo; segundo, estar con una profunda compasión por la persona a la que se va a ayudar (el exorcismo no puede ser la aplicación fría de un ritual o el uso de una mera técnica).

El exorcista que se vea atacado puede alejar al demonio diciéndole: apártate de mí, no por mi poder, ni por mi santidad, sino porque adoro a Dios.

Cuando adoro a Dios, los ángeles vienen; "y vinieron los ángeles a asistirle" (Mt 4, 11). Cuando adoro a Dios, mi corazón es el trono del Altísimo rodeado de ángeles. Y así, en un exorcismo, cuando adoramos a Dios la capilla se transforma en un pedazo de Cielo. Creamos un pequeño pedazo de cielo sobre la tierra y entonces se produce lo que aparece en Apocalipsis 12, 7: *Y se entabló un combate en el cielo. Miguel y sus ángeles luchando con el dragón. Y el dragón luchó y sus ángeles.* Eso aunque no lo veamos sucede en la capilla durante el exorcismo si los que están allí están creando un pedazo de cielo.

Tres cosas hay que cuidar en cada exorcismo y acerca de ellas hay que meditar mes tras mes:

—La Palabra de Dios
—No tentar al Señor
—Adorarle

Mirad, Yo os envío como ovejas en medio de lobos (Mt 10, 16). Los lobos son los demonios y nosotros las ovejas. Exorcista, cada vez que batalles contra ellos, recuerda que tú eres oveja y ellos lobos.

Guardaos de los hombres porque os entregarán a los tribunales (Mt 10, 17). Eso es lo que debe esperar el exorcista de los hombres, ni fama ni parabienes. Pero la defensa hay que dejársela al mejor abogado del mundo, tendremos la mejor firma a cargo de nuestro caso: el Paráclito. Es tan buena esta defensa que puede presentar las pruebas que desee, cuando desee. ¿Qué acusado, como nosotros, posee un abogado que tiene pleno poder sobre el juez?

Pero que no tenga vanas esperanzas el exorcista pues Jesús profetizó *seréis odiados de todos por mi nombre* (Mt 10, 22).

Si al dueño de la casa le han puesto de mote "Belcebú, ¡cuánto más a su servidumbre! (Mt 10, 25).

Si hay tantos cristianos que, sabiendo que en el sagrario está Cristo, no tienen ningún cariño hacia ese misterio, el exorcista no puede esperar un trato exquisito hacia el misterio del exorcismo que es mucho menor que el eucarístico.

En el ministerio del exorcismo por cada momento de gloria y alabanza, hay más momentos de burlas, desprecios e incomprensiones por parte de los hermanos sacerdotes y los superiores. Pretender ejercer esta labor eclesial sin persecución es tarea imposible. Salvo que se ejerza mal.

Recuerde el exorcista que es muy fácil ejercer esta labor mal o desviarse o realizarla con un exquisito cuidado de no meterse en problemas. A veces para contentar a Dios hay que meterse en problemas. Benditos problemas que provienen de haber servido bien al Señor.

En todos los ministerios eclesiales hay varios modos de servir a Dios: mal, regular, bien, muy bien, heroicamente. Y cada sacerdote va eligiendo su camino.

A Jesús le da pena que no haya más sacerdotes dispuestos a ser perseguidos como Cristo. Realizar muy bien, generosamente, este ministerio del exorcismo supone aceptar la persecución, por más que uno sea muy sensato y en todo obedezca al obispo. Los problemas vendrán, resulta inevitable.

En el poseso, el demonio siempre está tentando para que la persona haga juicios respecto a los demás.

Durante el ritual del exorcismo se puede luchar contra el demonio como si fuera una batalla, pero el mejor modo es hacernos instrumentos del Espíritu Santo. Derramar el Espíritu Santo en la persona también libera. Podemos derrotar la plaza fuerte a base de amor. Cuando un equipo de exorcismo rodea al poseso con amor, la persona no se siente rechazada, la persona recibe amor y da amor, entonces el demonio es expulsado desde dentro hacia fuera.

El equipo de exorcismo tiene que ser una familia amorosa. Esto siempre tendrá mucho más efecto que un cualificado equipo de técnicos formados en universidades prestigiosas. El amor es superior a la ciencia. El amor puede suplir todo en un exorcismo. Pero la ciencia sin amor puede chocar con un muro y el exorcismo prolongarse de un modo intolerable para el exorcista. Al final, el sacerdote, tras muchas sesiones, dictamina que la persona no está posesa, sino enferma. Pero ese dictamen muy a menudo esconde el no querer reconocer que se ha chocado con un obstáculo ante el que no se sabe qué hacer.

Cuando el poseso en el equipo que le atiende encuentra una familia de amor, el demonio está desarmado antes de que la misma batalla dé comienzo.

A los posesos hay que enseñarles a orar. Después hay que rodearlos de amor para que reciban el Espíritu Santo.

Hay que enseñarles el amor de Jesús y sus mandamientos. Ambas cosas son lo mismo. Y hay que predicarles el Evangelio del Reino. Es decir, hay que buscar y revisar en los Evangelios aquellas palabras que Jesús usaba para predicar de modo sintético todo su Reino.

La forma más fuerte del amor es el amor del matrimonio. Ese amor puede expulsar al demonio. Ese amor es una imagen del cielo, pues los esposos se aman con una donación total, esponsal. Así será la relación del alma con Dios en el Reino de los Cielos. Es muy conveniente, por tanto, que el cónyuge esté en el exorcismo, pues su oración estará llena de amor. También existe un amor especial entre hermanos y otros grados de parentesco o amistad. Amor que conviene que actúe durante el exorcismo, en forma de oración.

El amor por la persona es lo que proporciona poder a la oración. Tanto cuanto sea el amor, tal será el poder de la oración. Por eso cuando voy a exorcizar o a discernir un caso, ocupo unos instantes en hacer un acto interno y silencioso de amor por ese semejante pensando, por ejemplo, en lo mucho que le ama su padre Dios, o medito que esa persona tiene sus proyectos, ilusiones y otras cosas humanas que dependen de que yo haga bien mi trabajo, con caridad. A veces mirar a la madre de la persona que le ha acompañado basta para excitar esa caridad por aquel por quien vamos a orar para discernir si tiene algo o no. Desde luego, si esas oraciones para discernir se fueran convirtiendo en algo mecánico, el demonio cada vez tendría más posibilidades de ocultarse en ese cuerpo. Por eso hay no pocos demonios que pueden resistir las oraciones de los exorcistas para discernir si hay posesión. Muchos demonios tienen variados recursos para resistir esas oraciones, solo la caridad ardiente y la humildad les desarman.

Los exorcistas siempre son atacados por el demonio. Y muchas veces el ataque viene de la jerarquía o de los hermanos sacerdotes. Si uno no está dispuesto a aceptar con buena cara esa moneda en pago por el ministerio, entonces es mejor no tomar sobre sí este servicio a los hermanos.

En nuestra época racionalista, el exorcismo es un servicio eclesial que hay que realizar dentro de la Iglesia pero a pesar de muchos eclesiásticos. Es un servicio de caridad que siempre hay que realizarlo en comunión con el obispo, pero sin esperar nada a cambio más que denuncias y reproches. Por eso desde el principio el exorcista debe hacer firme propósito, y renovarlo con frecuencia, de no seguir realizando esta actividad de ayuda al prójimo si algún día se le retira el permiso.

El demonio siempre trata de romper el matrimonio de los posesos.

Cualquiera que sufra una tentación, si la comenta con el sacerdote, entonces esa tentación ya no se incuba en la oscuridad, queda descubierto el plan del demonio. Comentar cuáles son las tentaciones al sacerdote es como revelar a él y a uno mismo cuáles son las tácticas del Maligno. Esto entre los miembros de un equipo de exorcismo es algo esencial, pues el demonio tratará de sembrar desconfianzas, juicios críticos, animadversiones entre los miembros. Es necesario comentar en privado con el sacerdote o entre todos cuáles son las tentaciones, y nunca comentarlas de modo privado entre los colaboradores. Pues con la excusa de un desahogo o de la conveniencia de pedir consejo uno puede ir envenenando a personas del equipo. Todo debe hacerse a la luz del día, entre todos, sin ir creando de forma espontánea grupitos. En mi equipo está totalmente prohibido comentar dudas acerca del modo de hacer un exorcismo entre cualesquiera que pertenezcan al grupo. Si uno tiene una duda, hay que comentarla cuando estamos reunidos, pero no privadamente. Y si algo, por su naturaleza, no es conveniente que se comente de ese modo, hay que hablarlo únicamente con los sacerdotes que dirigen el grupo.

Si el exorcista se ve muy perseguido y cree que no puede aguantar más desprecios que recuerde que "El discípulo no está por encima del maestro, ni el esclavo por encima de su amo. (...) Si al dueño de la casa le han puesto de mote "Belcebú", ¡cuánto más a su servidumbre!" Mt 10, 24-25. A Jesús, al Bueno por antonomasia, le llamaron Belcebú. Esa es la tragedia, que al bien se le toma por mal. Al exorcista se le considera como un mago o un brujo en cuanto profundiza en los modos de exorcizar y hace algo que no está escrito en el ritual. Nunca el ritual, ni el presente ni ninguno pretérito, ha preceptuado que solo es válido y lícito lo que aparece en el ritual. El ritual está redactado en base a unos conocimientos, en base a una experiencia, de ahí que, a mayor conocimiento y mayor experiencia, cabe una praxis más ajustada a cada caso.

Lo malo no es la persecución de los malos, sino la de los buenos. Que nos persigan los demonios, lo entiendo. Que nos persigan los ateos lo entiendo. Más duro es ver que a veces personas muy buenas, persiguen a los exorcistas.

La mayor parte de los exorcistas del mundo son párrocos, y si un exorcista es párroco Dios quiere que sea padre de su rebaño. El demonio suele seducirlos para que sean menos padres de sus rebaños y se dediquen más al exorcismo. Porque el exorcismo parece más interesante, parece que viste más, que es más prestigioso. La labor de pastor queda eclipsada ante la labor de luchador contra el demonio. Eso es un grave error. El párroco debe ser ante todo buen párroco. De desempeñar bien su labor, le vendrán muchas gracias para su combate contra el demonio. Pero descuidar o despreciar la maravillosa labor de conducir a las almas a los pastos divinos para dedicarse a una labor más prestigiosa, es un engaño del demonio. El demonio tienta a los sacerdotes para que no sean pastores de sus rebaños.

El exorcista párroco debe estar centrado en su parroquia y en su rebaño para conducirlos a la santidad. Si no cumple bien con esta misión de pastor, al exorcista le faltará fuerza para luchar con el poder que Dios quiere. El Cura de Ars fue un gran exorcista porque antes fue un gran párroco y cuidó perfectamente de su rebaño. Pues al exorcista hay que decirle que su poder está en el amor. "¿Me amas?, apacienta mi rebaño".

El exorcista y el poseso deben meditar las palabras santas de la Virgen María en el Magníficat: Un Magníficat en el que aparece Dios como salvador, que se fija en la bajeza de cualquiera de sus esclavos, y que al fijarse obra cosas que hace que las generaciones feliciten a ese siervo en el que Él se ha fijado, pues obra en su favor grandes cosas el Poderoso cuyo nombre es "Santo". La alabanza de la Virgen sigue hablando de su misericordia, de la necesidad del temor de Dios, de las proezas de Dios. Y sin embargo a los demonios los dispersa, los derriba, los despide vacíos.

María es ejemplo de fe. Y el exorcismo es, lo primero de todo, fe.

María es la madre que necesita todo enfermo mental que sufra una influencia demoniaca y todo poseso que venga al exorcista en busca de curación o liberación.

El poseso tiene un demonio en su cuerpo, María tuvo al Verbo encarnado dentro de su cuerpo: es la antiposesión por antonomasia.

Una fuente poderosísima de fuerza para el sacerdote será la devoción al Cuerpo de Cristo. La fe en la Encarnación es el fundamento para el amor a Jesús. Porque la Eucaristía es la Encarnación. Al comulgar tenemos a Jesús como María lo tenía cuando lo llevaba en su seno. Jesús encarnado está sobre el altar. La fe del Antiguo Testamento es la fe de Abraham, la fe del Nuevo Testamento es la fe de María. En el Antiguo Testamento se menciona muchas veces la palabra "Alianza". En el Evangelio solo una vez: en la Última Cena. Jesús es la Nueva Alianza, la Eucaristía es la Alianza.

Por eso las sectas satánicas usan, para sus fines sacrílegos, ante todo la Eucaristía o si no el cuerpo humano, pues el hombre es la imagen de Dios.

Durante el exorcismo tenemos que poner más confianza en la Eucaristía y no tanto en los objetos.

Tenemos que cuidar a la gente que venga a nosotros porque ellos son imagen de Dios. Ellos son imagen de Dios en mayor medida que una cruz o el agua bendita.

Y toda la gente intentaba tocarlo, porque salía de él fuerza y curaba a todos (Lc 6, 19). El Cuerpo de Cristo y el cuerpo del hombre son muy importantes. Con razón que haya órdenes religiosas que cuiden de los enfermos en todos sus aspectos. También nosotros cuidamos del ser humano en otro aspecto que tiene que ver con la corporalidad.

La Eucaristía es Dios.

La Eucaristía es el Dios viviente, el Dios vivo, el Dios vivificador. Ninguna medicina mejor para la posesión que esta.

El exorcista antes de exorcizar debe dirigirse a los posesos predicándoles. Si tiene muchos casos, incluso reuniéndolos.

Siempre aconsejo a los posesos que recen en las iglesias. Les digo que pueden rezar en sus casas, pero no se reza igual delante del sagrario que en el salón de casa. En una iglesia silenciosa, bella, sin mucha luz, sin mucha gente, la oración surge espontánea. Son lugares donde la presencia de Dios se palpa. Son lugares sagrados donde con menos esfuerzo en la oración mental se logra más.

Los posesos vienen tristes. La felicidad es uno de los frutos de la verdadera fe.

La Virgen María es tan dulce, tan suave, que el demonio no sabe qué hacer con ella. Ella viene siempre a los exorcismos si se lo pedimos.

Los pecados hacen más poderosos a los demonios. En realidad, no porque los demonios aumenten el poder inherente a su naturaleza, sino porque los hombres, a veces las sociedades enteras, se hacen más débiles ante su tentación personal o colectiva. En ese sentido me acordaré siempre de lo que un alma de Dios me dijo:

la sangre de los niños abortados alimenta a demonios que con esa sangre se hacen más poderosos con los hombres.

A través del cuerpo se comunica la bondad. Bien sea ayudando al enfermo, al poseso, en el amor de los esposos, al alimentar una madre a su hijo, etc, etc. El amor es algo espiritual, pero se comunica a través del cuerpo. Sin el cuerpo quedaría oculto en el alma, a través del cuerpo se ejerce, se fortalece esa caridad. El cuerpo transmite el amor del alma, aunque únicamente sea con el sincero gesto de la cara.

Por esa repercusión de la corporalidad sobre el alma, tiene tanta importancia la sexualidad. Si el poseso no está dispuesto a seguir sumisamente las enseñanzas de la Iglesia sobre la sexualidad, puede no producirse una liberación plena. Pero esto es una enseñanza general, pues con frecuencia habrá casos en los que Dios otorgará la liberación para animar a la persona a comenzar el camino le lleva hacia el pleno cumplimiento su Santa Ley. Insisto, la liberación se puede producir incluso aunque haya fallos en el sometimiento a algunos preceptos morales.

Basta que una persona use en el matrimonio el control de natalidad, para pueda no producirse una liberación total de las ataduras del demonio sobre ese cuerpo.

No se pueden echar demonios como Jesús si no se cuida a las ovejas como Él.

Lo mismo que el párroco pierde mucho tiempo con sus ovejas, así también el exorcista tiene que dedicar tiempo a los infelices posesos que acuden a él. No puede decirles que no tiene tiempo. Si no tiene tiempo, no puede tomar sobre sí ese ministerio. Si uno no tiene tiempo hay obligación en conciencia de pedir ayuda al obispo. Uno no debe engañarse pensado que el obispo no tiene suficientes sacerdotes. O se ejerce bien un ministerio o hay que ponerlo en conocimiento del obispo. Digo esto porque hay exorcistas que pueden tener prevenciones a la idea de que en su diócesis haya dos exorcistas y no solo uno.

Uno de los mayores problemas que se encuentra el exorcista es que tiene que liberar del demonio a personas que viven en uniones ilícitas o que tienen graves vicios sexuales. El pastor debe actuar como padre, anunciándoles el Reino de los Cielos de modo suave, agradable y, sobre todo, progresivo. La persona que va a ser exorcizada va a pasar de una etapa previa al Antiguo Testamento, al Nuevo.

Pero por muy paternalmente que se actúe, con el paso de los meses hay que ir dejándole claro (tras la fase de descubrimiento de Dios) que el matrimonio es una vocación y que debe ser vivida con toda la seriedad que esa vocación requiere. Si a un sacerdote no le pedimos que viva mal su sacerdocio, a un casado no se le puede permitir sin darle importancia que viva mal su matrimonio. Es su vocación en el tiempo antes de la eternidad. Por tanto, si un divorciado debe vivir en castidad, entonces el laico DEBE vivir en castidad por muy comprensivo que sea el sacerdote. Y eso sea cual sea el estado de esa persona: soltero, casado, separado...

Así como hay armas poderosas para el exorcismo (la esperanza, el uso de cánticos religiosos, la lectura de versículos de la Biblia, etc.) así también hay cosas que detienen un exorcismo, como la falta de perdón, la desobediencia o la desesperanza. En algunos casos, Dios tiene misericordia y aun habiendo obstáculos de este tipo puede conceder la liberación.

El equipo de oración tiene que orar en una atmósfera de amor para que el amor penetre en la persona.

En el exorcismo no todo se logra con oración. También hay que hablar. A veces la palabra puede lograr en cinco minutos lo que no lograría la oración en horas.

Hay que dedicar unos minutos a hablar con el poseso y su familia, antes y después del exorcismo.

Hay exorcismos en los que el demonio lo controla todo porque el exorcista cree lo que el demonio dice a través del poseso.

El demonio puede mentir o puede desviar del bien diciendo cosas que en parte son verdad.

Es importante que el exorcista si no sabe qué hacer, se mantenga en silencio y oración hasta que el Señor hable iluminando la mente del sacerdote.

Por supuesto que en un exorcismo solo debe hablar el sacerdote. Ningún laico debe hacer nada sin permiso del sacerdote. El exorcista mandará callar a cualquiera, mantendrá un ambiente de silencio y oración, y solo él dará órdenes al demonio o le interrogará.

Sin embargo, si en algún momento del exorcismo se diera de forma espontánea el caso de que la madre, o el esposo, o alguien similar ordenara al demonio que saliera, el sacerdote no debería impedírselo pues su oración será muy intensa por el amor que tienen al poseso. Pero hágase todo sin odio, con brevedad y solo hasta que el sacerdote vea que sea conveniente.

Si en un exorcismo hay dos exorcistas, no deben decirle cosas a la vez. Que el demonio se centre en lo que uno le dice, le atormenta más.

Cualquier laico, sean los que sean los dones que tenga, sea lo santo que sea, estará bajo obediencia del sacerdote durante el exorcismo.

El exorcismo es una obra de caridad. La única obra de caridad simultáneamente corporal y espiritual. La única obra de caridad que se ejercita a través de la oración. En la Iglesia siempre se habla de la diferencia entre la acción y la contemplación. En esta obra de caridad, acción y contemplación se funden como en ninguna otra.

Dado que el exorcismo es una obra de caridad ejercitada a través de la oración, y la oración a través del amor. En la medida en que haya más amor, habrá mejor oración, en la medida en que haya mejor oración habrá un más poderoso exorcismo.

El amor es medido por la voluntad para el sacrificio. Muchas veces el sacrificio está medido por la disposición a perder tiempo para liberar a una persona.

El efecto no es importante. La acción que surge del sacerdote es lo importante. El efecto que recibe el poseso es lo que importa, no sus gritos, contorsiones y fuerza que ejercita. Hay quienes miden la importancia y efecto de un exorcismo solo por lo que ven y oyen. Según eso los casos más ruidosos y agitados serían los casos más importantes, y no es así.

El exorcista debe escuchar a Dios que le dice: pídeme amor para que tus frutos sean grandes y no pequeños.

A los oprimidos por el Diablo hay que enseñarles a orar.

El Reino de Dios tiene que entrar en el alma de esa persona. Porque donde Dios reina es el cielo. Y el demonio no puede entrar en el cielo.

Ya he dicho que una persona muy religiosa puede quedar posesa como prueba de Dios, como una cruz especial. Pero incluso para esa persona todas estas máximas son ciertas. Aunque ya fuera santa la persona que quedó posesa, la posesión se permitió para que el Reino de los Cielos entrara todavía más en su alma.

> *Jesús les respondió: De verdad os aseguro: todo el que hace el pecado es esclavo del pecado. Jn 8, 34*
> *Así que si el Hijo os hace libres seréis realmente libres. Jn 2, 36*

En el proceso del exorcismo, en su antes, durante y su después, hay que fijarse más en la persona que en el demonio.

Hay que dedicar el mismo interés, tiempo y atención a la predicación al poseso y su familia, que al rito del exorcismo.

El demonio en el poseso puede afectar cuatro campos: el cuerpo, el intelecto (memoria incluida), las emociones y la voluntad.

El campo más problemático de entender es cómo el demonio puede influir en la voluntad directamente, pues parece necesario que todo lo que afecte a la voluntad sea fruto de los juicios del intelecto. Sin embargo, son muchos los casos de los posesos que me han dicho: padre, créame, detesto hacer tal cosa y sin embargo en cuanto bajo la guardia lo hago. O al revés: padre, quiero rezar el rosario, pero por alguna razón que desconozco necesito un esfuerzo sobrehumano para comenzarlo.

La voluntad, incluso en un poseso, permanece libre pero eso no significa que no reciba influencias. Y así, aunque permanezca libre, a veces el poseso tiene que realizar esfuerzos titánicos para realizar las mismas acciones que otras personas. Aun así, el único remedio es decirle a la persona que tiene que esforzarse, que tiene que realizar actos heroicos y obrar lo que pueda, por poco que sea.

Un ejemplo para entender esta influencia en la voluntad es el caso del alcohólico cuyo intelecto ve la bebida como algo completamente malo y su voluntad está convencida de que no debe beber ni una sola vez más. Sin embargo, a pesar de que intelecto y voluntad detestan ese objeto, a veces sienten una fuerza irracional que les arrastra como si estuvieran encadenados hacia eso mismo que aborrecen. Solo un esfuerzo supremo de la voluntad puede resistir esos embates directos sobre la voluntad.

Cuando Cristo liberaba a una persona (como cuando le curaba) primero le predicaba el Reino de Dios. Hay excepciones a esto, por ejemplo el caso del Geraseno pues no fue posible actuar de otro modo. Pero el kerigma vino después.

En nivel de acercamiento a Dios para que un poseso sea liberado es diferente en cada uno.

El exorcista debe predicar a cada poseso este evangelio: que cada persona puede tener dentro de sí el cielo, el purgatorio o el infierno. Y todos pueden llegar a tener el cielo dentro de su alma aquí en la tierra. El cielo en la tierra.

El exorcista tiene que recorrer los cuatro Evangelios en busca de la predicación del Reino de los Cielos: una predicación que sea breve, perfecta, sencilla y utilizando las palabras de Jesús que siempre serán las más efectivas pues son palabras sagradas. Podrían darse aquí esas fórmulas de anuncio de kerigma, pero no sería lo mismo, cada ministro de Dios debe buscar esas perlas por sí mismo.

Cuando uno ama, desea estar con la persona a la que ama. El Reino de los Cielos que damos a los que vienen a nosotros debe estar centrado en el amor, no en evitar el pecado. Eso es el Antiguo Testamento con sus listas de pecados.

Durante el exorcismo, el alma del poseso debe estar separada del espíritu del demonio. El demonio intenta que la persona participe de sus sentimientos: odio, tristeza, furia, etc. El poseso si durante el exorcismo puede hacer oración debe hacerla, si solo puede orar con la boca sin sentir nada, que ore con la boca. Si puede luchar contra el demonio con actos contrarios de voluntad, debe luchar. Si pierde completa y perfectamente la consciencia, debe orar hasta que la pierda. En cualquier caso, antes de comenzar el exorcismo, el poseso debería abstraerse de todos los que le rodean y ponerse en el estado más profundo de oración que pudiera. Eso es válido para todos los presentes, pues en un exorcismo es difícil pues son muchas las cosas que nos despistan de la adoración de Dios. El mismo demonio habla y grita a veces solo con ese fin, crear dispersión, convertirse en el centro de ese acto litúrgico.

Algunos posesos durante todo el día solo pueden orar con la boca, sin sentir nada en su mente. En esos casos órese solo vocalmente.

Si el poseso puede cantar cánticos religiosos, recomiéndese mucho como forma de oración diaria.

Muchas de las oraciones litúrgicas del exorcismo y de las oraciones privadas, aunque no lo veamos, Dios las usa no para romper las ataduras del demonio sobre esa persona, sino para que en esa persona entre el Reino de Dios. Cuando se alcance el nivel que Dios ha prefijado, Él mismo ya encauzará las oraciones en romper esas ataduras y el exorcismo entrará en su fase final.

El equipo de exorcismo puede usar la música sacra como una forma excelente de oración.

La tensión es mala en un exorcismo. Debe hacerse adoración relajadamente.

Lo primero que tiene que lograr el exorcista durante el rito es concentrarse durante todas las fórmulas, después debe esforzarse por sentir a Dios presente. Lo tercero que debería lograr es el amor por la persona. El amor por una persona que viene a verle se mide por la capacidad de sacrificarse, si no son solo palabras.

Al discernir un caso, a veces el exorcista con experiencia puede detectar la presencia maligna en alguien solo con una mirada que de repente lanza el demonio a través de la persona aunque después trate de esconderse de nuevo. Miradas que a veces son de odio, otras de burla.

La liberación es solo cosa de la voluntad de Dios. Hay que esperar el tiempo de Dios. TEMPUS DEI. A Él le pertenece la decisión.

Lo principal no es la liberación, sino el proceso de liberación.

Lo importante es cómo viva ese proceso la persona afectada.

En unas personas, la posesión es fruto de haber rechazado fuertemente a Dios. En otras personas que siempre han sido buenas, la posesión es permitida como una forma de martirio espiritual; y como tal debe ser vivido.

La posesión se permite para que esa persona por el sufrimiento vuelva a Dios.

El mal que nace de dentro debe salir hacia fuera desde dentro.

El exorcista debe exorcizar **con** amor y **por** amor, **desde** el amor, **a través** del amor y **para** el amor.

No debe sentirse orgulloso de su don sacerdotal y llegar allí como el formidable guerrero que va a luchar con un enano. Sino que debe dedicar unos momentos a meditar por qué ama a esa persona, el bien que le va a hacer. Debe centrarse en la persona a la que va a ayudar, es un acto de caridad. Exorcizar con odio o furia a los demonios sería inútil, aunque con demonios poco fuertes hasta eso funciona y a veces el exorcista se llena de soberbia al ver que le ha liberado. Pero incluso a los demonios no hay que odiarles, ni dirigirse a ellos con desprecio, en todo caso con pena y compasión. Firmeza sí, pero sabiendo tristemente que ellos sufren, aunque ya no podamos ayudarles. Ni el Puro e Inmaculado entre los santos odia estas criaturas alejadas para siempre.

Exorcizar a través del amor se logra cuando el exorcista ama de forma tan pura que se transforma en un mero instrumento del Espíritu Santo en esa batalla. El exorcista pasa de considerarse el protagonista, por muy inconscientemente que eso sea, ha considerarse un palo, una caña, en manos del Exorcista por antonomasia que es el Mesías. Hay que exorcizar con amor, pues el amor y el cariño es el arma más poderosa. Por amor, pues el exorcista debe rectificar una y otra vez su intención. Para el amor, pues el exorcismo es una obra para la eternidad, la eternidad de ese alma.

Hay dos pasajes de los Evangelios que nos dan la explicación de Jesús de por qué un demonio logra entrar en un cuerpo.

*"Ahora bien, nadie que **entre** en la casa del **fuerte** puede saquear su ajuar si no **ata** primero al fuerte, entonces sí que podrá **saquearle** la casa." (Mc 3, 27)*

*"Cuando el fuerte **bien armado**, defiende el atrio de su casa, seguros están sus **bienes**. Pero cuando uno **más fuerte** que él llega y lo vence, le quita sus armas en las que confiaba y reparte sus despojos." (Lc 11, 21-22).*

Estas palabras de Jesús se dijeron para explicar por qué logra entrar el demonio en un cuerpo, pero esos versículos también son válidos para explicar, por tanto, cómo logrará el exorcista sacar al demonio de ese cuerpo. En definitiva es el mismo modo, pero a la inversa. Me fijaré en las palabras que aparecen marcadas en negrita en esos versículos. Para exorcizar por tanto hay que tener en cuenta estos elementos:

—La gracia de la oración debe entrar, penetrar, en el poseso.
—El demonio es fuerte, por eso cuesta sacarlo. Es una naturaleza angélica y es fuerte porque el odio le hace tenaz en no abandonar su presa, como un león que no abre la boca.
—Primero hay que atarle, el sacerdote ha recibido el poder de atar y desatar. Por otro lado, las buenas obras del poseso atan al demonio dentro de la casa. Está dentro, pero atado.
—Después de atarle es entonces cuando uno puede saquear los bienes que tiene dentro del poseso, es decir, los vicios, los malos hábitos, son saqueados poco a poco. Finalmente, el demonio atado y sin bienes en esa casa es expulsado.
—Pero recuerde el exorcista que el demonio está bien armado y que por tanto la lucha es larga y con tantas armas el demonio puede engañar al poseso (para desistir) o al exorcista (para no ver la posesión).
—El más fuerte que le vence es Cristo. Él mismo también envía a más fuertes que el demonio que son los ángeles.
—El demonio es fuerte y persistente con su presa por el odio. Los ángeles son fuertes en el amor.

El tiempo

Es mejor dedicar tiempo a aquellos casos que verdaderamente lo necesitan. Por eso cuando yo cito a las personas les advierto de dos cosas:

1. En la primera visita, viene usted solo a que se discierna su caso. No le voy a exorcizar. Si usted está poseso, ya le diré el cauce que hay que seguir. Pero desde luego no será en ese día, sino que le tendré que dar hora en mi agenda.
2. Los casos son discernidos con rapidez. Hay que decirles al fijar día y hora que para discernir su caso no se necesitan más de diez minutos.

El que vengan conscientes de estas dos advertencias es importante. Pues el que viene no tendrá la impresión de que no hay interés en su caso si el resultado se ve con rapidez. Y, por otro lado, si con un caso hay que estar media hora, siempre se puede estar el tiempo que haga falta aunque hayan recibido tal advertencia. Pero es importante advertir que el caso se discierne en poco tiempo porque hay personas que hacen muchas horas de viaje y se sentirían defraudadas de que el exorcista no pierda con ella al menos una hora. Se tiene la idea de que esto es como la consulta de un médico que hay que hacer muchas pruebas. En algunos casos sí que hay que perder ese tiempo para discernir, pero en otros no. El tiempo ha de ser utilizado, insisto, en los casos que verdaderamente lo necesitan. Pues hay mucha gente que lo que realmente busca es alguien que le escuche.

Los exorcistas han de estar dotados de una gran paciencia de la que a veces tenemos que echar mano. Pues con gran falta de tiempo por nuestra parte, muchas veces las personas que vienen consideran que si no hablan con nosotros media hora no nos vamos a hacer idea de un caso tan importante como el suyo.

Son innumerables los casos que vienen a consultar al exorcista y que cuando les preguntamos qué es lo que les pasa responden que la hija ha cambiado, que ya no les habla, que ya no les quiere. Que las cosas les salen mal, que se han arruinado.

No hay que dejar que cuenten una larga historia que se prolongará, por lo menos, veinte minutos. El exorcista debe insistir: cuénteme primero los síntomas que padece. La persona no se quedará conforme si no cuenta una historia, muchas veces la crónica de su vida, pero el exorcista debe mantenerse firme y decir: primero dígame qué le pasa de extraordinario y después me contará su existencia.

Después de los síntomas debe preguntar el exorcista si ha hecho algo relacionado con el ocultismo.

Tras esos dos elementos (síntomas y ocultismo) es cuando uno puede escuchar brevemente la historia que tenga que contar y cortar en dos o tres minutos. Mantenerse firme en este sistema ahorrará muchas horas al exorcista, pues cada persona suele contar una historia que como mínimo durará media hora. Sin embargo las dos preguntas primeras, suelen ser sintetizadas en menos de dos minutos. Y con lo que diga en esas dos preguntas ya el exorcista tiene una idea de si vale la pena escucharla mucho o poco tiempo. En general, con experiencia, basta con escuchar diez minutos a la persona para hacerse una idea muy clara de por qué viene esa persona. He visto a exorcistas novatos que necesitan media mañana para discernir cada caso y exorcistas veteranos que en una hora discernían seis o siete casos.

Las anotaciones

También puede ser útil que el exorcista, si ve a cientos de personas al año, apunte lo esencial de las conclusiones que ha sacado tras ver a cada persona. Pues no pocos, meses después, quieren hacer alguna consulta telefónica y si el exorcista ha anotado unas breves líneas puede saber exactamente con quién está hablando y qué tiene. De lo contrario, al cabo de un mes, los detalles se desdibujan y hay que volver a preguntar todo lo esencial para aconsejar a esa persona.

Yo, el sistema que uso, es apuntar de cada persona cinco puntos:
1. Los síntomas
2. Si ha habido contacto con el ocultismo
3. Algún elemento de la historia que sea interesante. Tras los síntomas siempre la gente quiere contar una interminable historia. Hay que hacer que la gente resuma.
4. Esbozo brevemente la impresión de equilibrio psicológico que me ha dado la persona.

5. Qué resultado ha dado la oración. Es decir si ha habido o no manifestaciones.

Cada uno de estos cinco puntos los resumo en cada caso en dos líneas o tres. De forma que ante una llamada en breves segundos me puedo hacer idea de los consejos telefónicos que puedo darle.

No tiene ningún interés escribir la historia entera, se trata de una completa pérdida de tiempo. Los cinco puntos dan una idea perfecta de la situación de ese caso sin que se necesite más.

En mis apuntes nunca escribo el nombre y apellidos de la persona por si algún día esos apuntes son sustraídos o se pierden. Y para dejar claro a la persona que su anonimato se salvaguarda solo apunto el nombre de pila y la localidad en la que vive. Si de varias personas coinciden los nombres en una localidad, apunto alguna característica física que me recuerde a la persona. Pero, desde luego, da una impresión muy beneficiosa para la persona el ver que no se le pregunte su apellido ni nada que permita localizarle.

Consejos

Por supuesto nunca se debe exorcizar contra la voluntad de la persona posesa. Es decir, no se puede exorcizar a la fuerza. Evidentemente me refiero a cuando está en su estado normal, pues no serviría de nada. He dicho *en su estado normal*, porque una vez que comience el exorcismo, ya en trance en muchos casos sí que va a tratar de resistirse, pero ya no es esa persona, sino el demonio que se manifiesta.

Si la persona no cree que esté posesa, hay que tratar de convencerla de que sí que lo está. Normalmente es buen método intentar convencerle a través del testimonio de familiares o amigos que hayan estado presentes en la sesión en que vino para que se discerniera su caso. Algunos acceden a venir a la iglesia la primera vez para que sus familiares les dejen en paz. Pero no están dispuestos a ir una segunda vez.

Si el poseso se niega a ser exorcizado hay que decirles que la Iglesia les ofrece una solución si la quieren, pero que no les impone nada.

Cuando para el sacerdote especialista en esta materia hay certeza de que existe un demonio en ese cuerpo, el que además haya o no enfermedades mentales o problemas psicológicos es algo independiente del exorcismo. Lo psicológico y lo demoniaco son campos distintos. Si lo psicológico está o no provocado por el demonio en muchos casos solo se verá cuando sea expulsado el demonio.

No hay que proceder al exorcismo hasta que la persona esté dispuesta a dar firmes y continuados pasos hacia una vida verdaderamente cristiana. No hay problema en que esos pasos sean lentos y débiles, con tal de que se vea firmeza en proseguir por ese camino. Tiene que ser firme en su búsqueda de Dios, pues tras la liberación tendrá menos razones para exigirse esos pasos. Si el sacerdote no tiene muy claro si la persona está sinceramente esforzándose en buscar a Cristo (es decir si no está seguro de si va a misa, o si lee el Evangelio, o si ora algo, o si lee libros que le ayuden) demorará las fechas de las sesiones de exorcismo. Y además en vez de estar una hora, o media hora, podrá reducir el tiempo dedicado a la persona.

Hay casos en los que no rompo la caña cascada ni apago el pabilo vacilante, pero tengo la continua sensación de que la persona se esfuerza muy poco y que por más que le digo no cambia. En casos así, no hay necesidad de emplear una hora cada vez que me vienen a ver. Ya que si yo orara por él una hora, sería esa oración empleada por Dios en enviarle gracias para su conversión y no en expulsar un demonio que tendría en él muchos asideros donde agarrarse. Pero cinco minutos fervientes de oración de esa persona que siempre reza desganada y mal, obtendrían mayores frutos que una hora mía orando por ella.

En casos de personas con problemas psiquiátricos muy graves, hay que insistir en la conveniencia de que el exorcismo se efectúe en presencia de los padres o familiares del poseso. Y explicándoles día tras día cuales son los criterios de actuación. Para que todo se haga con la conformidad de ellos y no con su oposición.

Si el poseso es un menor de edad, la presencia y consentimiento de los padres debe ser requisito obligatorio. Jamás se proceda al exorcismo de un menor de edad sin el consentimiento de sus padres.

**Consejos pastorales para las personas
que padezcan alguna Influencia Demoniaca**

Colocamos ahora seguidos unos pocos puntos que pueden ser dados en fotocopias a las personas que padecen algún tipo de influencia demoniaca y que vienen a consultar al exorcista.

La idea al colocar estos puntos juntos es la de poder ofrecer un escrito breve y de carácter exclusivamente pastoral. Se trata con estos puntos de poder ofrecer un texto a los fieles que sufren o creen sufrir una influencia demoniaca.

Aquí no se pretende explicar qué es la influencia ni cómo discernirla. Ni tampoco se explica la diferencia entre posesión demoniaca e influencia. Esos temas ya se abordaron en Summa Daemoniaca.

Como la gente pide muchas explicaciones al sacerdote al que ha ido a consultar, también hemos colocado unas explicaciones generales. Estos puntos deben ser meditados uno a uno en la oración con mucha detención por parte de las personas que están en un proceso de liberación.

La influencia es el fenómeno por el que un demonio ejerce cierta influencia sobre el cuerpo o la salud mental de una persona. En este tipo de casos, el mal espíritu no llega a poseer el cuerpo de la persona, de forma que no puede ni mover ese cuerpo ni hablar a través de él. Solo ejerce, como expresa la misma palabra, una cierta influencia.

La influencia puede ejercerse sobre el cuerpo (enfermedades), sobre la mente, sobre las emociones o sobre la voluntad. La influencia sobre la voluntad es al modo de una tentación fortísima. La voluntad siempre es libre y uno puede resistir una y otra vez esta tentación intensa.

La influencia puede ser sobre el cuerpo provocando determinadas enfermedades corporales. O sobre la mente, provocando una influencia del demonio sobre las potencias del alma, induciendo de forma obsesiva a determinados vicios o pensamientos obsesivos.

Cuando se ora por una persona que tiene una influencia la reacción es distinta a la de la posesión. La persona siente un malestar general que acaba concretándose en un lugar concreto del cuerpo. O bien la persona acaba no pudiendo controlar la tensión que le provoca la oración, y hace movimientos extraños con los miembros, pero sin perder la consciencia.

En otras ocasiones la influencia se revela por la tremenda crispación que se manifiesta en manos o cara, crispación que suele ser la fase previa a la manifestación de la posesión, pero que en estos casos nunca pasa de esta fase previa sin que se llegue a producir el trance. Y no se produce el trance porque no hay posesión del cuerpo, sino solo una influencia sobre este.

Para los casos de influencia la persona tiene que recibir oración de liberación. Bien sea hecha por el sacerdote para que le libere de esa influencia, bien sea hecha por un grupo de laicos que oren por él. Siempre es preferible la oración comunitaria a la de una sola persona, pues el poder de la oración se suma.

Muy a menudo el sacerdote especialista en esta materia no puede estar totalmente seguro de que una persona sufra una influencia demoniaca. Pero sufra o no sufra esa influencia, la persona puede seguir los consejos que aparecen en estas páginas. Pues no hay otro remedio contra la influencia que el que aquí se explica. Y si la persona no sufre influencia no le vendrá mal seguir fielmente estos consejos.

Lo primero de todo que debe entender el que padece una influencia es que el remedio más importante para su problema es que el Reino de los Cielos penetre en su corazón.

Para ello es necesario conocer más el mensaje y anuncio de Nuestro Redentor Jesús de Nazaret. Para lo cual nada mejor que leer cada día una parte del Evangelio.

Es necesario pedir perdón de los pecados. Para lo cual hay que examinar la conciencia durante varios días pidiendo a Dios que nos haga ver cuáles son nuestras faltas y pecados.

Si es usted de los que piensa que no tiene pecado alguno porque no roba ni mata, lea el Evangelio y pronto el Señor le iluminará para ver qué oscuridad es la que hay en su corazón.

Todos somos pecadores. El dolor de los pecados y el cambio de vida es necesario para acabar con las influencias demoniacas. Si usted no se humilla ante Dios y le pide perdón, no le suplique que le quite la influencia demoniaca.

Tras el reconocimiento de los propios pecados, hay que pedir perdón a Dios y después confesarse con un sacerdote.

Sin petición de perdón de los pecados, no hay liberación de una influencia demoniaca.

Es necesario que se convenza de que sin cambio de vida, abandonando todo aquello que vaya contra los Diez Mandamientos, no es posible la liberación de una influencia demoniaca.

Después de limpiar el alma con el perdón, hay que llevar una vida cristiana y hacer oración.

La oración llena el alma de amor a Dios.

La oración de la persona es necesaria para que esta sea liberada. Si la persona no ora, no será liberada.

Si usted pide oraciones al sacerdote para ser liberado, debe ser el primero de todos en orar cada día. No pida al sacerdote, lo que usted mismo no hace en su propio favor.

Una persona que quiera ser liberada de una influencia demoniaca debe hacer cada día un plan concreto de oración con un horario y un tiempo fijado.

Como mínimo sugerimos este plan para cada día:

—*Leer cinco minutos el Evangelio, meditarlo después diez minutos (mejor si es en una iglesia delante del sagrario).*

—*Escuchar misa y comulgar.*

—*Rezar el rosario (con mucha lentitud y pensando lo que se dice).*

Es decir, la vida espiritual se fortalece bajo la benéfica y celestial influencia de la Eucaristía, la Virgen y la Biblia.

Comulgar sin haber confesado los pecados graves no sirve de nada, al revés es contraproducente.

Si usted cree que no puede rezar porque el demonio se lo impide, rece al menos con los labios aunque su mente se despiste.

Si usted dice que no puede estar en misa porque se siente muy mal, resista. Destruir una influencia demoniaca es como una lucha. Hay que luchar, hay que resistir, hay que esforzarse.

No le pida al exorcista que se esfuerce por usted si usted mismo no se esfuerza.

En la medida en que usted más se esfuerce en la oración y en llevar una vida acorde a los Diez Mandamientos, en esa medida la oración del sacerdote hará más efecto en usted.

Si usted no ora, si usted engaña al sacerdote o le oculta algo, no será liberado aunque recen por usted durante cuarenta años varias horas a la semana. Si usted no juega limpio, Dios no le premiará con la liberación.

En el proceso de liberación de una persona no caben trampas, si no quiere dejar el pecado más vale que no pierda usted el tiempo ni se lo haga perder al sacerdote. Por ejemplo, si usted no tiene fe en Dios no sirve de nada que recen por usted. Si usted no tiene fe en la Iglesia, debe decírselo al sacerdote. Si usted tiene una unión ilícita con alguien que no es su esposo o esposa, debe decírselo desde el primer día al sacerdote que va a rezar por su influencia.

La obediencia a las directrices del sacerdote, es absolutamente necesaria para la liberación. Sin obediencia no hay liberación.

No solo la oración, también los ayunos y sacrificios (limosnas, peregrinaciones, ayuda al necesitado, etc). son útiles para la liberación de esa influencia.

Oramos para conocer más a Dios. Conocemos más a Dios para amarle más. La oración es solo un medio, el fin es el amor a Dios y al prójimo.

Hay que perdonar de corazón todos los males que hayamos recibido del prójimo.

Si usted cree que alguien le ha provocado con brujería esa influencia demoniaca, es necesario que le perdone.

Que sepa que no hay forma humana de saber quién le ha hecho un maleficio (vulgarmente *mal de ojo*) contra usted. Por muy seguro que usted esté de saberlo, no hay forma de saberlo. Dios no quiere que admita dudas contra nadie. Él juzgará a todos. Pero si usted quiere ser perdonado, deber perdonar. Y lo primero es no dudar de nadie. Máxime, no habiendo forma humana de saberlo. Sin perdón al prójimo, no hay liberación. Hay que perdonar si queremos ser perdonados.

Nunca hay que buscar la solución a la influencia demoniaca en brujos, videntes, adivinos o personas con supuestos dones. Si usted va al sacerdote y a esas personas, nunca logrará la solución. O uno busca la solución por el lado de la Iglesia o por el lado de la magia y los brujos. Pero ambas cosas no se pueden mezclar. Por el lado de la magia y los brujos nunca, jamás, se consigue nada. Ir a ese tipo de personas en busca de consejo ya es un pecado grave.

Nunca vaya en busca de ayuda o consejo a personas particulares que le digan que le sacarán la influencia aunque tengan en su casa cruces, vírgenes y santos. Solo vaya a sacerdotes de la Iglesia Católica.

Solo hay que dirigirse a sacerdotes que el obispo de la diócesis haya delegado para esta misión. No se fíe porque alguien le diga que es exorcista. Una llamada telefónica al obispado le sacará de dudas si se ha dirigido a la persona adecuada.

Hay casos de influencia que acaban en minutos y otros por los que hay que orar durante años.

La liberación de una influencia demoniaca es siempre un milagro de Dios. No se puede exigir un milagro, solo se puede pedir humildemente y recibirlo cuando Dios tenga bien el concederlo.

La oración de liberación la pueden hacer aquellos que el obispo lo permita: el exorcista, el párroco, un sacerdote o un grupo de laicos que oren por estos casos. En cada diócesis puede haber normas especiales acerca de quién puede orar por estas personas.

Nunca desespere por lo largo que sea su caso, la vida del hombre sobre esta tierra es un tiempo de prueba. En el cielo serán bienaventurados los que aquí en la tierra lloran, porque ellos serán consolados.

La influencia demoniaca, aunque se ejerza a veces sobre la mente, no le hace a usted malo, solo el pecado le hace malo. Y si usted no quiere, no peca.

Hay personas que tienen miedo de condenarse si mueren con una influencia demoniaca, hay que recordar que si usted está en gracia de Dios no tiene nada que temer. La influencia no actúa en el alma, solo en el cuerpo o en la mente.

Si al sacerdote que ora por usted, lo ve cada mucho tiempo, será conveniente buscar la ayuda de un buen sacerdote que sea su confesor y director espiritual. Un sacerdote que le guíe hacia la virtud.

Dios permite las cruces en este mundo para el bien de nuestra alma.

La influencia demoniaca es permitida para que usted encuentre a Dios y le ame más.

Encomiéndese con confianza de hijo a su Madre, la Santísima Virgen María.

Arroje de su casa cualquier tipo de amuleto que tenga. Tire a la basura cualquier libro de magia, horóscopo, adivinación o esoterismo que tenga. Posters o discos de grupos de rock satánicos.

Si usted realiza prácticas que tienen que ver con energías, New Age, péndulo, reiki, feng shui o similares, no expulsará de sí nunca la influencia. Cualquier cosa que de lejos sospeche que tiene que ver con el ocultismo consúltela con el sacerdote que ora por su liberación.

Si usted tiene una relación ilícita, es necesario que se lo comente al sacerdote que ora por usted.

Hay que poner en orden la sexualidad para eliminar una influencia demoniaca. Si usted está conviviendo íntimamente con alguien que no es su marido o su esposa debe poner eso en orden, dentro de la Ley de Dios. Si hay hijos pequeños y no pueden casarse, pueden convivir juntos, pero como hermano y hermana.

Si eres un joven y no pones el orden de Dios en tu sexualidad, el demonio tendrá donde agarrarse. El demonio odia la castidad, como odia el ayuno y cualquier sacrificio hecho por amor a Dios.

Creer en Dios supone creer en su Único Hijo, Jesucristo. Creer en Jesús supone creer en la única religión verdadera: la Santa Iglesia Católica.

Si usted no cree en la Iglesia Católica con todo su corazón, tiene primero que orar y leer la Biblia hasta que el Señor le de esa fe.

El sacerdote no es como un médico que una vez que te receta unas pastillas, te marchas y ya está todo concluido. La liberación es un proceso en el que, para desarraigar al demonio de dentro de su cuerpo y de estar al lado de su mente, usted tendrá que ponerse en paz con Dios, tener fe y obedecer los Mandamientos de Dios. A veces, eso se logra con una sola oración el primer día, pero muchas veces esa liberación constituye un proceso.

Cristo es la luz de los pueblos. La luz de Cristo resplandece sobre el rostro de la Iglesia, la cual anuncia el Evangelio a todas las criaturas.

La Iglesia no tiene otra luz que la de Cristo.

Si usted exige del sacerdote su liberación no ha entendido que la liberación es un don, no una exigencia. No se le cobrará nada por las oraciones que le hacemos, pero ni con todo el dinero del mundo podría pagar esas oraciones pues se hacen por amor y con fe, dos cosas impagables.

El agua bendita, las cruces y otros objetos bendecidos son útiles, pero recuerde que ellos no pueden suplir su fe. La fe sí que puede suplir a los objetos bendecidos, pero al revés no.

Cuando, pasando por la calle, vea una iglesia abierta, entre un momento para saludar al Señor. Trate de pasar tiempo delante del sagrario, allí está Jesús.

Tanto si su influencia es sobre el cuerpo o sobre su salud mental no abandone las medicinas y consejos de su médico. Incluso en los casos en los que hay una acción del demonio sobre el cuerpo, las medicinas tienen su propio efecto. Usar los remedios espirituales no significa abandonar los remedios corporales.

No desobedezca a su médico pensando que como esto viene del demonio el médico ya no tiene nada que hacer. El sacerdote y el médico trabajan cada uno en su campo y la labor del uno no interfiere a la del otro.

Usted es cuerpo y alma. Las medicinas del médico actuarán sobre el cuerpo, las del sacerdote sobre el alma. Por eso no abandone sus citas con el psiquiatra o el psicólogo sin comunicárselo al sacerdote.

Orar sin gusto no quita mérito a la oración. Al revés, como cuesta más, también es más valiosa ante los ojos de Dios.

La labor de una madre o un esposo ayudando a la persona que sufre una influencia es insustituible. El familiar da ánimos, recuerda los buenos propósitos y acompaña en la oración al atribulado. Muchas veces una madre o un esposo son como un ángel que Dios pone al lado del que sufre la influencia.

Cada vez que piense que el sacerdote debería rezar más veces y más rato por usted, piense que es usted el que tiene que rezar más. Entonces, la oración del sacerdote aunque sea menos rato, hará más efecto.

Recuerde que Dios es su Padre y que le ama como si usted fuera su único hijo sobre este mundo.

Dios no se olvida de usted ni un solo minuto. Observa todos sus sufrimientos y algún día le consolará de ellos.

Usted todavía no ha sido liberado de su influencia porque tiene más cosas que aprender y aspectos de su vida que todavía tiene que mejorar. Cuando ese proceso toque a su fin, su influencia acabará.

Hay que recordar que no hay oraciones más poderosas que otras. Toda oración va dirigida a Dios. Usted no necesita oraciones especiales como si el poder residiera en la fórmula y no en su propia fe y amor al que es su Padre.

Aclarado lo cual, se propone esta oración para que cada día la pueda hacer la persona que sufre la influencia.

Señor, Dios todopoderoso,
misericordioso y omnipotente,
Padre, Hijo y Espíritu Santo,
expulsa de mí toda influencia de los espíritus malignos.
Padre, en el nombre de Cristo te pido
que rompas toda cadena que los demonios
tengan sobre cuerpo y mi mente.
Derrama sobre mi pobre persona
la preciosísima sangre de tu Hijo.

*Que su sangre inmaculada y redentora
quebrante toda acción maléfica sobre
mis pensamientos o mi salud.
Todo esto te lo pido por intercesión de
la Santísima Virgen María.
San Miguel arcángel,
intercede, ven en mi ayuda.*

Es muy bueno orar a Dios a través de los salmos, leyéndolos y meditándolos con frecuencia.

En su aflicción puede meditar el salmo 22 (que trata acerca del justo abandonado) o el salmo 25 (que es una súplica y alabanza del justo a su Señor). Pero especialmente medite mucho, con lentitud, versículo a versículo el salmo 23: *El Señor es mi pastor, nada me falta, en verdes praderas me hace recostar....*

La Biblia es para usted una medicina. Con la Biblia no necesita leer más libros dudosos, ni buscar consejos aquí y allá. Todo lo que usted necesita lo encontrará en ese libro sagrado escrito por la Mano de Dios.

Recuerde: Evangelio, comunión y rosario cada día. Eso destruye toda influencia del demonio por poderosa que sea.

No se obsesione con el demonio, no le eche la culpa de todo. La mayor parte de las tentaciones vienen del mundo y de nosotros mismos.

Si todo lo achaca al demonio, lo acabará viendo en todos los sucesos de su vida. Olvídese del demonio y céntrese en Dios.

Señor en ti confío.

El exorcismo en las religiones

El propósito de esta parte es ofrecer las líneas generales de cómo el exorcismo se practica en las diferentes religiones. Se pretende bosquejar una panorámica general y dar unos cuantos detalles para tener una idea aproximada de esa realidad en esos otros ámbitos de fe y creencias. Hay que decir antes de nada que quizá no existe punto alguno en que se dé tanta coincidencia entre todas las religiones como en el tema de la existencia de los seres espirituales malignos y de cómo estos pueden manifestarse a través de los cuerpos de algunas personas. Podríamos decir que estamos ante el tema más ecuménico que existe, pues hasta en el tema del concepto de Dios hallaríamos más diferencias entre las distintas religiones. Sin embargo, al hablar acerca del lado oscuro, las coincidencias en lo esencial son admirables.

En la Iglesia Católica

En el cristianismo católico el exorcismo es un poder conferido por Cristo a sus sacerdotes, no es una mera técnica, no es una sabiduría. En otras religiones el exorcismo tomó elementos de creencias preexistentes, de prácticas anteriores. En la nuestra se comenzó de cero, no se arrastraron lastres de tradiciones humanas precedentes. Nosotros los sacerdotes podemos ordenar al demonio y él siente el poder de la autoridad de Cristo en nuestra orden.

En algunos sistemas de creencias no cristianos se da el caso de que la persona se dirige al sacerdote o chamán para que se le saque el demonio. El cual utiliza su sistema y, una vez aplicado el método, la persona se marcha después de dejar su ofrenda. En nuestra religión el exorcismo no es únicamente un método para sacar al demonio, sino que, ante todo, buscamos la salvación del alma del poseso. El exorcismo se circunscribe en un plan de salvación para esa persona. Conversión y liberación están íntimamente relacionadas.

En las iglesias ortodoxas

Los ortodoxos exorcizan con el mismo poder apostólico que los católicos. El sacramento del orden es igual en las iglesias ortodoxas que en la Iglesia Católica. Esto es válido para cualquier iglesia cismática que mantenga la validez del sacramento. Hoy día, en el ámbito de las iglesias ortodoxas, muchos exorcismos son llevados a cabo en monasterios por parte de monjes que muchas veces se reúnen para exorcizar a varios posesos simultáneamente. Usan formulas oracionales que se remontan a los Santos Padres, hacen uso también de cánticos, asperjen con agua bendita, etc. En definitiva su exorcismo es sustancialmente idéntico al realizado en la Iglesia Católica, variando solo lo relativo a los ritos.

Entre los protestantes

Ellos no tienen el sacramento del orden, con lo cual cuentan solo con el poder de la fe y la oración. Aunque decir que solo cuentan con eso no es poco, puesto que el exorcismo es ante todo fe y oración. Entre los protestantes, cuanta más fe, mayor será el poder de su oración al Padre. Ellos dan órdenes al demonio de salir de ese cuerpo en el nombre de Jesús. Y eso tiene efecto porque lo hacen con verdadera fe. Pero no usan ni reliquias, ni ungen con óleos sagrados. Por lo tanto tienen menos armas, es decir, menos instrumentos para debilitar al demonio en ese cuerpo, pero la fe puede suplir todos esos medios menores.

El mayor problema que se observa en la praxis de los protestantes es que si un caso es muy duro y se prolonga en el tiempo, lo suelen dejar. La razón es que ellos no entienden que exorcicen con fe y el demonio no salga. Por lo tanto suelen decirle al poseso que no tiene fe plena o que no se ha convertido totalmente, con lo cual le comunican que no van a perder más tiempo con su caso. No entienden que con independencia de la fe que se ponga en un exorcismo hay casos largos y prolongados. Pero para ellos el silogismo es concluyente: si se exorciza con fe, el demonio tiene que salir. Si no sale, la culpa es del poseso que pone obstáculos. No se dan cuenta de que, incluso haciendo el poseso todo lo que está de su parte, hay casos que se prolongan meses e incluso años.

Ante la falta de exorcistas, a menudo me preguntan si se puede recurrir a los hermanos separados, los protestantes, para recibir la liberación. Siempre les digo que un católico solo debe pedir exorcismo a sacerdotes católicos. Obrar de otro modo supone entristecer a Jesús que ha dado a sus sacerdotes pleno poder. La búsqueda de un sacerdote puede ser larga, pero hay que hacerla pidiendo en la oración a Dios que ponga ese sacerdote. Si hay que tener fe en el exorcismo, también hay que tener fe en que si uno ora a Dios para que ponga un exorcista católico, Dios no defrauda ninguna petición.

En el judaísmo

La tradición folclórica judía está repleta de historias de fantasmas, es decir de almas carentes de cuerpo y que vagan. Estos espíritus (los "dybbuk") son expulsados por un rabbi que se ha formado en la kabbalah. Uno de estos modos de expulsión del dybbuk es que diez personas formen un círculo alrededor del poseso y reciten tres veces el salmo 91, el rabí sopla el cuerno ceremonial. Cuando el espíritu habla se le pregunta por qué está ahí. Se ora hasta que el espíritu sale. Esta es la mecánica esencial del exorcismo judío con todo tipo de variantes a lo largo de la historia.

Si el espíritu que se manifiesta no es un demonio, se habla con ese espíritu para sanar el alma de ese espíritu que ha entrado en el cuerpo del poseso. En el exorcismo judío se insiste en este aspecto de sanación del dybbuk frente a la idea católica de lucha con un demonio para su expulsión.

Hay que decir que el judaísmo actual (especialmente el más liberal) no presta casi ninguna atención al tema de la posesión, y por otro lado los judíos en Occidente viven inmersos en una sociedad cristiana. De ahí que la mayor parte de las nociones que los judíos poseen referentes a este campo proceden de la perspectiva de la Iglesia Católica.

En el mundo islámico

En el ámbito de los países árabes y norteafricanos, la gente piensa que hay dos maneras de intentar sacar el demonio de una persona. Una que es acorde al Islam, en la que la liberación se le pide a Alá; y otra que es contraria al Islam y que, por tanto, está prohibida, la cual consiste en tratar de sacar al demonio a través de otros genios. También en esa religión se considera que es contrario a la voluntad de Alá anular la magia recurriendo a la magia.

Se tiene claro que la primera es la única lícita pues la ayuda solo puede venir de Alá. El que es liberado tiene que ser creyente. El que libera no puede hacer comercio con ello, debe hacerlo solo para ayudar a los demás.

Los musulmanes creen que cada uno tiene un demonio que le tienta. Los demonios pueden tomar figuras de seres humanos o de animales, tal como la de un perro.

Creen que hay genios musulmanes, judíos, cristianos, y de otras religiones, en eso son como nosotros. Hay genios buenos y malos. Pero los genios no son humanos, son "otra creación". En los ángeles como en los genios hay jerarquías, los hay más fuertes y más débiles. Los exorcistas musulmanes coinciden con los exorcistas cristianos en que las entidades más difíciles de expulsar son las que provienen de la magia negra.

Hay tres causas para entrar en el cuerpo de un ser humano. La primera causa de que entre es cuando alguien se quita sus ropas sin mencionar el nombre de Alá, pues el genio de una mujer puede entrar en el hombre simplemente porque le gusta, y el genio de un hombre en el de una mujer. Esto sucede por casualidad, si hay un genio allí en ese momento. Hay mucha gente que tiene estos genios y no lo saben.

La segunda causa de que entre un genio en un cuerpo es cuando alguien hace daño con desconocimiento a un genio. Por ejemplo al echar agua caliente en un lugar y se le quema involuntariamente, o se tira una piedra y se les daña. Los genios son injustos y quieren vengarse, no importa el que esa piedra o el agua se tirara a un lugar que se creía vacío. Hay genios que viven en el cuarto de baño, otros en el desierto, etc.

El tercer modo por el que entran es la magia. Todas las magias son malas. El Corán admite que la magia tiene efecto.

Como se ve la visión musulmana de los genios es muy material. Es interesante observar que cualquier persona puede ser shij (exorcista) no solo el clero. No hay escuelas para enseñar la práctica del exorcismo musulmán; en esto coinciden todas las religiones.

El exorcismo en el Islam se realiza de la siguiente manera. Se comienza leyendo el Corán, suras especiales relativas a los genios y demonios. Se escribe con azafrán sobre un papel una sura (por ejemplo de alabanza a Alá), se lava con agua esa hoja y el agua tiene que beberla el poseso. A esto se le llama "agua coránica". La hoja posteriormente se quema.

Las suras que se utilizan en el exorcismo hablan de los genios, del poder de Dios, del milagro de Moisés contra las serpientes. Se recita el Corán aproximándose al oído del enfermo. Se usa también aceite de oliva para hacer un masaje con él, antes se recita el Corán sobre el vaso del aceite y después se sopla sobre él, después se hace el masaje. También se usa la miel habiendo recitado el Corán sobre ella como con el aceite. La brujería tiene que ser vomitada en el transcurso del exorcismo. Al exorcismo se le denomina con el término genérico de "plegaria". Hay que hablar con el genio con amabilidad, y decirle que es una injusticia y que le deje con paz. Pero los genios son muy inteligentes y quieren perder el tiempo para charlar y así evitar que les expulsen del cuerpo del poseso.

Como se ve, el exorcismo islámico esencialmente está basado en la oración a Dios. Pero no siempre la oración tiene esa pureza, pues (lo mismo que en el cristianismo) algunos mezclan la oración y la alabanza a Dios con las supersticiones. Por ejemplo un método que a veces algunos usan para acabar con un maleficio es conseguir agua con la que se haya lavado la persona que ha mandado hacer el maleficio, para con ese agua lavar a la persona que sufre el maleficio. Creen que haciendo eso, la posesión acaba al momento. Esta creencia es una muestra de cómo, en la práctica exorcística de otras religiones no cristianas, a veces se mezclan prácticas supersticiosas que no tienen ninguna efectividad ni siguen razonamiento lógico alguno.

Dejando aparte prácticas desviadas como esta, si se me pregunta si estos exorcismos tienen efectividad alguna, diré que sí. Toda oración dirigida al único Dios verdadero (el Dios bueno, Padre, que nos ha creado y nos juzgará), venga la oración de quien venga puede ser escuchada. Pero su poder es solo el poder de la oración. Un clérigo musulmán carece del poder que otorga el sacramento del orden sacerdotal. Aun así la fe nunca queda defraudada si se persevera en la oración en Dios que es el que obra.

Los métodos con los que se logra la liberación en el Islam son: la recitación coránica, beber un agua de algún modo bendecida, bañarse con esa agua, golpear, entrar en comunicación con el jinn, mandarle que se marche, masajear con ese aceite bendecido, soplar sobre el poseso. Como se ve, la práctica exorcística islámica es muy similar en muchos aspectos a la cristiana en sus signos externos, aunque cambie el contenido de lo sagrado. También en el Islam son más las mujeres que quedan posesas, que los hombres.

Una figura interesantísima que existe en todo el mundo musulman son los "rifai". Los "rifai" son una categoría distinta de los "shijs" (los exorcistas normales). Son los "rifai" personas ambulantes que quitan serpientes de los terrenos y demonios de los posesos. Estas personas que no pertenecen al clero, ni visten de un modo peculiar y que en todo parecen personas normales, van solos de poblado en poblado dedicados a estas dos tareas. Su poder sobre las serpientes es admirable. A su voz las serpientes acuden a ellos, las meten en sacos y se las llevan del lugar. Sus exorcismos no tienen una técnica que pudiéramos decir litúrgica. Se basan más bien en dones personales a través de los cuales expulsan a los demonios.

En el budismo

En el budismo tibetano se considera que una de las causas de la enfermedad está en el karma. Las faltas cometidas tienen que ser purgadas y un modo de purificar ese karma es la enfermedad. La desarmonía entre los tres humores predispone al cuerpo a sufrir ataques que vienen del mundo de los entes espirituales malignos. La única cura para ese mal es el exorcismo practicado por un lama.

El budismo tibetano, al estar en gran manera influenciado por el tantrismo y primitivas prácticas religiosas dispone en su liturgia de numerosos ritos mágicos encaminados a defenderse de las fuerzas malignas y a combatir los aspectos diabólicos. Se llega incluso a considerar que en principio, toda enfermedad mental es debida a un acto de posesión por alguno de estos seres malignos; la psiquiatría queda, por tanto, en manos de los sacerdotes médicos, lamas especializados en tales menesteres.

En Asia además de esta teoría podemos encontrar prácticas muy variadas que van desde las danzas exorcísticas practicadas en la meseta Quinghai (danza Tiaowutu, que se realiza en el Tibet) en las que los jóvenes danzan maquillados de tigres y van de casa en casa para matar a los demonios, hasta las prácticas completamente mágicas de distintas variantes del tao.

En las tribus africanas, americanas, etc.

En todas las culturas primitivas, de cualquier época, siempre nos encontramos con personas individuales que sin pertenecer a una religión organizada afirman poder sacar los demonios de los posesos, adivinar el futuro o sanar. Hay que distinguir tres tipos de personas:

—Los **charlatanes,** aquellos que no creen en lo que hacen, pero que han convertido su pantomima en un modo para conseguir unos ingresos suplementarios.

—Los **brujos** que son los que trabajan con las fuerzas del mal.

—Los **curanderos:** Los verdaderos curanderos serían aquellos que poseen un don. Muchas veces lo tienen de nacimiento, no se puede aprender. Hay que entender que, entre los curanderos, algunos son brujos y otros charlatanes. Pero algunos de los curanderos realmente tienen un don.

Estas tres divisiones valen para todas las épocas, culturas y regiones de la tierra. Los brujos al trabajar con fuerzas demoniacas nunca realizan un bien duradero, ni por supuesto expulsan al demonio, aunque pueden atenuar sus síntomas por un tiempo. A veces la brujería está tan extendida en algunas regiones del mundo que Dios en su misericordia ha concedido, incluso en los pueblos más primitivos, que haya personas con dones que puedan aliviar a su pueblo. Por eso, cuando la gente vulgar refiriéndose a África habla de brujos debería distinguir entre los auténticos brujos y los curanderos. Entre estos últimos los hay que no solo curan el cuerpo, sino que también tienen dones dados por Dios para ayudar a sus semejantes en este campo de los espíritus malignos. Este tipo de personas con dones están en todas las culturas, también en nuestra tecnológica Europa.

En la cultura céltica, asiría, egipcia, etc.

Esos tres tipos de personas (charlatanes, brujos y curanderos) han existido desde el comienzo de la humanidad. Analizar el exorcismo en la primitiva religión asiria, en Egipto o en la América precolombina sería analizar una serie de ritos vacíos que solo son fruto de la imaginación humana y cuya efectividad es nula. Esos ritos carecen de efectividad. La única efectividad de cualquier rito depende solo de la fe en un único Dios verdadero, que es Padre, Creador y Juez de los hombres.

Si se tiene esa fe, los sacerdotes de todas las culturas siempre han exorcizado orando, alabando al Creador y ordenando a ese espíritu malo que se vaya y manifestando con actos gestuales ese poder de Dios y esa orden dada al demonio. La concreción de esos actos gestuales será lo de menos, bien sea moviendo las manos sobre el poseso, bien sea dándole a beber cualquier objeto bendecido, bien sea colocándole sobre el cuerpo cualquier elemento material que simbolice el poder de Dios actuando sobre ese cuerpo poseído. En el acto religioso del exorcismo el gesto es símbolo de ese poder de Dios que se invoca.

Mientras que en los exorcismos mágicos, que también los ha habido en todas las épocas, el brujo usa por un lado instrumentos que por su sabiduría piensa que lograrán la liberación, y por otro lado el brujo se considera poseedor de una sabiduría heredada que si se aplica produce su efecto siempre, pues no se pide nada a un ser trascendente, sino que se aplican esos medios como el médico aplica su medicina.

En muchas culturas primitivas el exorcismo es una mezcla de la visión mágica y la oración, una contaminación de la oración con magia. A pesar de este tipo de impurificaciones, la distinción entre el brujo y el curandero bueno suele ser clara entre la gente que distingue entre el hombre benéfico y el hombre maléfico, entre el hombre de la Divinidad y el hombre de las fuerzas desconocidas.

La dimicatio

La lucha espiritual

La palabra latina "dimicatio" significa el conjunto de oraciones hechas para alejar al demonio de una comunidad o lugar. A Dios no solo se le puede suplicar que expulse un espíritu maligno de una persona, sino que también se le puede pedir que lo aleje de un grupo de personas o de un determinado ámbito. Por ejemplo, si un fiel pide a Dios cada día que debilite, ate o aleje la acción de los demonios sobre una ciudad determinada, eso es la dimicatio que algunos llaman de un modo más genérico "lucha espiritual".

Es Dios quien en sus designios permite o no que el demonio se acerque a tentar o dañar y, por tanto, también se le puede pedir a Él que no le permita que se acerque. Esto es así porque como todo depende de la providencia de Dios, podemos pedirle tanto en el ámbito positivo (la concesión de una gracia) como en en el ámbito negativo (que aleje la tentación).

La dimicatio nunca es necesaria, únicamente es una posibilidad más que se da a la Iglesia a la hora de pedir al Señor. No es absolutamente necesaria esta oración específica pues siempre que pedimos a nuestro Padre por nuestras necesidades, Él nos ayuda en lo que necesitamos, en todo, no solo en lo que conocemos, sino también en las necesidades que solo Él conoce. Pero este tipo de oración llamada dimicatio no es superflua, sino que a veces es conveniente. De hecho, si en todos los casos bastara con la oración común, tampoco sería preciso el exorcismo, pues bastaría con orar a Dios por las necesidades de esa persona y eso ya debería ser suficiente pues Dios podría actuar directamente sin necesidad de una oración específica (con unos fines especiales y un modo determinado). Pero el modo en que el Creador ha dispuesto la oración de la Iglesia, incluye el que oremos de modos distintos y con diversos fines. Orar por fines concretos entra dentro de la voluntad de Dios al pedirnos que oremos. La dimicatio es únicamente un arma más que el Señor pone en nuestras manos y que va incluida en el poder que Cristo entregó de atar y desatar. Poder sacramental en los ordenados, poder de la fe cuando piden los laicos a Dios que ate el poder del Maligno. Y como es lógico no da lo mismo que practiquen esta súplica un solo laico que varios a la vez. Si un grupo de laicos pide a Dios que ate la actuación del demonio, Dios atará a ese demonio pues no dejará sin atender su súplica.

Es cierto que la dimicatio se presta fácilmente a faltas de prudencia, pero se trata de un arma más que el Señor pone en nuestras manos. Es un arma en un combate en el que hay dos contendientes: el demonio actuando con el arma de la tentación, los fieles de Dios con el arma de la oración. Se trata de un combate espiritual e invisible.

La dimicatio se puede practicar de modo individual o comunitario. No existe ni un ritual, ni un tipo de oración fija para este tipo de combate espiritual. Este tipo de batalla entre espíritus (entre los demonios que tientan y los humanos que atan ese poder con la oración) tiene dos partes esenciales: una primera en que se le pide a Dios que aleje al demonio de un grupo de personas (una parroquia, un convento, un lugar concreto, un país) y una segunda parte en que se conjura al demonio en el nombre de Dios a que se aleje de ese lugar. También se puede pedir a Dios que aleje la acción del demonio de un ámbito determinado, por ejemplo de un apostolado que comienza.

La dimicatio puede ser realizada por un grupo de oración en el que solo haya laicos, pero si hay una orden directa al demonio, debe hacerla un ordenado *in sacris*. Pues el que ha recibido el sacramento del orden en alguno de sus grados no solo pedirá a Dios que aleje al demonio, sino que él mismo ha recibido un auténtico poder de Jesucristo a través de la ordenación para alejar al demonio, y por tanto puede actuar con poder y autoridad. A modo de ejemplo una fórmula que puede usar el ordenado in sacris para apartar al demonio es: "en el nombre de Jesús te ordeno a ti, Satán, y a todos tus secuaces que os alejéis de esta localidad", otra fórmula puede ser "exorcizo a todo demonio de esta región, apartaos de esta región, en el nombre del Padre y del Hijo y del Espíritu Santo" o "con la autoridad de Jesús ato todo poder que los espíritus malignos tengan sobre esta parroquia". Son solo ejemplos, pues se pueden improvisar oraciones u órdenes por parte del sacerdote, breves o largas.

Los laicos integrantes de un grupo de oración no deben dirigirse al demonio, solo deben suplicar a Dios. Un laico solo podría dirigirse al demonio en este tipo de combate espiritual, si hubiera recibido permiso por parte de la jerarquía eclesiástica para tal cosa. Por voluntad de nuestro Redentor la labor de exorcizar ha sido entregada a los que han recibido el sacramento del orden. Por lo menos esa es la norma general, la jerarquía podrá admitir excepciones. Así pues, un laico solo tiene poder de pedir a Dios, pero los que participan del sacramento del orden sí que tienen poder de atar y desatar, y en la dimicatio se ata al demonio, así como en el exorcismo se desata al poseso de las ataduras del demonio. El poder de la dimicatio es que el demonio se encuentra con una valla que no puede atravesar, se encuentra atado.

La dimicatio que se haga por una región entera no significa que esa región no vaya a sufrir ninguna tentación nunca más de parte del demonio, pero ciertamente sufrirá menos. O por poner otro ejemplo: en un convento que está muy dividido, unas religiosas contra otras, si se realiza la dimicatio, la división continuará, pero se puede evitar que el demonio siga azuzando la división y la solución de ese problema humano será más fácil. U otro ejemplo: si un párroco sufre el ataque de parte de sus feligreses en cuestión de murmuración, puede orar a Dios para que aleje esas tentaciones. El demonio podrá seguir tentando a sus fieles en otras materias, pero se encontrará atado en ese campo concreto. Si la oración que se ha hecho es insuficiente, el demonio podrá seguir tentando, pero aun así encontrará más atado, más impedido, su poder de tentación.

La dimicatio se puede realizar semanalmente o diariamente, de forma individual o en grupo, puede durar lo que una prez de unos segundos o incluso diez o quince minutos. Todo dependerá de las necesidades, de la urgencia con la que Dios haya hecho ver que hay en hacer ese tipo de oración.

La forma ideal de realizar la dimicatio tendría estas partes:

I. Confessio: petición de perdón por los propios pecados

II. Glorificatio: un momento dedicado a alabar a Dios

III. Supplicatio: súplica a Dios para que aleje al demonio

IV. Coniuratio: el sacerdote ata al demonio para que no ataque a un grupo determinado

Evidentemente las partes III y IV son las esenciales de la dimicatio. Se incluye en la supplicatio la súplica a los santos y los ángeles para que intercedan ante Dios. Si es un sacerdote el que realiza la dimicatio en una iglesia, las partes I, II y III las puede realizar de cara al altar, y la IV dando la espalda al altar y dirigiéndose a los poderes oscuros. Puede parecer que este tipo de oración debe ser muy larga con estas cuatro partes, pero se puede hacer todo en diez minutos, bien de un modo espontáneo e improvisado o bien con oraciones vocales ya escritas.

Normalmente esta ceremonia debe realizarse a puerta cerrada por el equipo que ayuda al exorcista, o en una capilla aparte. Conocer este tipo de cosas por parte de los fieles, en general, no reporta ningún bien. Así que debe considerarse, de ordinario, como una ceremonia para ser realizada en secreto o, al menos, con reserva. Pues la lucha contra los poderes de las tinieblas puede generar temor o extrañeza en muchos fieles, y eso hay que tenerlo en cuenta. Pero al mismo tiempo no da lo mismo que sea solo el exorcista el que pida esto a Dios, a que lo pida un pequeño grupo de gente con él. La oración de varias personas siempre es más poderosa.

De todas maneras, en la práctica de la dimicatio hay que actuar siempre con gran discreción. La oración es un acto que debe estar centrado en Dios, no en el mal. En la oración ordinaria de la Iglesia (liturgia de las horas, rosarios, via crucis) no hay peligro alguno, pero en la dimicatio fácilmente se puede caer en la imprudencia.

Lo normal es que la mayoría de las comunidades nunca precisarán que su párroco o un grupo de oración practiquen la dimicatio, pero hay casos especiales en que la acción del demonio es tan palpable, se percibe con tal claridad, que será conveniente hacerla. Aun dejando claro que si uno ora a Dios de cualquier forma (sin saber nada de lo explicado aquí), el Altísimo pondrá coto al mal en el momento que lo crea conveniente.

Quiero insistir en que la mayor parte de los sacerdotes no han conocido la dimicatio y tal desconocimiento no ha tenido ninguna importancia pues la oración general y común influye en todos los ámbitos. Pero al mismo tiempo el obispo, el sacerdote y el diácono no deben olvidar que se les ha dado un poder sobre este mundo invisible, un poder de atar y desatar que pueden actuarlo a voluntad. El poder de atar la acción de los demonios y el poder de desatar la fuerza de Dios contra las potestades del mal.

Anexo I

Quiero decir que yo era muy renuente, extraordinariamente renuente, a aceptar la conveniencia de dedicar tiempo de la oración en orden a alejar al demonio de una comunidad, lugar o país. Era de la firme opinión de que con orar a Dios para que nos protegiese ya era suficiente. Y complicarse con oraciones específicas suponía una cierta sofisticación que no era del gusto de Dios, el cual es gran amante de la simplicidad. Además, puesto que Dios no iba a permitir que las fuerzas del mal fueran más allá de lo que Él determinase, tampoco acababa de ver la necesidad real de orar concretamente con esta intención. Así que yo no cedía en mi idea de que dedicar algo de tiempo a este tipo de oración era algo así como favorecer el que la gente se obsesionase con el demonio.

Pero el Señor me enseño que estaba equivocado pues a través de distintos casos de posesión me advirtió que Satán se aproximaba a mi iglesia con la intención de destruirla y que debía protegerla.

Por dos veces en cuatro días, dos posesos distintos que no se conocían entre sí, me dieron este mensaje justo después que saliera el último demonio, cuando ya estaban felices y dando gracias a Dios por la liberación, y fue entonces cuando el primer caso dijo volviendo a entrar en trance: "Soy Zacarías. Protege a la iglesia. Satán odia con todo su corazón esta iglesia y quiere destruirla."

Me tomé en serio la amenaza contra mi parroquia, aun así no hice nada. Pero unos días después, el segundo caso, en las mismas circunstancias que ya he descrito en el primer caso, me advirtió: "Soy Leví, Satanás se aproxima. He venido para avisarte, Satanás se aproxima, quiere destruir la iglesia, debes protegerla."

En los dos casos la voz era poderosa y majestuosa, dos personajes sacerdotales del Antiguo Testamento. Yo en el segundo caso dudé si esa voz no sería la voz de un demonio, a pesar de ser una voz majestuosa y llena de gravedad, pero aunque oré intensamente para que Dios le obligara a decir la verdad, no hizo otra cosa más que repetir el mismo mensaje.

Desde que recibí el segundo mensaje no dejé de orar todos lo días a Dios para que alejara a Satán de mis parroquianos. Y desde el primer día sentí la convicción interna de que cada día que oraba el demonio no podría atacarla ese día. Cuando digo "atacarla" me refiero a la tentación. El demonio podía suscitar murmuraciones y divisiones.

Anexo II

No han sido muchas las personas con dones místicos que han recibido por ciencia infusa el modo de practicar la dimicatio. Pero curiosamente el conocimiento de este poder de la oración sobre el mundo invisible ha sido concedido a cristianos no solo católicos, sino también protestantes de distintas confesiones.

Ha habido laicos católicos a los que Dios les ha pedido personalmente y a cada uno por separado que se encargaran de orar por esta intención: la de alejar al demonio de grupos de personas o lugares. Algunas de estas personas han sentido que el Señor les concedía una especie de espada espiritual para esta lucha. Este tipo de personas con carismas extraordinarios se han encontrado no solo orando en lenguas desconocidas las distintas partes arriba mencionadas de la dimicatio, sino también haciendo gestos con ambos brazos de estar apartando algo durante un minuto más o menos, o sosteniendo verticalmente una espada cuya empuñadura era como si la sintieran en su mano y con la cual, finalmente, daban mandobles en el aire, aunque ellos no vieran contra qué. Cuando uno recibe este tipo de dones para realizar la dimicatio es el Espíritu Santo mismo el que mueve a la persona a hacer en cada momento lo que debe hacer o decir. Es Él el que obra en la persona en un momento dado a alabar a Dios y en otro momento a conjurar al demonio. En un momento dado a pedir perdón de los propios pecados, en otro momento a atar un poder del demonio, o a cortar un lazo de él sobre un lugar o persona.

Anexo III

El nombre con el que ha sido conocida la dimicatio de un modo popular es "guerra espiritual", *spiritual warfare* en inglés. Este nombre, aunque se puede seguir usando a nivel popular, es un término demasiado impreciso para su uso teológico ya que casi todos los actos ascéticos u oracionales constituyen, de algún modo, parte de esa gran guerra espiritual entre las fuerzas de la Luz y las de las tinieblas. Todo acto de virtud como todo acto de pecado constituyen parte de esa guerra entre el Bien y el Mal.

El término dimicatio al ser un término técnico no se presta a confusiones. Además, la guerra entre las fuerzas de Dios y las de las tinieblas es muy amplia y variada, mientras que la dimicatio es un tipo de lucha, un tipo concreto de combate con una finalidad específica. Dimicatio hace referencia no a toda la guerra, sino solo a un aspecto de esta.

La palabra "dimicatio" significa *combate*. Esta palabra proviene del verbo "dimico" que significa: combatir, pelear, luchar, reñir una batalla, batallar. Es decir, la dimicatio es un combate, no toda la guerra. Una lucha, no todo el enfrentamiento entre las fuerzas demoniacas y las fuerzas del Reino de los Cielos.

A su vez la etimología de "dimico" proviene de dis + micare. *Micare* es un verbo latino que significa "agitarse, temblar, batir" lo cual encaja perfectamente con el carácter de esta lucha tan específica pues en los casos de místicos que han sido movidos por Dios directamente a realizar en su nombre este tipo de combate el Espíritu Santo los ha hecho agitarse y batir sus brazos y manos.

Anexo IV

Para los que puedan pensar que basta orar a Dios en general por nuestras necesidades y que es innecesaria una petición específica para que Dios aleje al demonio, Jesús al enseñarnos a orar en el padrenuestro nos dice en el texto original griego: "y no nos metas en tentación, antes bien, líbranos del Maligno" Mt 6, 13. Dado que Dios no tienta, sino que el Tentador es otro, las dos peticiones son dos partes de una misma petición cuyo mensaje esencial es que aleje de nosotros al demonio para que no nos tiente. Luego es el mismo Señor el que nos enseña a que le pidamos que aparte de nuestras vidas la influencia tentadora del demonio, no otra cosa es la dimicatio.

Por otro lado en Ef 6, 12 se habla de una lucha al decir "Porque no entablamos el combate contra una criatura humana, sino contra los principados, contra las potestades, contra los dominadores de este mundo tenebroso, contra las fuerzas espirituales del mal que están en las regiones del aire". Se trata de una verdadera lucha en la que en la tentación ellos nos atacan y en la dimicatio (y otras oraciones) nosotros somos los que atacamos.

En el libro de Daniel se nos ofrece un interesántisimo versículo: "El príncipe del reino de Persia se me ha enfrentado veintiún días, y he aquí que Miguel, uno de los jefes principales, ha venido en mi ayuda; y le he dejado allí junto al rey de Persia" (Dan 10, 13). El que habla es un ángel ("algo con figura humana" Dan 10, 16).

El príncipe del reino de Persia es un espíritu (maligno) que se ha enfrentado a otro espíritu (el ángel de Dios que habla con Daniel). Este versículo da a entender que aunque haya ángeles y demonios que van y vienen entre los hombres (unos tentando, otros inspirando al bien), hay sin embargo ángeles superiores en jerarquía que están fijos protegiendo reinos y territorios, y demonios que están fijos en lugares tentando especialmente a los habitantes de ese lugar (tentando y coordinando a los tentadores). Todo esto es muy lógico pues tanto ángeles como demonios forman verdaderas sociedades, se comunican entre sí, hacen planes, se coordinan y cada uno actúa según su poder y jerarquía.

Allí es donde entra la dimicatio, pues en cierto modo es como hacer esa labor angélica por parte de los hombres. Los hombres también podemos realizar ya aquí, en la tierra, todas las labores angélicas: profundizar en la teología, enseñar esa ciencia de Dios a otros semejantes, glorificar al Creador, ayudar a otros, dar consejos, consolar, etc, etc. También los hombres podemos realizar esta otra labor de luchar espiritualmente contra los demonios.

Desde la perspectiva de esos versículos del capítulo 10 del profeta Daniel se podría entender mejor la expresión bíblica de "príncipe de este mundo". Es decir si existe un príncipe (espiritual) del reino de Persia y otro del reino de Grecia, etc. El príncipe de este mundo sería el que coordinaría a todos los príncipes espirituales inferiores. O dicho de otro modo, habría demonios inferiores que se dedicarían a tentar a las personas, estos serían a su vez coordinados por jerarquías demoniacas superiores, y estas a su vez por otras. Habría demonios tentadores de personas, demonios sobre ciudades, otros sobre regiones, otros sobre naciones y finalmente uno sobre todos los demás que sería Satanás.

La dimicatio sería una lucha con armas espirituales sobre las jerarquías superiores. Ya que si se les ata, muchos ataques demoniacos quedarían abortados ya que faltaría la coordinación de las jerarquías superiores. Cuando hablo de ataques me refiero a la tentación. La fuerza de la tentación puede parecer una fuerza no muy importante pero que es poderosísima dada la debilidad de los seres humanos.

Pasajes oscuros de la Biblia

Quisiera en este apartado analizar unos pocos pasajes de la Sagrada Escritura que tienen relación o con el mundo de los ángeles, de los demonios o de los dones. No se pretende en este apartado pasar revista a todos y cada uno de los versículos que tratan de esos temas, sino solo de analizar unos capítulos concretos que nos parecen más interesantes por su oscuridad, por la dificultad que conlleva su interpretación. Precisamente estos pasajes, por ser tan oscuros, suelen ser pasados por alto en casi todas las exégesis de los libros sagrados. En el ámbito de los exegetas hay un sencillo modo de desembarazarse de la tarea de tener que interpretar aquello que no entendemos y es anotar a pie de página que se trata de un texto arcaico y que por lo tanto, aunque no se atrevan a decirlo por escrito, que su interpretación tampoco importa mucho pues se trataría de un texto contaminado con creencias primitivas. Como si toda la Biblia, hasta en sus pasajes oscuros, no fuera irreprochable fuente de conocimiento y autoridad perfecta pues es Dios mismo quien nos habla y enseña.

Pues bien, esa inmaculada fuente de conocimiento no solo nos deja claro que existe el demonio, la posesión y el exorcismo, sino que también nos dice de paso, como sin intención de incidir mucho en ello, que los brujos pueden tener poder. Es decir que aquellos que tienen trato con los poderes de las tinieblas pueden gozar de ciertos poderes. Como se verá más adelante con el pasaje de los magos del Faraón y los profetas de Baal. También nos habla la Biblia de los dones misteriosos que algunos hombres pueden tener y que no provienen del Maligno, como analizaré en el caso de Balam y de Simón el Mago. Y por último también dejo constancia en este capítulo de lo complicada que puede ser la angelología de la Biblia, mencionando el caso del ángel que lucha con Jacob y de las visiones de Ezequiel.

Recuerdo hace años una conversación con un judío ortodoxo en la que hablábamos de lo que los judíos creían acerca del demonio y la posesión. El judío me explicó que había unos pocos rabinos especializados en el "lado oscuro de la Torah". La expresión me pareció fascinante: el lado oscuro de la Torah.

Todas y cada una de las palabras del texto sagrado son luminosas, encierran luz. No obstante, esas líneas sagradas también mencionaban la oscuridad que se halla en la Creación. También la Biblia tenía sus criptas, sus subterráneos. Y eso hacía al Libro de Dios aun más fascinante. Dios, que es Luz, enseñándonos acerca de la oscuridad.

El ángel que lucha con Jacob

El primer pasaje del que quisiera hacer mención es el de Gen 32, 25-31 que transcribimos aquí:

> *Quedose entonces Jacob solo, y un hombre estuvo luchando con él hasta rayar el alba. Como viese que no le podía, alcanzole en la articulación del muslo y se dislocó la articulación del muslo de Jacob mientras peleaba con él. Entonces dijo:*
> *-Déjame marchar, pues raya el alba.*
> *Mas respondió Jacob:*
> *-No te dejaré marchar hasta que me hayas bendecido.*
> *Él le preguntó:*
> *-¿Cuál es tu nombre?*
> *-Jacob.*
> *Dijo él:*
> *-Ya no se dirá tu nombre Jacob, sino Israel, por cuanto has luchado con Dios y con hombres y has vencido. .*
> *Jacob, entonces le preguntó:*
> *-¡Declárame, por favor, tu nombre!*
> *Respondió:*
> *-¿Por qué preguntas mi nombre?*

Y allí mismo le bendijo. Jacob denominó al lugar Penuel porque se dijo: "He visto a Dios cara a cara, y sin embargo ha quedado a salvo mi vida."

Me gustaría poder dar una explicación a este pasaje, pero no la tengo, ni plena ni parcial. Me siento satisfecho de poder mostrar mi análisis a base de preguntas, que no dé respuestas.

¿Por qué un hombre material lucha corporalmente con un espíritu? Esa es la gran pregunta que subyace a cualquiera que lea ese texto después de haber leído los tratados escolásticos. ¿Cabría la posibilidad de que la lucha fuera espiritual? Pues el texto da a indicar lo contrario porque la herida que va a recibir es material, y además habla de que le ha visto cara a cara e incluso le pide que le deje marchar.

¿Por qué si Jacob era bueno lucha con un ángel bueno?, y queda claro que es bueno porque le pide la bendición y después lo designa con el término "Elohim".

¿Por qué le exige la bendición a un ángel? En principio debería suplicarla, no exigirla, ni tampoco luchar materialmente con el servidor de Dios.

¿Por qué el texto sagrado elogia de Jacob el hecho de haber luchado con Dios? ¿Por qué dice al ver al ángel que ha visto a Dios? Como se ve, todo son preguntas. A todo este hecho se le pueden buscar muchos simbolismos espirituales, muy bellos algunos de ellos, pero la cuestión que continúa vigente es qué paso realmente. ¿Cuál fue el hecho histórico que sucedió y que se nos relata de modo somero con un lenguaje tan arcaico?

Moisés y el ángel del camino

En su versión más literal este extraño texto de Ex 4, 24-26 dice así: "Acaeció que, en el camino, en una posada, hízosele Yahveh el encontradizo [a Moisés], e hizo además de matarle. Entonces Séfora, cogió un sílex, cortó el prepucio de su hijo y tocó [con él] sus pies, exclamando: "¡Realmente eres para mí un esposo de sangre!" [Yahveh] le dejó al tiempo que ella dijo: "esposo de sangre", aludiendo a la circuncisión."

Sin más contexto, sin más explicaciones, ¿qué podemos decir de unas líneas arcaicas y misteriosas que se nos presentan con esta brevedad? Pues la verdad es que poco. Pero entre las pocas cosas que podemos saber con seguridad es que se trata de un texto muy similar, casi paralelo, al de Génesis 32, 25-31. Cuando dice que *hízosele Yahveh el encontradizo* es evidente que se está refiriendo a un ángel. Pues en Gen 32, después de la lucha con el ángel, Jacob dirá *he visto a Dios* [Elohim] *cara a cara*. Es decir, el mensajero como representante del que envía. En este caso también hay una lucha, o un intentar huir (en la tienda o en el campo), o al menos un tiempo en el que el ángel se acerca con el ademán de matarlo, porque a la esposa le da tiempo a circuncidar al hijo de Moisés. En ambos textos la acción del ángel no es inmediata. En ambos casos no parece que sea un ángel caído el que se aparece, porque se les denomina como enviados por Dios dado que se les llama Elohim y Yahveh, en razón del que los envía. Lo cual nos da una interpretación del porqué de la lucha y del ademán de matarle: la desobediencia a los mandatos de Dios. No sabemos qué hizo Jacob para que le enviara Dios un ángel a que luchara con él, pero en este caso fue la desobediencia al mandato de circuncidar a su hijo.

Espiritualmente podríamos interpretar estos dos textos como que Dios les advirtió una y otra vez a ambos de que hicieran algo. Y que como no obedecían, finalmente, tuvo que enviarles una especie de castigo visible para que entendieran que a Dios no se le debe desobedecer. En el caso de Gen 32, es posible que durante la lucha Jacob orara a Dios, pidiera perdón, y que la lucha no solo fuera física sino también espiritual. De forma que por eso el ángel no pudo vencerle, por la oración a Dios. De otra forma, Jacob sí que hubiera perecido en la lucha. Aunque no esté contenido en la materialidad de las palabras, el mensaje profundo que entiendo del primer texto es que solo la lucha espiritual evitó que Jacob cayera muerto en la lucha material. Y en el segundo texto, que solo la obediencia evitó que el castigo cayera sobre Moisés. En este segundo caso, Moisés estaba dispuesto a obedecer a Dios, por eso iba camino de Egipto a dar el mensaje al faraón. Pero su obediencia era sustancial, no total. Dios en esto le va a enseñar que hay que obedecerle completamente, no más o menos. En el texto de Gen 32, Dios no hubiera enviado a un ángel a luchar, si no hubiera existido algún tipo de desobediencia de la que el texto sagrado no ha dejado constancia. Si no hubiera existido esa lucha espiritual, Jacob no hubiera podido resistir al ángel de Dios.

Los magos del Faraón

El siguiente pasaje que quería considerar es que la Biblia deja claro que los magos del Faraón (Ex 7, 11-12), por virtud de poderes demoniacos, también pueden hacer portentos:

> *Entonces el Faraón llamó también a los sabios y magos, y también ellos, los adivinos de Egipto, hicieron lo mismo con sus sortilegios. Cada uno arrojó su cayado y se tornaron serpientes; pero el cayado de Aarón tragó los cayados de ellos.*

Efectivamente también los poderes de las tinieblas pueden realizar portentos, pero en el hecho de que la serpiente de Moisés se trague a las de los magos se simboliza el que el poder de los servidores de la Luz es superior al poder de las tinieblas.

Los magos también convirtieron agua en sangre en Ex 7, 22: "Sin embargo, los adivinos egipcios realizaron lo mismo con sus sortilegios, por lo que el corazón del Faraón se endureció y no escuchó". Allí está la respuesta a la pregunta de por qué con tantas plagas, el Faraón no dejó marchar a los judíos. La razón aparece en ese versículo: los magos hacían también esos portentos. Con lo cual, el Faraón y su corte pensaron que podían luchar con las mismas armas contra aquel "mago" que era Moisés. En la lucha de un solo "mago" contra todos los magos de Egipto, en la lucha de una única Divinidad desconocida frente a todo el panteón egipcio, la corte estuvo convencida (hasta cierto momento) que las fuerzas de los semitas serían derrotadas.

Los magos también harán subir ranas (Ex 8, 3). Sin embargo, a diferencia de Moisés no lograron convertir el polvo en mosquitos (Ex 8,14), Dios lo impidió para que la verdad quedara cada vez más clara. Es entonces cuando los adivinos le dirán al Faraón: *"Es el dedo de Dios"*, pero el Faraón no les escuchó (Ex 8, 15). Y cada vez quedó más clara la verdad pues ya no podrán imitar el resto de plagas. Y así Moisés podrá producir erupciones en los magos, pero ellos no podrán dañar a Moisés (Ex 9 11). Aquí se ve claro que en la confrontación entre el poder que viene de Dios y el que viene de abajo, prevalece el poder de los servidores del Altísimo.

Todo este texto del Éxodo creo que tiene un gran valor simbólico acerca del poder de los magos sobre este mundo, simbolizado en las serpientes, la sangre y las ranas. Es decir, si se me permite una interpretación muy personal, pienso que esos elementos representan el poder demoniaco sobre el alma, el cuerpo y la mente. Pudiendo producir la posesión (las serpientes son símbolo de los demonios), la enfermedad (simbolizada en la sangre) y la locura, simbolizada en las ranas que con su croar perturban la mente de aquel en cuyo pensamiento entran.

Pero si el mal continúa siendo perpetrado por un servidor del Maligno entonces esas plagas recaen sobre el mismo pecador que ha invocado esas fuerzas tenebrosas. Y así sobre su propia alma recaen los tormentos de las serpientes, la sangre, las ranas, los mosquitos, los tábanos, la peste, las pústulas en el cuerpo, el granizo entremezclado con el fuego, la langosta, las tinieblas y finalmente la muerte. Cada una de estas plagas es símbolo de una clase de tormento que recae sobre aquel servidor del mal que ha conjurado al mal para dañar a sus hermanos.

Balaam

En el libro de Números (del capítulo 22 al 24) aparece un personaje extremadamente incómodo para aquellos a los que les gusta que en la religión todo esté muy cuadriculado, que lo blanco y lo negro se halle meridianamente discriminado por una raya perfecta que no deje lugar a duda ninguna.

Los hechos referentes a este personaje que aparece en esos capítulos son los siguientes:

No era del pueblo elegido, pero tenía un don. Se deja claro que era un don verdadero y no fingido. Y que era un don de Dios, no del Maligno.

Se trataba de un don de Yahveh porque dice: "Pernoctad aquí esta noche y yo os daré respuesta conforme Yahveh me diga" (Num 22, 8). Y efectivamente la respuesta será justamente la que no esperaba ni él ni los que habían venido a hacerle ese encargo.

La Biblia afirma que "Dios se llegó en sueños a Balaam y le dijo..." (Num 22, 9). Varias veces más en esos capítulos aparece que Dios le habla.

Al mismo tiempo se trata de un hombre que hace eso (maldecir o bendecir) por recibir regalos. Aunque el único don que la Biblia afirma que tiene es el de recibir mensajes de Dios, no dice nada acerca de la veracidad de su supuesto poder de bendición o maldición.

¿Cuál es el pecado de Balaam? No se nos dice en el Antiguo Testamento. Pero sí que se dice expresamente que se apartó de hacer lo que Dios en esos mensajes le ordenó que hiciese.

Aparece el hecho de que recibe regalos por recibir a la gente, pero no se dice que usara ese don de Dios a cambio de bienes materiales. Se dice que bendecía y maldecía, pero no se le acusa de que lo hiciera a cambio de esos bienes, más bien lo contrario, pues en esos capítulos solo bendecía o maldecía cuando Dios se lo indicaba. Queda claro que se apartó de lo que le dijo Dios, pero no se nos dice en el libro de Números en qué se apartó. Sí que nos lo revelará el Nuevo Testamento como veremos más adelante.

Pero es evidente que su pecado no destruye su verdadero don. Pues en el texto sagrado pone en boca de Balaam esta respuesta al rey gentil: "Todo lo que Yahveh diga eso he de hacer" (Num 23, 26). Es decir, a la hora de dar los mensajes es fiel a lo que oye. Ni siquiera después de su pecado el don desaparece. El don permanece a pesar de la desobediencia. Aunque, si su desobediencia hubiera continuado ya no como un hecho puntual, sino como un vicio, entonces Dios quizá le hubiera retirado su don.

¿En qué consistía su don? Se explica en Num 24, 3-4: "Oráculo de Balaam, hijo de Beor, oráculo del varón de cerrada vista, oráculo de quien oye las palabras de Dios, de quien ve las visiones del Todopoderoso, que cae y se le abren los ojos".

El don es verdadero y no podrá maldecir a ese pueblo, pues Dios se lo prohíbe. Sin embargo, vemos que aquel que tiene un don de

Dios y lo usa contra los designios de Dios, finalmente recibe el castigo de Él, y así el Altísimo envío al ángel con la espada desenvainada para matarle. Dios no envía el ángel contra Balaam donde está, sino que lo espera en un lugar del camino. Aunque esto pasó en la realidad, aquí también se simboliza que el que tiene un don de Dios es castigado si llega a cierto punto del camino errado de su vida, pero que antes Dios le da posibilidades de entender el mal camino que lleva, en este caso a través de una mula.

En el Nuevo Testamento se vuelve a mencionar a esta persona con un don divino pero dejando claro que no es buena (y aquí sí que ya se ve sin duda alguna dónde estaba su falta), pues se dice de él que era "el que enseñaba a Balac a poner tropiezos ante los hijos de Israel" (Ap 2, 14). Y también se afirma "que amó el salario de la injusticia, pero se llevó una represión por su mal proceder" (II Pe 2, 16). Lo cual indica que aunque no se atrevió a maldecir al Pueblo Elegido, por temor a Dios, sí que dio consejos al rey gentil para dañar a los israelitas. Y las palabras "amó el salario de la injusticia" indicarían que por amor a los regalos del rey fue por lo que hizo eso sabiendo que Dios los había bendecido.

Sea dicho de paso, Jonás también escuchaba a Dios (le escucha antes de llevar a cabo su misión y después) y, no obstante, no era buena persona pues primero desea que sean castigados los ninivitas, y segundo desobedece a Dios. Incluso al final del libro se duele del perdón de Yahveh. Y sin embargo, tenía el don de recibir mensajes de Dios. Jonás era profeta, ejerció el profetismo y, sin embargo, no deja la impresión de ser un hombre santo, pero eso no impide que tenga un don de Dios. Dios podía haber escogido a un hombre santo para ser el depositario del don y, sin embargo, la elección de Dios recae sobre un hombre bastante normal que no destaca por sus cualidades morales.

Los exorcistas, en el desempeño de su función, a veces se encuentran a personas muy normales, incluso poco devotas, que son poseedores de dones divinos, como en el caso de Balaam y Jonás. Algunos, simplistamente, consideran que sin santidad no hay posibilidad de dones extraordinarios.

Los profetas de Baal en el Carmelo

En el libro de Reyes (I Reyes 18, 20-40) aparece un hecho histórico que no voy a repetir por ser largo. Solo quiero que el lector repare en que esos servidores del mal estaban convencidos de que sus sortilegios iban a provocar que el fuego del altar de Baal se encendiese porque:

—Aceptan el reto de Elías a pesar de que el rey iba a vigilar de que no se cometiese fraude alguno. Luego eso suponía aceptar el reto de que el fuego se encendiera solo por artes mágicas. Sabiendo esto, aceptan las condiciones.

—Que esto es así, que esperaban una intervención del falso dios, se ve en que se pasaron el día practicando sus danzas rituales, gritaron a su dios y se hicieron incisiones hasta chorrear sangre. Nada de todo esto lo hubieran hecho si no hubieran estado seguros de la intervención de Baal. Los sacerdotes de Baal como los del Faraón estaban ciertos de sus artes. Detrás de ambos no había dios alguno, sino los espíritus malignos haciendo iniciados e inculcando en los hijos de Dios artes mágicas detrás de las cuales toda efectividad residía, no en la magia en sí misma, sino en la voluntad del demonio. Aunque esa voluntad demoniaca estuviera interesada en convencer a los hombres de la efectividad de la magia.

Los ángeles de la visión de Ezequiel

El profeta Ezequiel (capítulo 1) tiene una visión de los ángeles verdaderamente peculiar para lo que es la tónica de este tipo de visiones en el texto sagrado. Está claro que este tipo de visiones son simbólicas. El problema es que varios de estos símbolos son de una interpretación que parece totalmente críptica. Por ejemplo, de los ángeles que vio este profeta dice:

—que sus piernas eran rectas, así como las plantas de sus pies
—que al marchar no se volvían nunca, sino que siempre iban de frente
—había cuatro ruedas brillantes en el suelo, junto a estos ángeles
—parecía como una rueda estuviera dentro de la otra

—estas ruedas tenían llantas que infundían terror, eran de gran altura y estaban llenas de ojos alrededor
—las ruedas marchaban siempre junto a los cuatro ángeles
—las ruedas no eran seres inmateriales "pues el espíritu de dichos seres alentaba también en las ruedas".

En este texto he hablado de "ángeles" aunque el profeta habla de "seres". Es decir, por todo el contexto y las expresiones usadas se ve claro que se está refiriendo a ángeles que están por encima de los ángeles. Es decir, que se está refiriendo a ángeles superiores en jerarquía. Sin embargo, lo interesante del texto, lo que excita nuestra curiosidad, es el tenor de las imágenes de tan difícil interpretación.

Simón el Mago

Quisiera también fijarme en el pasaje de Hechos de los Apóstoles (Hech 8, 9-24), texto en el que se menciona a una persona por nombre Simón, que había practicado la magia anteriormente y había asombrado a toda Samaría con sus sortilegios. Este hombre se convirtió al cristianismo y se bautizó. Pero ofreció dinero a San Pedro para lograr el poder de hacer prodigios. San Pedro le reprendió duramente.

Este tipo de personaje cada vez es más frecuente en la actualidad en que la New Age y el esoterismo se extienden por doquier. Es decir, las personas que creen que la religión es un tipo de sabiduría o un tipo de poder. Algo que se puede aprender. El hombre introducido en ese tipo de falsa espiritualidad no entabla una relación personal con Dios, ni cambia de vida. Sino que toda esa "espiritualidad" se reduce a técnicas, métodos para vivir mejor, para vivir en paz, en armonía. Pero no es la relación sencilla y sin complicaciones entre un Padre y un hijo, sino la relación de alguien que aprende a usar lo oculto. Estas falsas espiritualidades llenan de soberbia, complican la relación entre Dios y el alma con mil supuestas tradiciones antiguas o arcanas que son meras invenciones de los hombres y de ningún modo revelación de Dios. Es, en definitiva, un nuevo tipo de gnosticismo.

Antimagia

I Parte
Los poderes de la mente

¿Existen unos poderes de la mente que puedan ser desarrollados?

Durante muchos años de reflexión teológica y de ministerio sacerdotal atendiendo casos que entraban de lleno en el campo de lo preternatural, me negué a aceptar la posibilidad de que existiesen poderes de la mente que pudiesen ser desarrollados. Para mí, todo era muy sencillo: lo extraordinario o provenía de Dios o del demonio. Cuando decía Dios, me refería por supuesto a Dios, los ángeles, la mística y la intervención de los santos.

Durante años, me tocó por mi trabajo analizar ciertos fenómenos que encuadraban muy mal en ese esquema. Por más que examinaba algunos casos, veía que ciertos fenómenos que no procedían de Dios, de ninguna manera podía achacarlos a intervenciones del maligno. Necesité muchos años para aceptar la posibilidad de que existiera un tercer elemento como fuente de poderes extraordinarios: el espíritu humano.

Los primeros casos de fenómenos extraordinarios que no procedían de la mística, pero tampoco del demonio, fueron los casos de telepatía. Esto no me planteó demasiadas dudas, pues se trataba de una excepción que podía encuadrarse en mi esquema como una singularidad. Si también somos espíritu, por qué no va a poder suceder eso.

Después aparecieron las personas que afirmaban haber experimentado viajes astrales sin hacer nada para provocarlos. Si el viaje astral era algo malo, ¿por qué Dios lo permitía? A esto se añadieron las personas que objetivamente era cierto que habían desarrollado capacidad de transmitir energía con sus manos. Años antes lo hubiera atribuido a una intervención del demonio. Pero cada vez más frecuentemente me encontraba con casos que no tenían ninguna influencia demoniaca.

Los años de experiencia en el trato con estas personas me llevaron a abrir mis esquemas a aceptar que, dado que somos también espíritu, este puede tener ciertas capacidades desconocidas que son desarrollables. Es decir, ya no se trataría de una singularidad, sino de una capacidad desarrollable. Con el tiempo entendí que mis prejuicios ante esta posibilidad se debían a que la Nueva Era insistía mucho en estos temas. Pero el hecho de que las enseñanzas de la Nueva Era se basaran en gran parte en estas capacidades desarrollables, eso no significaba que las mismas no existieran realmente.

Si somos cuerpo y espíritu, ¿por qué debía oponerme a tal posibilidad? Aun así, durante mucho tiempo seguí albergando el temor de que en realidad todos los supuestos dones extraordinarios procedentes de la mente, no pudieran tener como causa la intervención oculta de los demonios. El contacto con personas cristianas, de gran vida espiritual, y que tenían esos dones, fue enseñándome que no. Algunas de esas personas habían practicado asiduamente todo lo enseñado por la Nueva Era, y después de su conversión al cristianismo habían abandonado esa espiritualidad; sin embargo, los dones continuaron.

Alguna de estas personas había llegado incluso a ser priora de un convento de monjas y su vida estaba totalmente sometida a Dios. Y sin embargo conservaba perfectamente la capacidad de realizar viajes astrales si lo deseaba. Otros podían ver el aura, otros podían seguir viendo el mundo espiritual, etc. Mi esquema de blanco o negro se hundió definitivamente, la realidad de este mundo espiritual era más compleja de lo que había sospechado al principio. Finalmente, admití que en mi fe cristiana nada se opone a que el ser humano pueda desarrollar algunas capacidades de su espíritu, capacidades extraordinarias de naturaleza espiritual, lo que se ha dado en llamar poderes de la mente.

Es muy adecuada esta designación de poderes de la mente, para así distinguir entre el espíritu (la parte más noble de nuestro ser) y la mente (con sus potencias mentales). El ser humano puede desarrollar mucho las capacidades de su mente, y sin embargo su alma estar corrompida. Uno puede desarrollar mucho las capacidades ordinarias de la mente (voluntad, raciocinio, memoria, imaginación) y otras capacidades extraordinarias (como los dones no ordinarios antes citados) y, sin embargo, tener muy mal el espíritu a causa del pecado. Cuando muramos no se preguntará si hemos desarrollado estas capacidades extraordinarias, sino cómo tenemos el alma.

Una explicación suplementaria: No es que en el ser humano existan dos "almas" —el espíritu y la mente—, sino que la mente es una parte del espíritu.

¿Cuáles son todos los campos de donde pueden proceder los dones extraordinarios?

Hay que dejar claro que solo hay tres campos de donde pueden proceder los dones extraordinarios, sin que exista posibilidad de que los dones procedan de otro origen: Dios, la naturaleza humana y el demonio.

Después de lo dicho y en orden a fijar un vocabulario preciso en este campo de los dones extraordinarios diremos que hay unos dones celestiales, otros psíquicos y otros de abajo.

Los dones celestiales: Los dones de Dios (o de la luz) son aquellos que proceden de Dios directamente o a través de la intervención de un ángel o de un santo. También se incluyen aquí los dones místicos dados directamente por Dios al alma. Por ejemplo, el don de lenguas, o el don de sanar con la oración, o el don de expulsar demonios, por citar algunos.

Los dones psíquicos: Se les llama así por proceder de las psique. La psique es la palabra griega que designa el espíritu humano. Estos son los dones naturales extraordinarios, de los cuales se dice que son naturales en cuanto que por su origen proceden del espíritu humano, y se dice que son extraordinarios para distinguirlos de los dones naturales ordinarios. Estos dones naturales son aquellos que admiten un desarrollo natural con independencia del estado del alma. No pocas veces, incluso, se heredan, sobre todo de madres a hijas. Recibiendo algunas hijas unos dones y otras no, a veces saltando una generación esos dones.

Los dones de abajo: Estos poderes de abajo o dones de las tinieblas son aquellos que se reciben por intervención de los espíritus malignos. A veces los satanistas pueden hacer signos extraordinarios, como los magos de Egipto o personas con consultas que pueden realizar algunos fenómenos extraordinarios para encandilar a las víctimas a las que quieren sacarles el dinero, poseerlas sexualmente o simplemente dominarlas. Se les llama "dones de abajo" y no "dones demoniacos" porque no todos estos dones proceden de los demonios, ya que los seres humanos condenados al infierno pueden influir en estas personas que invocan a las tinieblas.

¿Cómo se adquieren los dones extraordinarios?

Los dones que proceden de abajo, es decir de los demonios y espíritus impuros, son dones que se adquieren por practicar la magia, el conjuro de los malos espíritus o el satanismo.

Los dones que proceden de la propia naturaleza, son dones que se adquieren por el conocimiento de que existen y su ejercicio y práctica. Muchas veces por herencia, como se ha dicho.

Los dones concedidos directamente por Dios se adquieren normalmente por el ejercicio de la vida espiritual. Por eso los santos han sido los más grandes místicos y por eso mismo los que más dones han tenido. Los dones que poseen los místicos son los mejores dones, los dones más puros (es decir menos mezclados con elementos humanos) y los dones más poderosos. Ningún don puede compararse al don de Dios. Aunque de forma ordinaria los dones celestiales se conceden por la vida espiritual, sin embargo, hay personas que han recibido los dones celestiales por pura gracia. Y así, en un momento dado de su vida, notaron que Dios les concedía un don.

Sé el caso de un señor, al que conozco de primera mano, que tenía el don de diagnosticar las enfermedades mirando al iris. Su don era admirable y comprobado infinidad de veces. Tenía el don de diagnosticar por ese medio, pero no tenía el don de curar. Durante un retiro espiritual le dijo a un compañero mío sacerdote que él era pastor y que cuando se le murió un hijo suyo, Dios le concedió ese don.

He dicho que conozco a este señor de primera mano, porque mi padre, que en paz descanse, fue a verle hace años. Y en cuanto le miró los ojos, le dijo: tiene cáncer. Así era. Nada en el aspecto de mi padre delataba la existencia de un cáncer de páncreas. Sin embargo, este antiguo pastor le dijo a mi tío: tiene cáncer de páncreas, no hay nada que hacer, se ha extendido a otros muchos órganos del cuerpo. Los análisis hospitalarios tras muchas pruebas confirmaron palabra por palabra lo que este señor nos dijo. El caso de este pastor que diagnosticaba mirando el iris de los ojos, es un caso de cómo Dios puede conceder repentinamente un don a quien quiere.

Quede definitivamente claro, por un lado, que todo lo que tiene que ver con la magia, la brujería y la adivinación son campos en los que intervienen los espíritus malignos. Y, por otro lado, quede claro que el don dado directamente por Dios a través de la oración y el ascetismo es un don que se recibe, no se aprende, no se adquiere a voluntad, no se desarrolla a base de técnicas.

Los dones psíquicos que proceden del espíritu humano los puede poseer alguien nada religioso, que ni siquiera cree en Dios, y son dones que en sí son bastante neutros. Es decir, un santo que tiene el don de ver lo oculto en un alma, lo usará para que se convierta ese pecador. Un satanista que tiene poder para influir en una voluntad con la tentación, lo usará para llevar al pecado. Mientras que los dones psíquicos son bastante neutros en el sentido de que hacer un viaje astral o tener una comunicación telepática o encontrar un manantial no es algo que de por sí cambie a nadie para bien o para mal.

¿Cuáles son los peligros de querer desarrollar dones psíquicos?

Lo ideal sería desarrollar esos dones guiados por alguien cristiano, dotado de una gran vida espiritual y que al mismo tiempo poseyera un buen conocimiento de estos temas. Es decir, alguien que nos llevara ante todo al Dios de los dones, más que a los dones de Dios. Desgraciadamente esta posibilidad suele estar fuera del alcance de casi todo el mundo, pues estas personas no abundan, son excepcionales.

¿Entonces qué hacer? Lo mejor es no impurificar un don extraordinario, si se tiene, con cosas humanas (lecturas, clases, maestros esotéricos) que tendrán parte de acierto en sus enseñanzas y parte de error. Es mejor confiar en Dios y pedirle a Él que nos guíe. Tener un sacerdote que sea un buen director espiritual es un verdadero tesoro. Aunque no es fácil encontrar confesores que estén abiertos a la posibilidad de que estas cosas sucedan. Y así muchas veces la guía de estos sacerdotes se reduce a olvidarse de todo eso. Lo cual no es ninguna guía.

Respecto a los dones que son dados por Dios directamente, pretender atender a las clases de un curso y pensar que se va a salir de allí con poderes celestiales es una pretensión inútil. Abundan lugares donde se afirma que con clases uno puede hacer milagros. El don divino, como la misma palabra indica, es un don, es decir, un regalo de Dios que o se tiene o no se tiene. Si no se tiene, no hay nada que desarrollar. Los dones psíquicos son más limitados en número y mucho más limitados en sus capacidades.

No es cierto que todos los seres humanos tengamos la capacidad de desarrollar todo tipo de poderes y podamos aprender a ejercitarlos, como algunos pretenden. Los dones celestiales que Dios concede a pocos de sus hijos, o se poseen o no se poseen. Y si se posee un don celestial, uno sabe que lo posee, porque nota la presencia del don. Hay que añadir que cuando el Omnipotente regala una capacidad extraordinaria, Dios mismo al conceder esa capacidad enseña cómo utilizarla. No hay que ir a ningún curso o leer ningún libro. Dios da el conocimiento porque sería inútil dar un don y no enseñar cómo usarlo. Dios hace bien todas las cosas, tanto las ordinarias como las extraordinarias.

Lo malo de los cursos en los que se enseña a desarrollar alguna capacidad psíquica, es que la soberbia de la persona aumenta. Uno se cree poseedor de una gran ciencia, tiende a creerse superior. Y muchas veces se cercena el tiempo dedicado a la oración o a la caridad, para dedicarse a desarrollar más y más estas capacidades psíquicas. Por si la soberbia fuera poco, al haber aprendido estas cosas en el ámbito de la Nueva Era o en un ambiente de personas que practican la magia, lo más frecuente es que la persona haya sido contaminada con errores acerca de la religión y que sienta un gran impulso por comunicarse con el mundo de los espíritus para que le revelen cosas.

¿Un cristiano puede asistir a cursos de la Nueva Era?

La respuesta es no. Hoy día proliferan muchos maestros de lo extraordinario que enseñan una sabiduría que no es de Dios, enseñan una espiritualidad que no es religión verdadera, sino un modo de saciar el hambre de cosas del espíritu que tiene todo ser humano.

Ellos sacian con enseñanzas humanas, no divinas, un hambre, una curiosidad y una ambición. Sacian con su pseudociencia este hambre de estar en contacto con la realidad espiritual, esta curiosidad del más allá, esta secreta ambición de poder más que el resto de los humanos.

La religión verdadera, por el contrario, enseña a someterse a la voluntad de Dios. Es, ante todo, una Fe y unos Mandamientos. En la pseudociencia, solo se da una versión aguada del "seréis como dioses". La religión fomenta la humildad, la ciencia de lo oculto aumenta la soberbia.

Muchos ven esta ciencia falaz como un neognosticismo, y (aunque son dos cosas distintas) no faltan elementos coincidentes. La esencia del gnosticismo es eso, el conocimiento misterioso y secreto de lo oculto para lograr la salvación. La Nueva Era solo busca la armonía en este mundo y no tanto la salvación. Muchas de las versiones del gnosticismo tratan de asemejarse a la religión, incluyendo elementos de esta.

Nosotros los cristianos debemos alejarnos totalmente de toda forma de Nueva Era. Tenemos que desechar todo alimento impuro para el alma. El alma de un cristiano debe ser alimentada exclusivamente con la pureza y bondad de la verdadera religión revelada por Dios.

Hay quienes dicen que hay que conocerlo todo (en el fondo tienen el deseo de probarlo todo), estos después sufrirán las consecuencias de haber probado frutos de un árbol maligno o, al menos, impuro.

Como norma general, todo cristiano debe alejarse de este tipo de cursos en los que se cultiva lo extraordinario. El cristiano debe cultivar la vida ordinaria, la vida inserta en la Cruz de Cristo. El hambre de lo extraordinario es una ambición como cualquier otra, como la codicia del dinero, de la fama o de cualquier otra cosa.

¿Qué capacidades extraordinarias tiene el espíritu humano que puedan ser desarrolladas?

A base del ejercicio y de la práctica se pueden desarrollar capacidades tales como los viajes astrales, la transmisión de energía a través de las manos (para curar el cuerpo o la mente), la capacidad de encontrar agua u otras cosas (con una rama o un péndulo). Otras capacidades como conocer el futuro o ver aspectos ocultos de la persona (su psicología, aspectos de su pasado) son capacidades que el que las tiene normalmente las nota desde pequeño y no son dones psíquicos.

Es cierto, que todos los dones, los celestiales y los psíquicos, cuanto más se usan, más se desarrollan. Esto puede parecer extraño en los dones celestiales, pero es así. Alguien, por ejemplo, dotado del don de lenguas, más lo desarrollará cuanto más lo use. Alguien que tiene el don celestial de curar, si dedica más y más tiempo a ello, más desarrollará ese don.

¿Hay gente que transmite energía con las manos?

Hay personas que en sus manos tienen un poder sanador. Sujetos cuyas manos desprenden energías que pueden ser sentidas por la persona que recibe esa imposición de manos. Esa misteriosa energía puede actuar sobre el cuerpo, pero también sobre la mente. De forma que el que tiene ese don, a veces, puede serenar a alguien, tranquilizarle de sus miedos, consolar su tristeza por algún tiempo al que llegó deprimido, etc. Normalmente, la sanación física que se produce por personas que imponen las manos con un don psíquico se reduce a que disminuya el dolor, a que la persona se sienta mejor, a que mejore una enfermedad. Esa energía que se puede desarrollar con un poder psíquico es limitada. Actúa de un modo real, pero es limitada. Las sanaciones totales, perfectas, instantáneas de enfermedades muy graves son un don celestial y no fruto de un don psíquico.

El don psíquico puede hacer que alguien se vaya curando poco a poco de una enfermedad de la piel en una zona del cuerpo, pero solo Dios puede curar de golpe una úlcera de estómago. El don psíquico puede tener una influencia positiva sobre esa úlcera, puede ayudar a su curación lentamente sesión tras sesión, pero todo entra dentro de lo natural. Como entra dentro de lo natural, por ejemplo, la acción de las hierbas medicinales.

La visión del futuro

Pocas cosas anhelan tanto los seres humanos como conocer el futuro. Evidentemente el futuro no está escrito en ningún lado para que podamos leerlo. El futuro está en manos del libre albedrío y solo Dios lo conoce. Dios lo conoce pero no lo ha dejado escrito en ningún lado, está en la mente de Dios.

Pensar que un astro, es decir, un pedrusco en llamas, a millones de kilómetros, tiene alguna influencia sobre mi futuro o mi carácter o mis lances amorosos, es una locura, una completa sinrazón. La astrología con sus complicaciones y reglas trata de hacer creíble lo que desde el principio es algo que no tiene ni pies ni cabeza. Los hombres han fabricado con la astrología una semejanza a la ciencia para embaucar a sus semejantes. Es sorprendente que un método que nunca ha funcionado siga perpetuándose siglo tras siglo.

Por lo dicho, se ve que da lo mismo el modo y técnica usada para averiguar el futuro. Todos los modos son irracionales e inútiles. Aunque es cierto que si una persona ha invocado a los espíritus malignos, estos pueden estar al lado de la tarotista, por ejemplo, e inspirarle cosas en su mente al ir mirando las cartas que aparecen. Las cartas en sí no dicen nada, pero los demonios a algunos les inspiran pensamientos. De ahí que algunas personas que adivinan el futuro, a veces, acierten con precisión. Pero no es por el método usado, sino por los espíritus. Por otro lado, solo aciertan a veces. Y curiosamente, muy a menudo, únicamente aciertan en temas intrascendentes. Pues los espíritus malignos no están por la labor de ayudar a las personas. Así que comunican cosas para que la gente crea en estos temas, pero no quieren prestar auxilio eficaz a los mismos que vienen en busca de ayuda por este camino.

Muchos videntes, echadores de cartas, astrólogos, etc. creen poseer un don. Pero ese mínimo don procede de un espíritu que les ronda (y que finalmente les entra) y que les comunica su tristeza. Si la angustia que sienten en su interior les lleva a aceptar a Cristo y a renunciar a todo este mundo de videncia ocultista, descubren que el don desaparece en cuanto se marcha el mal espíritu. Muchos videntes creen tener un don, pero solo es un mal espíritu que les introduce pensamientos en su mente.

¿Tengo un don extraordinario cómo puedo ayudar al prójimo?

No pocos de los que tienen un don otorgado por Dios, suelen ocultarlo y nadie sabe que lo tienen. Otras, como ya hemos dicho, tratando de desarrollar ese don lo impurifican con técnicas que cada vez tienen más de mágico. Pocas personas con dones, tienen la suerte de dar con un grupo de oración, un sacerdote o un entorno parroquial adecuado para poder usar ese don en bien de los demás.

Aunque el afán de pasar desapercibidas dificulta mucho el que estas personas se animen a usar sus dones en beneficio del prójimo, lo mejor es integrarse en un grupo de oración adecuado.

Cualquier grupo de oración podría valer, aunque son especialmente recomendables los grupos de la Renovación Carismática. El grupo servirá primero para discernir si se trata de un verdadero don. Y segundo, prestará un entorno adecuado para ejercer ese don.

Las personas que tienen un don, por supuesto, no piden dinero por ayudar al prójimo. La ambición de dinero, el deseo de fama y el afán desmedido de desarrollar el don suponen primero la impurificación del don, y finalmente su extinción. A menudo, en ese don divino se va infiltrando el demonio con su soberbia. Y en algunas ocasiones, antes de que el don se extinga, ha ido siendo sustituido por dones que vienen de abajo y no de arriba.

Los mejores dones, por supuesto, son los de los místicos. El don acompañado de santidad tiene todas las garantías de su bondad. Pero es necesario recordar una vez más que hay personas no santas con verdaderos dones dados por Dios.

¿Los demonios se acercan a los que quieren desarrollar poderes psíquicos?

Los espíritus impuros sí que ven cuando uno está hambriento de poderes extraordinarios. Por eso es muy importante tener rectitud de intención, no mezclar nada esotérico y nunca caer en nada ni lejanamente parecido al espiritismo.

Nada impide a estos espíritus impuros acercarse a aquellos que están deseosos de canalizar fuerzas y energías y que no tienen nada de vida espiritual. De ahí que, a menudo, los malos espíritus rondan a este tipo de incautos con deseo de convertirse en aprendices de mago.

No es normal que estas personas acaben sufriendo posesión. Pero el que se ha metido en el campo de los poderes psíquicos sin vida espiritual y ha hecho cosas raras, es decir esotéricas, muy a menudo sufre algún tipo de influencia de los espíritus impuros. Estos espíritus se mantienen ocultos, pero suelen transmitir una gran tristeza a su anfitrión.

Cuando un sacerdote ora por ellos y ordena a estos espíritus que se manifiesten si están allí, la persona siente nauseas, dolor en una parte del cuerpo, opresión en el pecho u otras manifestaciones. El espíritu estaba allí, en su cuerpo o alrededor, pero se mantenía oculto y solo las oraciones hacen que se revele su presencia. A veces se mantienen ocultos durante años o toda la vida, pero impregnando la vida de la persona con sentimientos tales como la melancolía, miedos, crisis de ansiedad. Aunque el sentimiento más frecuente, sin duda alguna, que transmiten a casi todos los que padecen influencias es el de la tristeza.

La gente que se metió en este campo de las energías nunca quiso tener contacto con espíritus. Pero los espíritus sí que detectaron que esa persona estaba metiendo su mano en el campo de lo desconocido. Ella no llamó a los espíritus, pero los espíritus fueron a ella. Por eso, aunque, en honor a la verdad, tengo que afirmar que existen los poderes psíquicos, no animo a que la gente comience a desarrollar esos poderes de cualquier manera. Vida espiritual, una recta guía, rectitud de intención, humildad y no hacer nada esotérico es necesario para evitar males en un campo en el que después las consecuencias pueden ser muy amargas a causa del acompañamiento de espíritus impuros. Y esas consecuencias son la depresión y enfermedades mentales.

Si uno obra movido por la mera curiosidad, es muy frecuente pasar de lo parapsicológico a la magia, de la magia a la brujería y de la brujería al satanismo. Nadie nunca se hizo satanista de golpe. Todos se transformaron paso a paso. Este es un campo en el que fácilmente uno quiere más y más, se va perdiendo pie, pero uno sigue nadando más adentro en el agua.

II Parte
Los magos

¿Qué es la magia?

La magia es tratar de conseguir algo más allá de las leyes naturales, a través de ciertas palabras o acciones esotéricas. Es decir, se trata de conseguir algo a través de unos medios que no guardan ninguna relación razonable entre la causa que se pone y el efecto que se obtiene.

Incluso un hombre de tiempos pretéritos podía entender mejor o peor que apretando un botón de un mando a distancia la televisión se ponga a funcionar. Mejor o peor, la relación científica entre la causa y el efecto se puede más o menos entender por corta que sea la ciencia del que escucha. Pero en la magia esa relación razonable no existe de ninguna manera.

Cualquiera puede comprender que extraños aparatos produzcan infinidad de efectos. Pero nadie puede aceptar que diciendo una palabra mágica sobre una sustancia, obtenga propiedades curativas. Nadie puede aceptar, de ningún modo, que rezando tres padrenuestros un día de luna llena y dando un salto, se cure la enfermedad sea cual sea esta.

He puesto ejemplos claros en los que no cabe ninguna duda. De esos ejemplos podríamos ir descendiendo a todo tipo de pócimas, conjuros, uso de piedras y hierbas. Hay un uso de hierbas que es natural, que se basa en las propiedades de las plantas, pero hay otro uso (aunque sea con el uso de hierbas) que toda persona razonablemente identificará como mágico. Por ejemplo, si alguien me dice que use la infusión de una raíz para curar un desarreglo intestinal, en ello no hay nada malo. Pero si alguien me dice que en esa infusión introduzca un momento una pata de gato y diga una palabra, eso es mágico. El sentido común suele indicar con claridad qué es y qué no es razonable.

Si alguien me dice que para curar una enfermedad tengo que caminar por la hierba cubierta del rocío matutino, en ello pueden actuar energías naturales desconocidas que pueden ser beneficiosas, y en usar este tipo de cosas aprendidas por la experiencia no habría nada de malo. Pero si me dicen que tome una infusión en la que además de varias raíces tengo que introducir unos pocos pétalos de una flor que haya estado en una iglesia, eso ya es magia.

¿Se puede hacer magia con elementos cristianos?

Sí, no pocas veces en un acto mágico se utilizan elementos cristianos que en sí mismos no serían malos. Así hay libros que, en mitad de una fórmula mágica, incluyen oraciones a santos. Otras fórmulas mágicas incluyen en su composición el agua bendita. Otras fórmulas indican que se haga la señal de la cruz sobre los elementos mezclados o que se recen tres padrenuestros.

Evidentemente, el uso de elementos en sí mismos buenos, no disminuye en nada el carácter mágico de una acción, ni la dota de efectividad alguna.

¿Se puede caer en la superstición con elementos cristianos?

Sí, sin llegar a ser una acción mágica, algunos llevan un determinado tipo de cruz (concretamente la Cruz de Caravaca) porque dicen que les va a dar suerte, o ponen la imagen de San Pancracio con una ramita de laurel en la mano para que el negocio vaya bien, o rezan folletos en los que se dice por ejemplo: para obtener buenas calificaciones en los exámenes, rece siete veces el padrenuestro, tres veces el avemaría y una el gloria, lea esta oración y hágalo cuatro días seguidos, obtendrá lo que pide. Esos folletos tienen oraciones seguidas de un número determinado de días y de repeticiones para conseguir infaliblemente que un negocio vaya bien, para obtener novio, para sanar de una enfermedad concreta. Las listas de oraciones y repeticiones especifican el tipo de enfermedad, el problema económico, etc. Esos libros indican una práctica concreta para cada mal concreto. Eso es pura superstición.

Ya no es la fe sencilla de un hijo que pide a su Padre, sino un recetario de fórmulas concretas que se han de hacer de un modo concreto y con el cual se obtiene infaliblemente el efecto.

Hay quienes al tocar una imagen con las manos o besarla, lo hacen con cariño y fe, y los hay que lo hacen como un mero medio material, físico, en orden a obtener lo que desean. En el hombre de fe, prima la petición. En el hombre supersticioso, prima la realización de una determinada acción. No pocas veces la petición y la superstición se mezclan, habiendo algo de lo uno y algo de lo otro. Siempre es necesario purificar.

¿Existe alguna fórmula mágica eficaz?

Hemos dicho que las fórmulas mágicas son inútiles, pero alguien se preguntará si no hay excepciones. Pues no, no las hay, ni siquiera una sola. Lo mismo que no hay fórmulas para hacer milagros, tampoco hay fórmulas efectivas en la magia. Si con una fórmula mágica se produce algún efecto, hay que achacárselo a los demonios. La fórmula mágica hace que vengan, aunque no se les mencione. Ellos, los demonios, ven que alguien está practicando magia y tienen interés en que los hijos de Dios creamos que la magia es efectiva, por eso a veces esas fórmulas producen efectos.

¿Cuál es la diferencia entre magia y religión?

La diferencia entre religión y magia es nítida y precisa, son dos cosas totalmente distintas. Después, en culturas concretas ambas realidades abstractas pueden mezclarse más o menos. Los rasgos esenciales de estas realidades son los siguientes:
—la religión es una obediencia (a Dios)
—la magia es poder (sobre unas fuerzas o entidades)
—la religión requiere fe
—en la magia se ven los efectos de ese dominio sobre esas fuerzas
—la religión requiere un culto
—la magia conjura esas fuerzas o entidades
—la religión requiere un cambio de vida

— la magia no pide ningún cambio de vida
— la religión es ante todo un acto de la voluntad que se rinde a Dios
— la magia es un conocimiento de un saber

En la religión hay una relación como la de un padre con unos hijos, hay una sumisión, una obediencia. Es una fe que mejora a la persona en pos de una retribución después de la muerte. En la magia existe una relación de igual a igual con esas fuerzas o entidades, el mago conjura, domina, la diferencia con esas entidades es de poder, pero no de santidad, no de trascendencia. En la magia no se pide ningún cambio de vida, ninguna conversión.

La palabra que podría definir la religión es *adoración*. Mientras que la palabra que definiría la magia es *dominio* de unas fuerzas o entidades, fuerzas que pueden ser buenas o malas, cosa que no importa demasiado porque lo que se busca es un efecto. El mago tiene un poder, mientras que el creyente sabe que por él no puede nada. En la magia no se trata con la trascendencia, porque el Ser Supremo por su propia naturaleza es un sujeto no apto de dominio, por lo tanto se trata con fuerzas que por poderosas que sean se pueden dominar con una técnica. Por el contrario, en la religión el creyente trata directamente con la Deidad que es el santo que está más allá de toda santidad y por tanto la trascendencia de ese ser constituye la esencia de ese camino. Porque la religión es un camino, mientras que la magia es conjunto de técnicas.

En la religión, la Deidad es el Santo entre los santos, un único Ser Supremo que solo puede ser bueno, y más que bueno: santo. Somos indignos de acercarnos a Él, sin embargo, la religión es el modo de comenzar una relación con ese Ser personal. En la magia, las fuerzas pueden ser impersonales y si son personales solo se las utiliza.

Como se ve, en abstracto, la diferenciación entre ambas realidades es muy clara. La magia no es una variante de la religión, sino una deformación de esta en todos sus principios y fundamentos.

¿Dónde acaba la demonología y empieza la parapsicología?

Cada uno piensa que la parapsicología es una cosa, y por tanto hay muchas definiciones de esta. Pero por lo que en adelante se expone, la definición que yo daría de ella es la siguiente:

La parapsicología es la rama de la ciencia que estudia todos los fenómenos extraordinarios que no se pueden explicar ni por la acción de las leyes de este mundo material ni por las intervenciones de los espíritus (Dios, ángeles, santos o demonios).

Para entender mejor el campo que abarca la parapsicología téngase en cuenta el siguiente esquema:

La mística
estudia la acción de Dios

La demonología
estudia la acción de los demonios

La espectral
estudia las manifestaciones de los fantasmas,
que son almas del purgatorio

La parapsicológica
estudia todo los hechos extraordinarios que
caen entre la ciencia y la demonología

La ciencia física
estudia la acción de las leyes de la naturaleza física

Hay gente que cree que todo se puede explicar con las leyes de la ciencia física. Hay otros que piensan que todo lo que no se puede explicar con la ciencia física se puede explicar con la mística. Pero si investigaran con más detenimiento todos los fenómenos extraordinarios verían que hay algunos de estos hechos que se salen fuera del campo de la mística o la teología. Eso que no se explica ni por la ciencia ni la teología constituye el campo propio de la parapsicología.

La parapsicología debería estudiar esos hechos con toda la seriedad científica con que otras ramas de la ciencia estudian las células, la fauna, la química o los átomos. En sí misma la parapsicología es una ciencia, aunque los charlatanes e iluminados que se autoproclaman estudiosos de este campo, son tan abundantes que desprestigian a aquellos que aplican el método científico a este objeto. Pero es una ciencia que debe demostrar cómo esos hechos extraordinarios acaecen en nuestro cosmos y mostrar por qué se consideran excepciones a esas leyes comunes.

Desgraciadamente, la mayor parte de los que se dicen parapsicólogos lo único que se dedican es a fabricar teorías y a decir que tenemos que creer lo que han visto. Cuando, por el contrario, esta ciencia debería aplicar todos sus esfuerzos lo primero de todo a demostrar la existencia de esos hechos, que ciertamente existen, y después, en un segundo paso, a analizar fríamente esos hechos.

Como he dicho, aunque sean pocos los que se han dedicado a aplicar la observación y catalogación de esos hechos de un modo objetivo y metódico, la parapsicología es una ciencia. Aplica el método científico a este tipo de fenómenos y sus resultados son tan precisos como los de cualquier otra rama de la ciencia.

Voy a poner un ejemplo, si una santa recibe una revelación de Dios, eso es campo para la mística. No se puede estudiar científicamente. Dios dará sus dones cuando quiera y como quiera, sin someterse a condiciones de laboratorio.

Pero si alguien dice tener poderes telepáticos o poderes telekinéticos, eso sí que es comprobable en un laboratorio. Se pueden hacer experimentos con resultados evaluables, se pueden hacer pruebas dotadas de la máxima objetividad y dejar constancia de los resultados.

Así que hay que dejar claro que la parapsicología es la rama de la ciencia que estudia estos fenómenos extraordinarios, pero no todo aquello que tiene que ver con los milagros de Dios, ni con los fenómenos que rodean a los santos, ni con todo aquello que es campo propio de la ciencia teológica.

III Parte
Los adoradores del demonio

¿Quiénes son los adoradores del demonio?

Vamos ahora a hablar del género de hombres más desgraciados de todos cuantos hay sobre el mundo. Nada hay más espantoso que el que alguien, sabiendo que existe el demonio y cómo es, le adore. Es muchísimo mejor la suerte del ateo, pues al menos este si creyera en la existencia del mundo espiritual, adoraría al Creador. Pero el servidor del mal sabe que existe este mundo espiritual y, aun así, elige recibir un poco de bien ahora, a cambio de su suerte eterna.

Y digo "un poco de bien ahora" porque es muy poco lo que el demonio da. Ya aquí en la tierra, los servidores del Maligno sufren las consecuencias del pecado: ira, tristeza, rabia, melancolía, odio, intranquilidad, continua ambición no satisfecha, continua hambre de más placeres. Y el demonio les concede poco, casi nada. Con ellos no es generoso ni en la tierra. Podría darles más, pero no quiere que gocen ni sus súbditos. Está dotado de sentimientos sádicos y no es bueno ni para con los suyos. Lo que sí que les suele inculcar en sus mentes es que les ha concedido lo que le han pedido. Pero es una idea irreal que él les mete en sus cabezas.

Recuerdo una mujer que vendió su alma al Diablo, me dijo: he vendido mi alma, sí, pero mire, tengo cuarenta años y parece que siga en los dieciocho. La miré y callé, la realidad era terrible, físicamente estaba espantosa, más ella creía seguir gozando de una eterna juventud. Los que entregan su alma por gozar del sexo, no obtendrán más en ese campo que otros de su misma edad. Quizá el demonio tentará más a alguien para que se les entregue y tener contento a ese súbdito suyo. Pero las actuaciones del demonio solo son por vía de tentación y allí acaba su poder. Contra alguien virtuoso, la tentación se estrella como contra una roca.

En fin, las personas entregadas al demonio deben saber que Dios creó todo y tiene pleno poder, incluso para reducir a la nada a todas las fuerzas del infierno.

¿Cómo abandonar la adoración del Diablo?

La persona debe arrepentirse de todo corazón de haber seguido el mal camino y volverse con todas sus fuerzas hacia el buen camino. Haya cometido los pecados que haya cometido, Dios, que es un Padre, le perdonará si se arrepiente y se esfuerza por cumplir los Diez Mandamientos.

La persona tendrá que orar mucho, repetir actos de arrepentimiento y de amor a Dios y confesar sus pecados a un sacerdote y recibir por la absolución la limpieza de su alma. Ahora bien, desde el momento en que uno renuncia al Diablo y ama a Dios y quiere obedecerle cueste lo que cueste, desde ese momento uno se ha escapado de las manos del demonio.

El demonio tratará de obsesionarle con la idea de que, puesto que se ha entregado al Diablo, ya no hay posibilidad de marcha atrás. Pero eso no es cierto. Aunque uno haya firmado un contrato con la propia sangre, el contrato queda en papel mojado desde el momento en que uno se arrepiente y vuelve a Dios. Con la libertad uno puede hacer muchas cosas, pero lo único que no se puede hacer es renunciar a la libertad. Y eso el demonio lo sabe.

¿Qué puede hacer un familiar para sacar a alguien de una secta satánica?

Hablar con él de Jesús, de Dios, de la salvación. Sería lo ideal para que la Palabra penetrara en su corazón. Pero normalmente los servidores del mal se llenan de ira en cuanto alguien les habla de religión. Es inútil insistir, lo único que se logrará es enfadarles más.

Cuando alguien está cerrado a la Palabra, lo único que se puede hacer es orar por esa persona todos los días. La oración que se use da lo mismo: vía crucis, rosario, escuchar misas, ofrecer jaculatorias, etc. La oración logrará que la gracia penetre directamente en lo más profundo de su corazón y allí sienta remordimiento.

Con la oración, se logra que la luz de Dios penetre hasta el centro del alma. Pero hay que insistir, estas personas pueden rechazar los remordimientos de forma perfecta durante meses o años.

Si todo falla, no hay arma más poderosa que el sacrificio: ayunos, mortificaciones en cosas pequeñas, penitencias corporales.

Si después de años, no se observa cambio ninguno, no hay que desesperar. Dios puede acumular esas gracias para lanzar el ataque final en el momento de la muerte de ese desdichado. Es el último ataque de Dios en el último momento de la vida, una gracia poderosísima que puede convertir al más endurecido de los hombres.

Pero si ni aun así la persona acepta la gracia, entonces se convierte en un habitante del infierno y no hay que tener ninguna pena por alguien que a ciencia y conciencia ha optado por ese destino con todas sus fuerzas, con toda su mente y su corazón.

¿Cuál es el máximo poder del que puede disfrutar un satanista?

Un satanista podría llegar a realizar algunas curaciones, pero solo de algunas enfermedades, cambiar una pequeña cantidad de plomo en oro, conocer algunas cosas del futuro, realizar signos extraordinarios encaminados a producir admiración en aquellos a los que hay que seducir. En el Apocalipsis se nos profetiza cómo en esa etapa final del mundo, el pecado habrá crecido tanto, que los servidores del Maligno podrán realizar los mayores signos extraordinarios que se han dado, llegando incluso a hacer descender fuego del cielo. Pero el poder del Maligno sobre la tierra, aumentado con la ayuda e intervención voluntaria de seres humanos, siempre encuentra un punto final, un límite en el que Dios dice ¡basta! En ese momento, dado que el satanista no ha aceptado las muchas llamadas al arrepentimiento, Dios pone fin a su peregrinación sobre la tierra para que no siga seduciendo a más hermanos suyos.

Tabula rerum

Sumario sobre cuestiones mágicas, supersticiosas, parapsicológicas y de otros campos

Los sacerdotes que se dedican al campo del exorcismo se ven continuamente asaeteados por preguntas de la gente concernientes a las relaciones entre parapsicología y demonología. Y más concretamente los que nos consultan lo que quieren saber es dónde acaba lo parapsicológico y dónde empieza lo demoniaco. Así que trataré de hacer una exposición lo más clara posible, voy a ser telegráfico en mi exposición sin caer en cuestiones teóricas que tendrían un beneficio nulo para la labor pastoral del sacerdote a la hora de aconsejar.

Lo primero de todo hay que dejar claro que en este campo tenemos muchas dudas y pocas certezas. Tenemos muy claro (gracias a la Teología) qué es un demonio y también muy claro (gracias a la práctica) que los exorcismos expulsan a los demonios, pero en el campo de lo parapsicológico no hacemos pie pues allí la Revelación cristiana nada nos ha revelado. Sin embargo, el contacto de años con este mundo de lo oculto y la experiencia sí que nos permite decir unas pocas cosas con cierta seguridad. Quizá no con plena seguridad, pero sí con mucha más seguridad que la que puedan ofrecer adivinos, videntes y gente por el estilo.

Aquí no voy a explicar en qué consiste cada fenómeno parapsicológico, sino solo de un modo más que nada pastoral voy a decir si tiene o no que ver con el demonio y algunos breves apuntes que crea pertinentes:

Las piedras mágicas: No puedo afirmar con absoluta seguridad que algún tipo de mineral no pueda tener algún efecto magnético o de otro tipo que ahora no podemos ni sospechar. Efecto que sería comprobable científicamente y que se explicaría por las leyes de la naturaleza. Pero sí que puedo decir que todo el mercado que existe para la utilización de piedras para relajarse y sanar no tiene ningún efecto. Al menos, como no se invoca a ningún espíritu, no producen ningún tipo de influencia negativa. Pero su resultado es solo el de la sugestión.

El poder de las velas: Las velas no tienen poder alguno. Hay gente que las usa de todos los colores posibles para sanar, quitar malas energías o atraer la suerte. La vela en la Iglesia Católica solo se usa como símbolo. Pero fuera de su valor estético y simbólico no tienen efectividad alguna.

Alguno se preguntará si lo que he dicho es válido si la vela está bendecida. La respuesta es sí. Una vela bendecida no tiene poderes. La bendición es una oración por la que le pedimos a Dios que haga algo a través de un instrumento. El poder de una vela bendecida es solo el poder de la oración. No es que el objeto a partir de ese momento tenga poderes mágicos. Sino que es un objeto por el que la Iglesia ha orado para que ejerza una buena influencia sobre nosotros, tal como la de recordarnos la presencia de un santo o de la Virgen María.

Se debe combatir la idea, por ejemplo, de que una vela bendecida trae buena suerte. O que una vela de un color tiene un poder específico. O que el número de velas sobre el altar tenga algún poder especial. Dígase lo mismo respecto al número y tamaño de las velas del altar.

Pero así como se debe combatir la superstición con velas y otros objetos bendecidos, no se puede prohibir desde la religión el supuesto uso medicinal de piedras, homeopatía o flores de Bach. Estas cosas, mientras no se usen de un modo mágico, no entran dentro de las cosas que nuestra fe prohíbe. Si se desacreditan, hay que hacerlo desde la razón, pero no desde la fe en el Evangelio.

Dicho de otro modo, la superstición se debe combatir desde la fe; pero las teorías estrambóticas (mientras no haya magia de por medio) no van contra la religión.

Un sacerdote puede prohibir a un cristiano que tire una herradura hacia atrás para que le dé suerte. Pero no puede prohibirle que se alimente de pétalos de rosas si cree que con ello se curará de una dolencia.

El feng shui es una superstición, porque nada cambia la suerte de las personas, ya que el Destino está en manos de Dios. Pero no es una superstición el que cree que, tumbándose en la cima de las montañas, la energía de estas puede curarle sus migrañas. Por eso se puede decir que un cristiano no puede practicar ni creer en el feng shui, pero no se puede obligar desde la religión a no creer en el poder sanador de las cimas de las montañas.

El sentido de los sueños: Hay muchos libros para interpretarlos. No sirven para nada. Los sueños son mera mezcla de recuerdos y fantasía. Aunque lo normal es que cada persona a lo largo de su vida tenga algunos sueños que sean un aviso de Dios respecto a algo. Pero las contadas veces que eso sucede en la vida, la persona sabe que Dios le ha avisado de algo, tiene esa certeza o, al menos, una duda muy intensa. Se tiene la percepción, desde ese mismo día, que tal sueño fue especial y no algo ordinario.

En estos casos no es raro que la persona cuente el sueño a un sacerdote y este vea clarísimo el significado al momento: el perdón de un familiar que ha muerto, la necesidad de cambiar algo concreto en la vida que es fuente de problemas, el aviso de Dios para que uno deje una mala amistad, etc.

Los sueños no son mensaje de nada, ni están cargados de ningún significado oculto, son meras mezclas de recuerdos. Sin embargo, hay personas que tienen el don de recibir mensajes de Dios a través de los sueños. Las personas con este don son pocas y son plenamente conscientes de que Dios les avisa de cosas por ese medio. Las personas que tienen ese don no necesitan de ningún libro para interpretarlos.

¿Hay personas que dan buena o mala energía?: Hay quien no quiere estar trabajando con una persona, porque dice que le transmite mala energía. O que quiere que un conocido deje un grupo de amigos, por lo mismo: me transmite mala energía. Nadie da buena o mala energía a nadie. Hay personas que nos contagian por su palabra, gestos o imagen su optimismo, su alegría u otras cosas buenas. Y hay personas que no pueden evitar el mostrar la agresividad, tristeza o pesimismo que reina en su interior. El alma manifiesta su interior cada vez que hablamos, nos movemos y entramos en contacto con otros. Pero no transmitimos nada energético, ni positivo, ni negativo.

¿Hay personas que atraen la mala suerte?: No hay nadie que atraiga o transmita mala suerte, ni buena suerte. Ni siquiera los objetos religiosos nos atraen buena suerte. Todo está en manos de Dios, nada material cambia esos planes amorosos de nuestro Padre que está en los cielos. No existen personas gafes. Si la existencia no estuviera en manos de una Providencia amorosa, si todo fuera un mero bombo de azar, a veces sí que la bola negra puede salir repetida muchas veces seguidas. Pero hemos de entender que si las cosas salen mal una y otra vez, o Dios está probando nuestra virtud o eso se debe a que nosotros somos el problema. Hay gente que se queja de que todo le sale mal, y no se da cuenta de que ellos mismos son el problema. Esas personas deben cambiar, entregar su vida a Jesús y que Él les transforme enteramente.

El feng shui: Esta práctica supersticiosa afirma que la forma y disposición del espacio de una casa, las orientaciones según los puntos cardinales y temas similares, afectan para bien o para mal a las energías que influyen en nosotros. El feng shui se trata de algo completamente inútil que no logra nada de lo que pretende. Los sacerdotes deben prohibir de forma absoluta este tipo de práctica supersticiosa. Los que practican el feng shui deberían entender que como en esa práctica todo es imposible de comprobar, las reglas y normas se llevan acumulando años y años sin que nadie pueda hacer una poda racional de lo falso. Poda que si se practicara, dejaría esta superstición en nada, pues las mismas premisas en las que se basa son falsas.

El reiki: No hay que confundir algunos dones naturales que pueden tener algunos individuos con la práctica del reiki, el cual implica una serie de iniciaciones y de intervención de espíritus-guía que no son ni ángeles ni almas del cielo.

Ciertamente, somos espíritu, además de cuerpo, y es posible que exista la capacidad de transmitir algún tipo de energía si se ponen las manos sobre alguien con amor y cariño. También puede ocurrir que esta capacidad humana sea posible desarrollarla simplemente practicando ese deseo de ayudar al prójimo. Pero esa capacidad se desarrolla si se tiene. Si no se tiene, no se podrá desarrollar. No es algo que todos tengan. No hay ninguna técnica para tener ese don. Las técnicas del reiki lo que hacen es que vengan espíritus no puros.

Hay que dejar claro que cuando un santo impone las manos sobre un enfermo y ora a Dios es algo completamente distinto de lo que hace alguien que practica reiki. El santo que cura a alguien a través de la petición a Dios, aunque también imponga las manos, no lo cura por una energía que sale de su propio espíritu, sino que es Dios el que lo cura a través de su siervo. Mientras que en el reiki estamos hablando de la intervención de espíritus no puros. De ahí que el santo, si ocurre el milagro, puede curar cualquier enfermedad por grave que sea, por deteriorado que esté un órgano. Mientras que en el reiki la mayor parte de las veces solo se produce una mejoría, o una sanación de pequeñas dolencias, pero nunca el milagro.

Al mismo tiempo que hay personas que tienen una capacidad natural, un don con el que nacen, hay que dejar claro que la iniciación que supone el reiki, con sus pasos y técnicas, impurifica cualquier don de Dios que pudiera haber al principio. Una cosa es tener un don en las manos y otra distinta es añadir aspectos mágicos a ello e invocar espíritus que te guíen.

Son muchos los que, teniendo una consulta de terapias de reiki mezcladas con magia y Nueva Era, creen conocer a la perfección este mundo desconocido y después descubren con sorpresa que parte de sus supuestos dones provenían del mundo espiritual maligno.

Pero el que esta práctica normalmente esté contaminada con cosas impuras, no significa, lo repito, que en algunos individuos no exista una energía que proceda de nuestro espíritu. Energía natural que constituye una capacidad desarrollable.

Aclarado lo anterior, hay que decir que, por ejemplo, cuando un esposo da un masaje con cariño a su esposa, en ese acto hay algo más que contacto físico. Además, siempre que alguien tenga un dolor en una parte del cuerpo, aconsejo al cónyuge a que le dé un masaje lento, con amor, orando a Dios. Si esto se hace de forma relajada, sin prisa, los esposos descubrirán que son algo más que cuerpo.

Druidas: Son muchos los que creen ser portadores de los conocimientos arcanos de los druidas. Partiendo del hecho de que la magia es inútil y perjudicial, hay que añadir a eso que los conocimientos mágicos druídicos se perdieron completamente. Y lo que ahora tratan de hacer pasar por tradiciones orales milenarias son falsificaciones. Lo mismo vale para los conocimientos que pretenden provenir de antiguos sacerdotes egipcios. En América sí que algunos antiguos conocimientos mágicos han pasado de generación en generación. Aunque sus efectos son tan vanos como los magos de cualquier otro continente.

Hechizos: Consiste en invocar a fuerzas espirituales o mágicas para lograr algo bueno: que alguien se enamore de uno, que vaya bien el negocio, la salud, etc. Los demonios y espíritus impuros ven el hechizo y tientan para lograr que se cumpla lo pedido. Pero a cambio de eso la persona que hizo el hechizo sufrirá una influencia maligna que le puede durar de por vida. La depresión o al menos una continua tendencia a la tristeza suele ser el precio más habitual que se paga por esto.

Las personas que, por ejemplo, quieren obtener el amor de alguien a través de estos medios deben entender que lo que mal comienza, mal acaba. Por ejemplo, si un chico se siente atraído por la chica empujada por la tentación de los espíritus (gracias al hechizo), antes o después esa tentación acaba y el chico se arrepiente de lo hecho.

Maleficios: Es invocar a espíritus malignos para causar un mal a otra persona. El mal se producirá solo si Dios ve que conviene para la historia personal de la víctima, por ejemplo para que se acerque más a Dios, para moderar su soberbia, etc. Pero la persona que hizo el maleficio siempre recibirá más mal en su alma de lo que pidió contra su víctima. Muchas veces Dios permite incluso más males que los de la víctima, para que el culpable entienda que por el camino del mal, al final, solo se obtienen frutos amargos.

Conjuros: Es ordenar con autoridad a los espíritus gracias a alguna fórmula. Pero solo los santos y los sacerdotes tienen autoridad para ordenar algo a los demonios. Los demonios acuden al mago que los conjura únicamente con el fin de obtener su alma, pero dejan de obedecer en cuanto lo desean. Los brujos creen tener control sobre esas entidades espirituales, pero los demonios siempre son libres para hacer lo que quieran.

Las pulseras de energía: La mayor parte de los que recomiendan este tipo de pulseras, son personas metidas en la Nueva Era que han decidido abandonar los claros y racionales campos de la medicina, para recomendar a todos la acción de este tipo de pulseras que no resistirían el más ligero estudio estadístico para comprobar su eficacia. Los sacerdotes debemos desaconsejar completamente este tipo de nueva superstición. Aunque dado que no hay invocación de ningún espíritu, ni el uso de ninguna fórmula mágica, no se puede prohibir.

Homeopatía: Lo mismo dicho para las pulseras de energía vale para la homeopatía. No tiene ningún tipo de base científica. Lo mismo que la terapia a base de Flores de Bach, se trata de una creencia acientífica. No se puede imponer la prohibición a los cristianos de creer en supercherías, pero como pastores debemos recomendar encarecidamente no abandonar el campo de la ciencia por este tipo de charlatanería con apariencia de ciencia que ha existido en todas las épocas.

Mantras: En algunas prácticas del yoga se usa de la repetición de mantras o conjunto de sílabas que deben ser repetidas lentamente una y otra vez. Aunque en Occidente los mantras se han extendido a través del yoga, estos no son privativos del yoga, sino que los podemos encontrar en técnicas de relajación, en la Nueva Era, etc.

El modo en el que se usan los mantras en los monasterios pertenecientes al budismo tibetano, suponen un modo que podríamos decir bueno, ya que sirven para orar o para concentrarse. Y en ello no hay nada reprobable.

Sin embargo, dado el modo concreto en el que los mantras se han extendido en Occidente, son prácticas desaconsejables por tres razones. La primera es que no podemos estar seguros de que algunos de esos mantras no sean nombres de demonios. La segunda razón es que se piensa que esas sílabas tienen un poder en sí mismo, y con ello ya se está entrando en el campo de la magia, dejando de ser mero vehículo de relajación, concentración o contacto con la Divinidad. La tercera razón es que no acabo de ver por qué un cristiano debería abandonar los sencillos y seguros medios de la oración cristiana, para sustituirlos por estos medios muchas veces mezclados de esoterismo.

Matemática mágica: Algunos ven propiedades en los números. Ningún número tiene ninguna propiedad benéfica o maléfica, todos los números son buenos. Cada número significa lo que significa, sin que el número produzca ningún tipo de efecto.

Bien es verdad que algunos números son símbolo de otras cosas. Por ejemplo, el tres es símbolo de la Santísima Trinidad, el 666 es símbolo del Anticristo. Pero ni el número 3 da buena suerte, ni hay que rehuir el 666 o el 13 o cualquier otro número. Yo dormiría sin ningún problema en la habitación 66 del 6º piso, pues es un número tan bueno como cualquier otro.

Los ovnis: Sobre este punto la Sagrada Escritura no nos dice nada. Cada uno está en plena libertad de creer que existe o no vida en otros planetas. No sé si los habitantes de otros sistemas solares visitan nuestro planeta. Pero de los que sí que estoy seguro que están cerca de nosotros son los demonios. Por ello, tengo la gran sospecha de que los demonios sí que tienen interés en manifestarse a nosotros bajo esa forma para así dar supuestos mensajes, primero sobre temas "galácticos" para luego descender a temas morales y religiosos. Desde luego sé de muchos casos en que ha sido así. Los demonios están deseando entrar en contacto con los hijos de Dios sea bajo la apariencia que sea. Seguro que en siglos pasados tomaron formas de hadas o de otro tipo. En cada época buscan tomar contacto del modo que ven más adecuado a la mentalidad de esa cultura.

Mediumnidad: El médium (que suele ser casi siempre una mujer) es, como la misma palabra dice, medio e instrumento para que un espíritu se manifieste a través del cuerpo de esa persona. Practicar la mediumnidad supone el peligro de quedar poseído por ese espíritu. Una vez que invocamos a los espíritus nada previene de ese peligro. Aunque, sea dicho de paso, la mediumnidad, en su apariencia meramente externa, a veces, tiene rasgos muy semejantes sea que un demonio hable a través de un espiritista o un ángel o la Virgen a través de una santa que está en éxtasis. La diferencia es que el espiritista ha invocado a espíritus para que vengan, mientras que el santo no hace nada para que se produzca ese estado. Insisto, al hablar el médium, en su apariencia externa no siempre es claro el origen de esa comunicación.

Juegos de rol: Aunque los juegos de rol no tienen nada que ver con la magia, sí que en ellos aparecen muy a menudo los magos y los demonios. Pero se han convertido en un medio para familiarizar a los jóvenes con la magia y para considerar a los demonios como personajes que pueden ser dominados con ciertas técnicas. Por supuesto que en el juego todo se mantiene en el plano de la ficción, pero al cabo de años de juego e independientemente de la intención con la que se comenzara, este es el efecto. A los demonios les atrae ver a hijos de Dios jugando horas y horas con figurillas de demonios. De ahí que el juego atrae presencias que tientan a jugar de un modo obsesivo.

Sea cual sea la temática del juego de rol (aunque no sea ni mágica, ni demoniaca), se trata de un juego que debe ser desaconsejado, pues sus participantes tienden a obsesionarse con algo que al fin y al cabo no es más que un juego de azar. Un juego de azar rodeado de muchas figurillas y de un gran tablero, pero azar. Los juegos de rol suponen un empobrecimiento para aquellos que lo practican, que podrían dedicarse a actividades mucho más enriquecedoras.

Hay que favorecer juegos que supongan ejercicio físico o juegos que supongan un desarrollo mental, pero los juegos de rol son una burbuja donde se aíslan los participantes sumergiéndose más y más en un mundo sin ningún sentido.

Metafísica: La metafísica es una parte respetable de la filosofía, una parte que trata los problemas centrales y más profundos de la filosofía. Sin embargo, desde hace unos años se ha extendido entre la gente ajena a la filosofía, un nuevo significado para esta palabra, pasando a significar una amalgama de cuestiones espirituales, gnósticas y de la Nueva Era. Esa pseudometafísica es un mero conjunto de errores en el que no tiene sentido ir separando qué hay de aprovechable en toda esa amalgama. No tiene sentido ya que los cristianos debemos beber de fuentes puras, no de aguas turbias.

Espiritismo: Es la invocación de espíritus para comunicarse con ellos a través de instrumentos por los cuales dan respuestas. Nunca se debe practicar ya que los espíritus pueden quedarse en el lugar o influir durante un tiempo o permanentemente en aquellos que han participado en una sesión.

Vudú: Es el método para hacer daño a otra persona clavando agujas en un muñeco. El método que se utilice para realizar un maleficio es lo de menos, lo importante es que al invocar a demonios estos vienen alrededor del que realiza el maleficio. La persona contra la que se ha hecho el maleficio sufrirá solo lo que Dios permita. Si Dios le protege, no sufrirá nada. Pero será difícil que el que ha realizado el maleficio no quede poseído o, al menos, sufra una influencia demoniaca muy grande. Nunca es seguro que un maleficio llegue a provocar ningún mal en la víctima, pero sí que es seguro que el que lo realiza o lo encarga van a ser los más perjudicados de esa intervención demoniaca.

Santería, macumba, candonblé: En estas prácticas intervienen los demonios. Los santeros normalmente están posesos. La santería es solo una variante del satanismo. Dada la vida que llevan los que lo realizan asiduamente, no podemos decir que sea algo que obtenga muchos resultados. En teoría, esto se hace para gozar de dinero, salud, poder y placeres, pero los clientes no se percatan de que aquellos a los que van no están precisamente muy dotados de estos bienes de este mundo.

Rock duro: Al que le guste el rock, puede escucharlo sin tener aprensiones de estar pecando. Cargar a las almas de los jóvenes con la prohibición de escuchar música rock sería injusto, pues al fin y al cabo se trata de música. Prohibir no, desaconsejar sí. Pero siendo realistas, hay que reconocer que el rock duro es una música que excita las peores pasiones de los jóvenes: la ira, la rebeldía, la lujuria, la vida desordenada. Es algo que, tanto en su letra como en su música, no relaja, no lleva a la contemplación de la belleza, no mejora a la persona. Los mismos integrantes de estas bandas musicales son verdaderos ejemplos de vida en pecado, y ellos sufren en sí mismos los frutos de esa vida que es todo lo contrario de lo que tratan de dar a entender a aquellos que les siguen. Por eso los demonios, viendo lo mucho que pueden ganar, se concentran en los lugares donde van a tener lugar conciertos tratando de fomentar el descontrol, el frenesí, la idolatría respecto a los cantantes. Esa histeria que vemos en tantas chicas respecto a sus ídolos, está fomentada por los demonios. Ellos saben muy bien qué es lo que deben fomentar. Y saben que hacer ídolos de esos pobres seres humanos, es algo bueno para sus planes. Y más si esos seres humanos les ofrecen canciones que son predicaciones a favor de todos los vicios.

Mucho se ha hablado acerca de los mensajes subliminales de los discos de rock. Hay que dejar bien claro que si uno no entiende la letra porque está en otro idioma, no produce ningún efecto negativo en la persona que lo escucha, pues se trata de un significante sin significado. Lo mismo es válido para esos supuestos mensajes subliminales que solo se pueden entender escuchando el disco al revés. Si esos mensajes existieran (cosa que dudo mucho), serían como un signo ilegible y no producirían mal alguno.

Cosa distinta es escuchar una y otra vez machaconamente una letra que incita al odio, a la lujuria y a todo tipo de perversiones. Eso, oído durante horas, sí que penetra no solo a nivel consciente, sino también subconsciente.

Los carteles o camisetas que no son expresamente de alabanza al demonio o de blasfemia hacia Dios, no producen tampoco efecto negativo alguno a nivel demoniaco. Para que algo sea malo debe ser expresamente demoniaco. Hay gente que piensa que todo monstruo es algo demoniaco. La inmensa mayoría de dragones y seres imaginarios deformes son meras producciones artísticas sin malicia.

Rock satánico: Ningún cristiano, ningún bautizado que se considere discípulo de Jesús, debería nunca comprar discos de estos grupos, ni asistir a sus conciertos. Sus letras escuchadas día tras día, penetran en el subconsciente. Los que escuchan estas músicas y acaban abriéndose a ellas de corazón, sufrirán influencias de espíritus inmundos. Muchos suicidios, depresiones y problemas mentales de los jóvenes tienen a este tipo de influencias espirituales malignas como causa coadyuvante. Si rezaran, si recibieran los sacramentos, esas influencias se debilitarían y serían borradas, sustituyéndose por la acción de la gracia en el interior del alma. Pero como los jóvenes están alejados de Dios en su mayoría, las influencias malignas se van acumulando, acrecentando y finalmente emergiendo en forma de agresividad, mal carácter, falta de ilusión y conformando verdaderos desarreglos psicológicos.

Hay que insistir a los padres seguidores de Jesucristo que deben inculcar a sus hijos que todo cristiano por el hecho de ser cristiano debe alejarse totalmente de este tipo de rock que incita justo a lo contrario que nos pide Dios en sus mandamientos.

El efecto moral del rock satánico es devastador. Los jóvenes son incitados por esas letras a hacer el mal, a alejarse de Dios. Se acostumbra a esos jóvenes a ver como normal cosas aberrantes. Si invocan a demonios o los alaban, en esas canciones, los demonios vienen y les provocan influencias demoniacas: mal carácter, depresión, riñas, tendencias suicidas. Si esos jóvenes después oraran con fe, esas influencias al ser leves desaparecerían sin dificultad. Pero como no oran, permanecen y las tienen que sufrir a veces de por vida.

Camisetas y posters demo-níacos: No es nada infrecuente que algunos jóvenes tengan en su habitación cosas de temática demoniaca o próxima. Muchos grupos de rock fomentan este tipo de parafernalia. Los padres deben tratar de razonar con sus hijos la contradicción entre eso y sus raíces cristianas. Pero si los razonamientos, el diálogo y la benignidad no bastan, deben imponer su autoridad y dejar claro al hijo que esa es su casa, la de los padres. Y que mientras estén en su casa, no habrá públicamente ningún icono del Maligno en las paredes. Incluso en la mayoría de edad del hijo, la casa sigue siendo propiedad de los padres y ellos poseen la máxima autoridad en esa morada.

Si a mí un hijo mayor de edad me amenazara con que eligiera entre permitir un póster del demonio en la casa o el hecho de que se va a marchar del hogar por esa razón, le respondería: mi mujer y yo hemos elegido seguir los caminos del Señor, ahí tienes la puerta.

En un hogar no se puede permitir la existencia de nada demoniaco visible en las paredes o armarios. No se puede servir al único Dios verdadero y transigir con este nuevo tipo de idolatrías alegando que son cosas del hijo. Los padres tienen autoridad sobre la casa, incluso sobre la habitación de su hijo. La habitación del hijo no es su casa, sino parte de un hogar común. Hay cosas permisibles y otras que, de ningún modo, se deben permitir. Lo demoniaco está dentro de lo inaceptable.

Así como a los ángeles les agrada estar en casas donde hay imágenes de ángeles o religiosas en general, a los demonios les gusta estar en habitaciones donde hay infinidad de figurillas de demonios, carteles de grupos satánicos, y objetos de temática infernal. Se sienten a gusto en esos ambientes y les atraen. El mal se siente atraído por la representación del mal, así como los ángeles buenos se sienten atraídos por imágenes celestiales ya que se sienten acogidos, queridos y bienvenidos. Por eso hay casas donde hay ángeles habitualmente, y hay casas donde hay más demonios que en otras aunque no obren nada extraordinario.

Siniestros o góticos: Esta estética macabra está directamente promocionada entre los hombres, por los ángeles caídos. No se trata de una moda más, sin importancia, sino de una estética aberrante. En cierto modo, es una estética que intenta convencer de que lo feo es bello. Estos jóvenes visten como seguidores de las tinieblas y aunque no sean conscientes de ello, lo son.

Radioestesia, viajes astra-les: En este tipo de prácticas no se invoca a demonio alguno. Tanto la radioestesia como los viajes astrales tienen que ver con el espíritu de la persona, no con el demonio. En sí mismas no tienen nada de malo moralmente hablando: no se invoca a nadie, no se realiza nada mágico. Otra cuestión es si pudieran ser prácticas peligrosas, hoy por hoy pienso que no hay razones para pensar que sean peligrosas. Hay personas de buena vida cristiana que han practicado la radioestesia toda su vida, sin que de ello les haya venido ningún perjuicio, ni hayan sufrido influencia maligna alguna. También he conocido a personas que han practicado los viajes astrales sin que se perciba en ellos problema alguno. Aunque sí que ellos refieren cómo a veces sí que han aparecido demonios en sus viajes, produciéndoles una tremenda impresión y miedo.

Psicofonías: Las producen los espíritus de almas humanas que vagan en la tierra, son almas que están en las moradas inferiores del purgatorio. También a veces aparecen visualmente en algunas fotografías y filmaciones. Moralmente no se puede prohibir a alguien el colocar una grabadora en un sitio y volver al día siguiente a ver si se ha grabado algo. Pero si aparece algo, será difícil que eso no le incite a hacer más y más cosas para obtener ulteriores grabaciones. Y de limitarse a dejar la grabadora en el suelo, a después comenzar a poner velas, y más adelante trazar con una tiza signos, no pasará mucho tiempo. Por eso grabar psicofonías no es reprobable, pero mejor es no ponerse en la tentación de hacer más cosas. Además, el que comienza por ese camino cree que va a hacer grandes descubrimientos, y al final (por más que dedique años al estudio de este tema) no se logra casi nada. Insisto, no se puede prohibir a alguien el que deje una grabadora en un sitio grabando, pero mejor es no adentrarse en este mundo que está a un paso del espiritismo. Cuando los espíritus se manifiestan sin uno buscarlo, apareciendo en una grabación, eso es una ayuda para creer en la existencia del más allá y fortalecer nuestra fe y orar por esas almas. Pero cuando uno busca esa comunicación, entonces uno va cayendo en el hambre de comunicarse con esas almas.

Telepatía: No tiene nada de malo. Más que de una facultad estamos hablando de un hecho extraordinario que sucede improvisadamente. No se puede desarrollar esta facultad, porque acaece muy pocas veces en la vida de una persona, sobre todo entre gemelos y mellizos. Dado que somos espíritu, además de cuerpo, no tiene que extrañarnos que alguna vez acaezca esta posibilidad.

Hipnosis, telekinesia: Hoy por hoy, y después de tantos años de llevarse practicando, las dudas acerca de la hipnosis respecto al mundo de los espíritus son tantas que seguimos sin poder hablar con claridad. Respecto a la telekinesia podemos decir lo mismo.

La magia blanca: Los cristianos deben alejarse de toda forma de magia. El cristiano debe esperar todo de Dios y nada de ningún objeto mágico o de la recitación de fórmulas que nos ofrecen efectos. A veces, la existencia de ciertas capacidades extraordinarias en personas hace que los clientes de ciertas consultas crean en la magia. Pero en sí misma considerada, la magia no tiene ningún efecto.

La invocación a ángeles desconocidos: Cunden en muchos países invocaciones a ángeles de nombres desconocidos. Dado que la gente que hace eso tiene buena voluntad y cree estar invocando a ángeles de Dios, Él no permitirá que vengan ángeles caídos. Sin embargo, no debemos invocar a los ángeles más que del modo que es tradicional en la Iglesia Católica. Es decir, se puede pedir la ayuda a los ángeles en general. Pero si se les llama por su nombre no se debe hacerlo más que con aquellos nombres que nos constan por la Biblia.

Hay gente que llama a un determinado ángel con un nombre que ha leído en un libro, normalmente de la Nueva Era. ¿Qué pasa si después resulta que ese nombre es nombre de un demonio? No hay que arriesgarse. Otro error muy grave sucede cuando se pide la protección a los ángeles añadiendo prácticas mágicas.

Pululan escritos acerca de supuestas revelaciones que no merecen ninguna credibilidad. Eso es sumamente peligroso. La veneración a los ángeles y la petición de ayuda a ellos debe practicarse del modo sobrio que se ha hecho tradicionalmente en la Iglesia, sin añadir elementos dudosos.

Los adivinos: La inmensa mayoría son unos estafadores que nada tienen que ver con el demonio. Unos pocos conocen algunas cosas del futuro, muy contadas, porque el demonio que hay en ellos poseyéndoles les revela esas cosas. Después hay un número muy exiguo de personas que sí que tienen un don de Dios por el que alguna cosa del futuro les es dado conocer. No me refiero solo a los santos místicos, sino también a personas que tienen un don desde que nacieron, aun sin ser especialmente religiosas. En la Biblia, el profeta Balaam (Libro de Números, capítulo 22 y siguientes) tenía ese don a pesar de no ser nada santo.

Yo era de los que creían que esto no podía suceder, que solo los místicos podían alguna vez conocer algo del futuro. Pero he comprobado personalmente que existen personas que sin practicar nunca nada que tenga que ver con el ocultismo y sin estar posesas, notan que tienen un don desde la infancia.

En cualquier caso, el cristiano nunca, jamás, debe ir a adivinos. Eso sí, el mero hecho de echar cartas, mirar una bola de cristal o cosas por el estilo no significa en modo alguno invocar a demonios. Las personas que han sabido cosas del futuro lo han sabido a través de una inspiración sin hacer nada. No hay método para saber el futuro. Y así, aunque haya personas con dones otorgados por Dios, no sabemos quiénes son. No sabemos quién tiene un don, y quién ha invocado al mal. De manera que uno no puede arriesgarse yendo a este tipo de individuos.

Personas con dones: Los místicos tienen dones de Dios, eso está claro, Pero también hay personas no muy religiosas que poseen el don de curar, de ver el pasado o el futuro o de sentir la presencia de espíritus. Pero el problema es que para la gente normal no hay manera de saber quién es el embaucador y quién el que tiene un don de Dios. Así que no hay que ir a este tipo de personas por más que tengan imágenes de santos y vírgenes en sus casas. El que vaya a ellos, por más buenos que parezcan, se arriesga a sufrir una influencia maligna preternatural.

Nueva Era: La Nueva Era es una mera variante de la magia, como tantas otras que han aparecido y desaparecido a lo largo de la historia. Si se invocan espíritus, estos vienen. Y son espíritus malignos aunque uno llame al espíritu de la tierra o del bosque o cosas similares. Estos espíritus que vienen, aunque no lleguen a poseer a la persona, provocan influencias negativas en su mente.

La colocación de minerales, piedras y similares no es magia si uno la realiza sin fórmula alguna, solo confiando en sus supuestas propiedades naturales. Pero si se hace eso mismo recitando alguna fórmula en la que se llama a alguna entidad, entonces vienen espíritus malignos.

Hay mucha gente que cree canalizar energías con sus manos, con cristales, minerales y cosas por el estilo, para curar enfermedades. La gente que hace tales cosas, lo hace con la buena voluntad de ayudar a los demás y sin ninguna intención de perjudicar a nadie. Pero lo cierto es que no pocas personas de estas acaban padeciendo influencias de espíritus impuros.

Yoga: Si el yoga consistiera solamente aprender a relajarse no habría nada que objetar. Pero esas posturas físicas y las técnicas que las acompañan son, digámoslo así, el primer capítulo de un camino de iniciación hacia una forma oriental de espiritualidad que no es compatible con el cristianismo.

Cuentos, novelas, películas sobre magos y brujos: Continuamente me preguntan si las novelas de Harry Potter, *Dragones y Mazmorras* y otras muchas no son un medio de inducir a los niños a la práctica de la magia.

La Europa cristiana siempre ha tenido cuentos en los que aparecían brujas y magos, hechizos y encantamientos, y nunca eso ha supuesto un influjo negativo en la educación de los niños. Por el contrario no se le ha dado mayor importancia.

Creo que en nuestra lucha contra la magia y la superstición tampoco debemos ser tan estrictos que pongamos la línea defensiva más allá de lo razonable. Además, si prohibiéramos a los niños ver películas como las de Harry Potter también tendríamos que prohibir ver *El Señor de los Anillos* (donde aparecen no pocos magos). Después tendríamos que seguir con la mayoría de los cuentos tradicionales de Europa. Y finalmente deberíamos prohibir a los adolescentes hasta leer las obras de la mitología griega y romana.

Afortunadamente, hasta en la cristiandad medieval, siempre reinó una visión más acorde con el sentido común. Ni siquiera la Inquisición prohibió este tipo de cosas en los libros de caballería y similares.

De todas formas, he dicho que en esto el sentido común es lo que debe guiar nuestra actuación. La medida hace que algo bueno pueda ser malo. Si un niño está continuamente en contacto con películas, libros y juegos en los que la magia es algo habitual y cotidiano eso ya no es sano. Y lo lógico es que los padres actúen, pues no hay que olvidar que los niños son imitadores por naturaleza. Si leen libros sobre santos, querrán ser santos. Si continuamente leen libros sobre magos, inconscientemente querrán ser magos. Un exceso de un determinado tema (por ejemplo, de mitología griega a cierta edad) puede ser contraproducente y obligar a los padres a intervenir para rectificar.

La masonería: Es muy común escuchar que en los grados más altos de la masonería se adora al Diablo. No es cierto. La masonería rinde culto al Dios Supremo, es decir, al Arquitecto Universal, al Ser que ha creado todas las cosas. La masonería nació como puesta en práctica de las corrientes teóricas deístas y se ha mantenido fiel a esa filosofía de la Ilustración. Después ha habido desviaciones en alguna que otra logia. Cosa lógica, hasta en la Iglesia Católica hemos tenido grupos desviados. Pero esas logias ocultistas traicionan el espíritu inicial de la masonería.

Quiero añadir, cosa que se olvida a veces, que el Arquitecto Universal al que adoran los masones es Dios. Es un Dios exento de toda revelación (cristiana o de otro tipo), pero se trata de Dios al fin y al cabo.

Una cosa es afirmar que la masonería no es satánica (en cuanto que no adoran ni a Satán ni a ninguna divinidad maléfica) y otra cosa distinta son las espantosas persecuciones que en siglos pasados han provocado los masones contra la Iglesia. Persecuciones que tuvieron lugar porque se dieron cuenta de que la Iglesia era el gran obstáculo que había que derribar para implantar ese nuevo culto deísta exento de toda revelación que ellos pretendían.

Lo dicho no debe inducir a pensar que la masonería puede ser abrazada por un cristiano como algo lícito. El mensaje de Cristo en los Evangelios y la doctrina masónica son incompatibles. Uno o es cristiano o es masón. La masonería nació para sustituir a la Iglesia, para sustituir la revelación cristiana por un conjunto de doctrinas filosóficas que en ese momento parecían las más "científicas". La masonería nació en el siglo XVII con el propósito de sustituir las *oscuras doctrinas cristianas* por un culto racional adecuado a una época ilustrada que deseaba reformar toda la sociedad desde sus cimientos. Todo este propósito y las doctrinas en las que se concretó, son incompatibles con el mensaje de la Biblia.

Debo añadir que antes he hablado de la masonería en general, la más ortodoxa. Porque con el pasar de los años, no pocas logias fueron añadiendo elementos que cada vez se fueron alejando más de ese desnudo mensaje filosófico, para caer en una especie de nueva revelación con, por ejemplo, historias sobre el Templo de Salomón que carecían de toda base histórica, pero que demuestran el deseo de todo ser humano de creer en algo más que en desnudas normas deístas.

Tatuajes y piercings: Hay personas que preguntan si este tipo de cosas tienen alguna relación con el demonio. La respuesta es no. Tatuar el cuerpo, como ponerse un piercing, no es pecado. Pero hay que recordar a esas personas que el cuerpo es una obra de Dios. Y que una cosa es poner algo encima de ese cuerpo y otra practicar en él reformas irreparables. Ambas prácticas, tatuajes y piercings, no se pueden prohibir por parte de los sacerdotes, pero son indudablemente contrarias a la dignidad de nuestra corporalidad. Los sacerdotes pueden predicar acerca de la inconveniencia de tales cosas basándose en la doctrina cristiana acerca del cuerpo humano como obra divina perfecta en sí misma. El cuerpo creado por Dios no es ni un papel para pintar sobre él de forma irreversible, ni un lugar donde practicar agujeros sin necesidad.

No importa lo artístico o bello que pueda parecer un tatuaje, la piel en cualquiera de los colores otorgados por Dios a sus hijos será siempre mucho más bella. Algunos no contentos con los tatuajes y los piercings llegan a practicar el scaring, dibujando sobre el cuerpo a base de lamentables cicatrices. El scaring supone, hasta ahora, la culminación de este proceso de profanación del cuerpo.

Otras personas, afortunadamente muchas menos, llegan a prácticas todavía terriblemente desagradables a través de implantes de objetos subcutáneos. Habiendo personas que han querido incluso parecerse a lagartos u otros animales. La recta razón considera tales cosas como desviaciones y no como razonables manifestaciones culturales.

El demonio, sin duda, tienta a favor de deformar y afear el cuerpo por estos medios. Todo lo que sea nublar la belleza de la obra de Dios, es algo que el maligno promueve. La misma conciencia humana siente rechazo de forma natural y no aprendida, hacia estas desviaciones. Por eso entre la gente muy cristiana apenas si se dan tatuajes, pues la conciencia avisa. Y por el contrario entre los grupos moralmente más deformados, esta práctica se cultiva, dando por normal lo que no lo es, apareciendo como bello lo que constituye una verdadera perversión del cuerpo. La cosmovisión cristiana incluye la concepción de la belleza como algo objetivo, y no como algo absolutamente relativo.

Psiquiatría y vida espiritual

A estas alturas del siglo XXI, las teorías, conjeturas y suposiciones de Freud ya están lo suficientemente desprestigiadas como para que nadie con ánimo verdaderamente científico afirme que es un seguidor de él. Sin embargo, uno de los más erróneos legados que sí que continúan impregnando la mentalidad de la mayor parte de los psiquiatras de todo el mundo es la idea de que la represión genera enfermedad. Y así, por poner un ejemplo, siguen siendo muchos los especialistas médicos que como medida "higiénica" aconsejan a sus pacientes "desinhibirse" y practicar una "vida sexual sana", entendida esta como una vida sexual carente de regulación por parte de la religión. En todos estos pacientes, el psiquiatra lo primero que trata de quitar del paciente es la idea de que la castidad sea algo bueno.

Otra medida que suelen imponer sin mayores contemplaciones no pocos psiquiatras es la de que los enfermos se dejen de "líos religiosos". Si el paciente psicótico afirma que va diariamente a misa, que lee la Biblia un rato cada día y cosas por el estilo, se le prohíbe totalmente la vida de oración por considerar que no aporta nada positivo a la salud mental de la persona y que solo será una fuente de nuevos motivos de psicosis. Se tiene la idea de que la práctica religiosa solo enredará más la mente del enfermo.

Esta praxis tan generalizada en Europa supone una extralimitación del psiquiatra, supone un servirse de su posición privilegiada sobre el paciente para imponerle sus propias tesis sobre la religión. Desgraciadamente, se trata de una práctica muy normal en Europa. Cualquier psiquiatra pondría el grito en el cielo si un sacerdote le dijera a uno de sus pacientes que dejara a un psiquiatra, si pudiera denunciaría al sacerdote ante la Justicia por injerencia en sus funciones. Sin embargo, se considera lo más normal del mundo que el psiquiatra imponga sus ideas acerca de la religión sobre el enfermo y que le ordene que deje de ver a su confesor.

Sin embargo, los psiquiatras agnósticos no solo no deberían aprovecharse de su posición de poder para imponer algo en una materia tan opinable, sino que incluso deberían reconocer que la vida espiritual cristiana influye del modo más benéfico que nos podamos imaginar sobre la salud mental.

El psiquiatra está obligado a aceptar los hechos, y la realidad de esta influencia benéfica de la religión cristiana sobre los pacientes con enfermedades mentales es un hecho. La obediencia a los Diez Mandamientos, la sumisión de la voluntad a las pequeñas y mínimas mortificaciones que la Iglesia ha dispuesto para sus fieles, la práctica libre y voluntaria del sacrificio y de la penitencia suponen una verdadera escuela de fortalecimiento de la voluntad. La voluntad se fortalece, se acostumbra a sobreponerse sobre los movimientos desordenados que subyacen en todo ser humano. Esas pasiones desordenadas abandonadas a sí mismas, sin una voluntad que las controle, serían la semilla de pulsiones que podrían arrastrar a la psique a verdaderas patologías que con el tiempo se vuelven incontrolables.

En el estado en el que muchos enfermos llegan al despacho del psiquiatra, esas pulsiones sí que son fuerzas ya ingobernables para el sujeto que las padece. Esa es la razón de que el que las sufre pida ayuda al médico: la imposibilidad de un dominio. Pero al principio, años antes, en la mayor parte de los casos esas mismas pulsiones habían sido tendencias controlables a través del consejo del sacerdote y de la acción de la gracia en el sacramento del perdón.

Todos los sacerdotes que ejercemos el sagrado ministerio de la confesión sabemos que hay penitentes que si durante años y años no hicieran continuos actos de arrepentimiento, si no estuviera la voluntad de ellos conteniendo día tras día esas bajas inclinaciones, si se abandonaran a esos instintos, esas pasiones se transformarían en fuerzas destructoras de la persona en la que radican. Pero gracias al esfuerzo y a la acción de la gracia, lo que con el tiempo se hubiera transformado en una fuerza obsesiva se queda en una mera tendencia contra la que el sujeto lucha semana tras semana. Teniendo la impresión de no avanzar, de no vencer, desmoralizándose a veces, pero inconsciente el penitente de lo que hubiera sido su futuro sin ese esfuerzo y esa lucha.

Este tipo de penitentes se desmoralizan, de tanto en tanto, viendo lo que son, pero no se dan cuenta de hasta dónde hubieran descendido de no haber seguido luchando.

Los confesores no deben olvidar al tratar este tipo de pecadores que durante toda una vida no logran vencer poderosas tendencias negativas, que el éxito de su trabajo como confesor y de la lucha del penitente no se debe centrar solo en el hecho de no haber vencido de forma perfecta un vicio, sino también en el hecho de haber impedido que ese vicio hubiera quedado sin una barrera de contención.

Por lo tanto, el fortalecimiento de la voluntad es la primera tarea del psiquiatra a la hora de controlar los impulsos, y asimismo es la primera tarea de todo sacerdote en la dirección de las almas. La práctica de la penitencia corporal (ayunos, privaciones de ciertos alimentos, cilicios, disciplinas, pequeños sacrificios ofrecidos a Dios) supone el triunfo de la voluntad sobre las partes rebeldes de nuestra psique. La cruz frente a la insatisfacción. La cruz es la medicina que cura la no-resignación, ella es la que sana la no-aceptación de la situación real, la que resigna a la persona a sufrir por amor a Dios lo que sea, a aceptarse uno con todas sus propias limitaciones y a luchar contra esas propias partes negativas de un modo progresivo, optimista y continuado.

El mero hecho de tener que confesar los pecados es ya de por sí una fuente de higiene mental. El tener que confesar lo que más avergüenza, los secretos más oscuros de la mente, supone un proceso de autoeducación desde la infancia en orden a desnudar nuestra psique para someterla al juicio ajeno.

Ya sé que la confesión es ante todo y sobre todo una gracia. Pero Dios podía haber otorgado esa gracia sin necesidad de confesar los pecados, como sucede en el bautismo. Mas el Redentor, conocedor perfecto de la mente humana y sus mecanismos, dispuso esta sanísima norma de salud psíquica: la confesión oral de los pecados con su número y especie. Cuanto más le cuesta a alguien desvelar esas intimidades, más necesitado está de su valor terapéutico.

De todas maneras, si aquí y ahora apenas menciono la acción de la gracia y, por el contrario, insisto en hablar de la confesión o los mandamientos o la penitencia corporal desde un punto de vista natural (y no desde el sobrenatural) es para mostrar cómo las prácticas y enseñanzas de la Iglesia, lejos de ser antinaturales, son por el contrario el correctivo más adecuado para nuestra naturaleza. Pero, como ya he dicho, además, está el aspecto de la gracia, mucho más importante; aunque no sean estas líneas el lugar más adecuado para tratar esa cuestión con la profundidad que merece.

De todas maneras, sí que no puedo dejar de mencionar que para los creyentes, la oración y los sacramentos son fuente invisible, diaria y poderosa de corrección de esos aspectos de nuestra naturaleza mental que se pudieran desviar. Y entre todos los medios con los que cuenta la Iglesia, sin duda, la comunión diaria, la recepción del Cuerpo de Cristo, es la medicina más grande que existe para la salud mental de cualquier persona sea cual sea su enfermedad. Si el contacto de Jesús sanaba a todo tipo de enfermos, también estos enfermos, los mentales, deben acercarse a Jesús en busca de la salud de su mente. Y eso aunque la enfermedad tuviera un origen meramente orgánico, pues Jesús es médico de toda enfermedad.

Nuestro Redentor sigue sanando todo tipo de patologías. Pero lo dicho sobre lo beneficioso de los medios de santificación cristiana y el hecho de que Él sane, no significa que siempre el origen de la enfermedad esté en lo espiritual. El afirmar que la vida cristiana es beneficiosa para los enfermos mentales, el afirmar que no pocas enfermedades mentales tienen su origen en un desorden espiritual no significa que todas las enfermedades tengan su origen en el hecho de haberse abandonado a una vida de pecado. Afirmar lo uno no significa lo otro.

Aun así los remedios espirituales cristianos (sacramentos, oración, buenas obras) no solo nos merecen premio para la vida eterna, sino que además constituyen una verdadera medicina para la mente. Lo cual no significa que esos remedios espirituales curen todo, ni mucho menos; ni tampoco que sustituyan a la psiquiatría, ni que las patologías psiquiátricas tengan su origen siempre en el pecado o en el debilitamiento de la voluntad, como ya hemos dicho. No es eso lo que se ha afirmado aquí. A veces una afirmación es cierta, pero su reverso no lo es.

Cierto que los sacramentos y los Mandamientos de la Ley de Dios son fuente de salud mental y aun física. Pero no todo se cura con ellos. Si es verdad que el fortalecimiento de la voluntad resulta beneficioso para la psique, no es cierto que la debilidad de la voluntad sea la causa de todas las patologías psiquiátricas, por supuesto.

Uno es el campo de la enfermedad y otro el campo de la virtud. El santo puede volverse loco, el pecador psíquicamente puede estar sano como una manzana, psiquiátricamente hablando. Son campos distintos y diversos, aunque tampoco están incomunicados; muy por el contrario, se hallan en íntima conexión.

Pulsión y represión

A pesar de lo que afirma una buena parte de los psiquiatras, la represión de las pasiones no es fuente de desequilibrio sino el medio por el que se fortalece la voluntad. La voluntad, como un músculo, debe ser robustecida y consolidada a través de repetición de actos. Las pasiones, cualquiera de ellas y muy especialmente la pasión sexual, sin control, se trasforman en fuente creciente de insatisfacción. La insatisfacción no nace de la represión, sino de la pasión no controlada.

Uno podría pensar que cuanto más satisfagamos una pulsión, más aquietado quedará ese apetito. Pues no. Todo lo contrario. Cuanto más exacerbado e incontrolado sea un impulso, mayor será la insatisfacción, con independencia de que ese impulso obtenga más o menos veces la consecución del objeto deseado. La obtención del objeto será indiferente, aunque parezca una paradoja. Cuanta más fuerte es la pasión patológica, mayor es la insatisfacción.

Por ejemplo, cuantas más medidas de seguridad toma un paciente con pánico a las arañas, más miedo siente a ellas. La insatisfacción de haber logrado una seguridad aceptable está en relación directa y proporcional a las medidas que tome. Cuantos más medios disponga, prepare e ingenie para protegerse de las arañas, más insatisfecho quedará acerca de su seguridad. Cuanto más ceda a esa pulsión, más aumentará su insatisfacción. Por mentar otro campo mucho más común en el mundo psiquiátrico, el más insatisfecho sexualmente, paradójicamente, será no el célibe, sino el ninfómano.

Este mismo mecanismo de la psique se puede trasladar a todo tipo de pulsiones. Desde el desaforado impulso de proteger a un hijo en una madre desequilibrada, al impulso de huir de determinados espacios en la agorafobia o al impulso a satisfacer las fantasías sexuales de dominación: el mecanismo de insatisfacción creciente no nace de la represión de ese impulso sino de la debilidad creciente de la voluntad ante esa pulsión que cada vez se descontrola más. Pues la, aparentemente, más inofensiva pasión, miedo o impulso es una semilla de desequilibrio sin una voluntad que la controle.

Enfermedad psiquiátrica: fisiopatologías, psicopatologías, pnemopatologías

Todas las enfermedades mentales, atendiendo a su causa y origen, pueden ser divididas en tres grupos esenciales:

FISIOPATOLOGÍAS MENTALES: **aquellas de origen químico o biológico**

Son las enfermedades que tienen un origen material y meramente material. Indudablemente el cerebro es un órgano y un desequilibrio químico o biológico de esas células basta para estropear esa *máquina de producir pensamientos* y que el pensamiento que produzca desde entonces esté viciado. Por citar un solo ejemplo, la esquizofrenia paranoide sería una enfermedad típica de este apartado.

Psicopatologías Mentales: aquellas de origen psíquico

Son las enfermedades cuya causa en vano la buscaremos en el órgano físico, sino en el inmaterial funcionamiento de la mente. También la actividad inmaterial de la mente y no solo el órgano cerebral es susceptible de mal funcionamiento. Por ejemplo, un trauma que genera una fobia es una enfermedad típica de este apartado.

Pnemopatologías Mentales: aquellas de origen espiritual

Son las que tienen su origen en una pasión desordenada. Es decir, su origen está en algo que nada tiene de patológico, sino que su carácter morboso reside en haberse impuesto lentamente sobre la voluntad de un modo tiránico. Se trata de de una enfermedad cuya etiología no tiene ningún misterio desde el punto de vista de la psiquiatría y que es un mero y simple acto éticamente desordenado, pero repetido en un grado tan alto y sin una voluntad que oponga resistencia, que llega a mostrar carácter patológico. Un ejemplo de esto es el ludópata o el obseso sexual.

En las pnemoenfermedades el cerebro, como órgano, funciona bien, la mente funciona bien, pero el problema está en la voluntad que ya no puede dominar un impulso.

Ni que decir tiene que buena parte de las psicoenfermedades mentales se atenuarían muchísimo con una devota vida espiritual que sería una fuente de salud mental y de contención de los aspectos desordenados de esa psique. El origen de las psicoenfermedades mentales puede radicar exclusivamente en la psique (con total independencia de la vida espiritual de la persona, de su mayor o menor santidad), pero la vida cristiana supone el mejor escenario mental para regular de nuevo esos aspectos psíquicos desordenados. Pues, por poner un ejemplo, el psiquiatra que trata a una persona religiosa con una fobia causada por un trauma podrá apelar a resortes tales como el que lleve cada semana varias veces a la oración el tema del perdón del causante de este trauma, que medite sobre el amor de Dios que cura y sana esa herida interior, que a modo de ascesis realice actos graduales de acercamiento hacia el objeto que le produce aversión, etc, etc. El psiquiatra ante similar patología en un paciente no religioso, ni creyente, tendrá que apelar al voluntarismo, a la fuerza de voluntad a secas. Y no solo eso, sino que la idea de tener que perdonar por amor, la idea de un Dios que consuela, etc, etc, no estarán presentes en el segundo paciente. Sin duda el mejor escenario imaginable para sanar las psicopatologías es el de un paciente con una intensa vida religiosa.

Incluso las personas que padecen una biopatología mental sobrellevarían con mucha más paz y resignación esa cruz si fueran personas fervientemente religiosas. Por ejemplo, un paranoico, aun delirando, podrá recurrir al apoyo de un Dios Padre que le protege frente al enemigo que está conspirando. Incluso el esquizofrénico frente a la imagen alucinatoria de una serpiente suelta en su casa, podrá recurrir a la idea confortadora de una plegaria a la Virgen María que le protegerá. Esos resortes internos de apoyo faltan en el no creyente.

Las pnemopatologías mentales tienen su origen y causa inicial en un campo meramente espiritual, en un vicio por hablar claro, una vez que tal tendencia viciosa escapa al control de la razón y al control de la persona, el paciente necesitará de la intervención de especialistas psiquiátricos. Pero, al fin y al cabo, no hay que olvidar que se debe poner orden en esa alma. Y mientras no se ponga orden, el origen de ese desorden mental permanecerá y la enfermedad se verá como una tendencia crónica sin solución posible.

Restaurar ese orden tiene que ver más con la perseverante y artesanal labor de un confesor (aunque esa labor la haga un psiquiatra en su faceta no sacramental), que con la fría labor de un médico-técnico que aplica un fármaco o que pone en práctica una terapia experimental recién traída de una universidad sueca.

El origen de la enfermedad mental siempre es uno de estos tres, no puede haber más orígenes. Provenga de una causa externa o interna, la patología se desarrollará en uno de estos tres ámbitos del ser humano. No obstante, hay que tener en cuenta que una pnemopatología mental, en la medida que sea más profunda, irá implicando más desórdenes de otro tipo en el campo de la psicopatología mental.

Dicho de otro modo, un vicio, cuanto mayor es, si llega a constituirse en enfermedad mental (pnemopatología), acaba produciendo psicoenfermedades. Es decir, una pnemoenfermedad se va ramificando hacia otras partes de la psique y mostrando nuevos rasgos que nada tienen que ver con el origen espiritual del desequilibrio que desencadenó el proceso de desestructuración de la psique. Al final todo está enmarañado y es difícil discernir dónde comienzan las ramas y dónde el tronco. Pero en las pnemopatologías el tronco fue un desorden de carácter inicialmente moral.

La interrelación de los campos de la mente humana es admirable y a veces extraña. Hay casos que en la consulta de un psiquiatra lo que más puede llamar la atención de ellos puede ser una fobia o un complejo. Pero, como en el caso de las ramas de un árbol, la enfermedad troncal puede ser algo menos vistoso que la fronda de los síntomas y desequilibrios derivados. Lo malo de las enfermedades psiquiátricas, es:

1) Que en estos casos las ramas patológicas, una vez formadas, tienen vida propia, aunque cortemos el tronco y la raíz de la enfermedad.
2) Que nunca queda muy claro dónde acaba una rama y dónde empieza un tronco. Por el contrario todo parecen ramas interconectadas sin tronco alguno.

Por ejemplo, una persona decide no poner ninguna traba a la búsqueda de la satisfacción sexual, en esto no hay nada patológico. Pero al cabo de unos años no solo se abandona sin restricción ninguna a una búsqueda del placer sexual sino que comienza a buscarlo de modo desaforado. En un tercer paso esa búsqueda del placer le lleva a explorar con objetos cada vez más extraños que sacien esa ansia de novedades en la búsqueda del placer y la excitación. La búsqueda de objetos cada vez más retorcidos, cada vez más alejados de la razón natural, comienza a presentar desviaciones cada vez menos aceptables para cualquiera que no esté inmerso en esa vorágine de necesidad de nuevas sensaciones. Esas desviaciones van comprometiendo otros ámbitos de contención moral, comienza a nacer un sentimiento de culpa gradualmente más dañino. En este paciente hipotético no es ese sentimiento de culpa un sentimiento que lleva al arrepentimiento y a la enmienda, sino que es la autoinculpación cada vez más intensa, cada vez más lesiva del que se siente irreformable. El sentirse irreformable le lleva a tener una concepción de sí mismo cada vez peor, cada vez más infame, nace otra ramificación patológica de la enfermedad troncal. La enfermedad troncal al mismo tiempo le lleva a temer ser descubierto, ese temor cada vez más intenso desemboca en otra nueva enfermedad, una fobia social que se manifiesta ante situaciones muy específicas en las que se siente descubierto por los demás en la otra faceta oculta de su ego oscuro, ya tenemos una fobia además de un patológico sentimiento de culpa. De la combinación de la autoinculpación con esa fobia específica puede nacer la imposibilidad de ver fotos de cuando era niño porque ve en esa imagen inocente una represión hacia su actual forma de ser, etc., etc.

Como se ve el mundo de las ramificaciones patológicas es casi infinito. Esto solo era un ejemplo. Sin duda hay patologías que se originan a pesar de la vida que uno lleve. Pero hay otras muchas, la mayoría, que atajadas desde el principio el efecto dominó subsiguiente hubiera quedado abortado.

Hemos de entender que no supone negar la ciencia psiquiátrica el hecho de afirmar que con una vida moral sana la mayor parte de las enfermedades se quedarían en meras tendencias contra las que el sujeto debería luchar y nada más. Hay que aceptar que la mayor parte de las patologías mentales en su origen y principio (antes de consolidarse como verdaderas patologías) no requieren de complicados métodos, ni terapias conductuales, ni de nada especial para reprimir estas semillas peligrosas de la psique.

Pero claro, cuando el enfermo llega al psiquiatra ya no puede resistir aunque quiera, pero no hay que olvidar que en un principio sí que podía. Dicho de otro modo, la pnemopatología nace y se desarrolla no porque la persona no pueda resistirla, sino que no la puede resistir porque la ha dejado que se consolide como enfermedad.

Como se ve, si tuviéramos que resumirlo todo, diríamos que los viejos manuales de confesores contenían una ciencia psicológica muy profunda, constituían verdaderos manuales de salud mental: simples, claros y avalados por el sentido común.

Mientras que Freud y muchos otros con su verborrea han revestido de términos científicos y complejidad lo que desde el principio había sido mucho más sencillo de lo que imaginaron sus discípulos. Porque el austriaco no entendió que lo que él creía que era **causa** de la patología, en realidad era **efecto** de un desorden espiritual. Esto es, la pulsión desbocada e ingobernable no es la causa de la patología sino el efecto de un desorden anterior.

Siguiendo la equivocada mecánica de **represión-insatisfacción-pulsión** tal como la entienden muchos médicos, el especialista psiquiátrico ha de pasarse la vida apagando los fuegos de esas pulsiones, fuegos que volverán a encenderse, porque lo que se debería hacer es tratar de poner en orden toda la vida moral de la persona.

Vida moral que forma como un edificio armónico, proporcionado, en el que todas las partes se sujetan entre sí. Vida moral en la que la persona refuerza su voluntad y se llena de alegría de vivir, vida moral sana en la que pide perdón de sus faltas, se siente perdonado y se esfuerza bajo una curativa dirección espiritual en luchar por acrecentar sus virtudes. Pero vida moral que sin fe religiosa no puede mantenerse pues requiere de un esfuerzo a veces heroico.

Lo dicho anteriormente no anula las consecuciones de la ciencia psiquiátrica en materia farmacológica al tratar las enfermedades, ni lo que hoy día sabemos sobre el subconsciente, ni dejo de aceptar la verdadera complejidad que supone tener que bucear en la psique de la persona, por sus pliegues y repliegues en busca de la combinación de causas que han desencadenado un desorden específico.

No, yo no niego las consecuciones de la ciencia psiquiátrica. Lo único que digo es que esas consecuciones, esos esquemas, deben encajarse dentro de este otro esquema, deben encajarse dentro de esta panorámica general que he descrito. Los esquemas psiquiátricos deben encajarse en los esquemas del cristianismo, y no al revés. No es el cristianismo el que debe adaptarse a los hallazgos de la ciencia psiquiátrica. Esos mismos logros de la ciencia psiquiátrica pueden enfocarse de un modo o de otro, aunque muchas veces a los profanos se les intente inculcar tajantemente que las consecuciones de esta ciencia desautorizan tal o cual imposición de la moral. Hasta los psiquiatras más materialistas, aquellos que sean más dados a no aceptar la tesis de una línea objetiva separadora del bien y del mal, deben aceptar que la posición de la moral cristiana es una enseñanza no solo propiciadora de la salud mental, sino incluso indudablemente terapéutica.

Por hablar de un modo más concreto, a mí, sacerdote, cuando me llega un caso evidente de esquizofrenia paranoide le digo claramente y sin ambages de ningún tipo que debe ir al psiquiatra, que la solución a su problema debe esperarla en el campo médico. Pero, al mismo tiempo que le explico que es necesario continuar tomando sus medicinas, también le recomiendo que él mismo ore y dé comienzo a una vida más cristiana, y acto seguido le doy consejos prácticos y concretos de qué hacer para empezar esa vida religiosa. Nunca pienso que la religión les va a enmarañar más su paranoia. Quizá algún médico pueda creer que el mundo de lo religioso supondrá más pábulo para su enfermedad. Quizá se le ofrezca una ampliación de la temática, un poco más sí, pero también tendrá efectos salutíferos que compensarán ampliamente los problemas de la irrupción de una nueva temática psicótica en su ya trastornada vida.

Si la enfermedad tuvo un origen espiritual, pero ya ha derivado en otras patologías psiquiátricas, también les digo que vayan al psiquiatra. Porque aunque su origen al principio lo hubiera podido atajar un confesor, al final precisará de confesor y psiquiatra. No es fácil encontrar un confesor que sepa de psiquiatría. Pero sí que es más fácil que algunos psiquiatras desempeñen el papel de director espiritual y lo hagan bien.

Aspectos espirituales de la enfermedad

Como ya se ha dicho, hasta los más ateos de los psiquiatras, hasta aquellos que niegan del modo más rotundo la objetividad de las normas morales, deberían reconocer que la claridad y sencillez del esquema de las enseñanzas cristianas poseen un carácter curativo, simplificador, tranquilizador y afianzador en medio de todas las complicaciones que oprimen y asfixian a aquellos que padecen un desorden mental.

Hasta en las enfermedades cuyo origen es físico (las fisiopatologías mentales) el recurso a las verdades de la fe es sumamente beneficioso. El confesor o el psiquiatra le pueden animar al enfermo a que sobrelleve esa cruz. *La vida es un tiempo de prueba antes de ver a Dios, acepte esta prueba que el Señor ha permitido en su peregrinaje sobre la tierra*, hay que decirles.

La idea de que el enfermo mental puede llegar a la santidad, supone que el enfermo tiene más razones, más fuerza, más optimismo, para sobrellevarlo todo con paz, para no desesperarse, para seguir luchando, para someterse a las indicaciones del psiquiatra, para imponerse la disciplina de tener que obedecer.

En este punto hay que mencionar que no pocos sacerdotes deben cambiar de mentalidad: el enfermo mental puede llegar a la santidad. Es más, la enfermedad mental muchas veces supone una terrible pasión. Sin embargo, algunos pastores de almas desdeñan la labor de la dirección espiritual con estas personas porque dicen con algo de desprecio: "Están enfermos". Como si al decir eso dijeran: "No vale la pena perder tiempo con él".

Con estas personas locuaces y nunca tranquilas, efectivamente, hay que controlar el tiempo, teniendo que cortarles sus ansias de explicar, e imponer ciertos límites a las conversaciones, de lo contrario se eternizarían. Cada uno de estos enfermos precisaría un sacerdote solo para escucharle. Pero, aun así, hay que emplear con gusto algo de tiempo. No perder el tiempo no significa no dedicar algo de tiempo a cada una de estas personas necesitadas.

En estos enfermos queda atenuada la responsabilidad de los actos morales. Pero en ellos no desaparece la vida moral. Y así hay enfermos mentales muy profundos que son muy buenos y los hay también malos, e incluso muy malos.

La convivencia y estancia en los centros de salud mental son muy duras. La vida allí es un suplicio. Siempre lo ha sido en toda la historia, y lo sigue siendo aunque se humanice al máximo el entorno. Por más que se humanice el trato a los enfermos en un sanatorio mental, los pacientes son muy conscientes de que están en un sanatorio mental. Y no hay enfermo físico que se sienta más degradado en su dignidad que el que sabe que está enfermo en su mente. Sin duda, algunos de estos enfermos ingresados, gravísimos, al morir recibirán el premio de los mártires. Pues la existencia vista desde el laberinto tortuoso de la mente de algunos de estos enfermos es una continua pasión.

Psicosis y Misticismo

El tiempo es el mejor medio para discernir si algo es un problema psiquiátrico o es acción del demonio. Si una visión, locución o algo que parece extraordinario es una enfermedad mental, se desarrollará inevitablemente. Las psicosis tienden a desarrollarse. No se quedan estancadas. Y el tiempo acaba desarrollándolas de manera tal que todo acaba quedando claro. Pero cuando alguien viene refiriendo un caso de visión y le piden a un teólogo que discierna, la mayor parte de las veces es absolutamente imposible. Pero al cabo de unos meses los casos más oscuros quedan claros. Y si se deja que la enfermedad siga su curso, al cabo de unos años queda claro el asunto hasta para los familiares más neófitos en materia religiosa.

Por poner un ejemplo, si un penitente desconocido se arrodilla en el confesonario y le dice al confesor que la Virgen le ha dicho de forma audible que le quiere y que sea buena. El sacerdote no puede saber si tiene a una persona que ha experimentado una alucinación o una locución. Sin duda, ni el mejor teólogo del mundo lo podría saber. Pero si confiesa a esa persona durante un año, la cosa estará cada vez más clara, y aun en menos tiempo. Pues si el penitente está enfermo, paulatinamente irá desarrollando la enfermedad y dirá que la Virgen le revela más y más cosas, y estas cada vez más peregrinas. Y si se deja pasar un año más, al final lo normal es que la enfermedad quede patente no solo al confesor, sino a todas las personas que estén alrededor del falso místico pues el carácter absurdo e ilógico de las alucinaciones se desarrolla ya que se trata de una enfermedad que tiende cada vez a quedar más patente. Y las patologías mentales conforme avanzan suelen desligarse cada vez más y más de las leyes de la lógica.

Ante la duda de si alguien tiene revelaciones o dones místicos, algunos clérigos envían el caso al psiquiatra para que lo examine. Eso es un sinsentido. El psiquiatra lo único que puede determinar en un informe es lo que ve. Sin ninguna duda, una Juana de Arco o una Catalina de Siena, con todos los mensajes divinos de ambas, en la actualidad, si hubieran sido examinadas, hubieran provocado largos informes en los que no una, sino varias enfermedades mentales hubieran aparecido existentes en ellas fuera de toda duda. Que, a los místicos, falsos o verdaderos, los juzgue un psiquiatra es como si le pidiéramos al panadero que nos dijera quién se ha comido a escondidas una galleta de una caja. El panadero con buen sentido nos dirá que él no puede ver más que lo que está fuera, no dentro. Ser panadero no le capacita para juzgar en qué estómago está la galleta. Del mismo modo el psiquiatra solo puede dar fe en un informe de lo que observa externamente. Y el informe si fuera honesto tendría que afirmar:

1. Si ha visto a la Virgen, dice la verdad.
2. Si no la ha visto, está loca.
3. También cabe la posibilidad de que mienta.

Para un viaje así, no precisábamos de alforjas. Para determinar si alguien es un místico o no, hay que consultar a un experto en cuestiones místicas, pero no a un psiquiatra. Porque en el momento en que la persona dice tener revelaciones, ni siquiera podrá determinar ya con seguridad si está equilibrada o no, aunque antes de tenerlas sí que hubiera podido determinar al menos eso. El que una persona verdaderamente tuviera revelaciones u oyera a la Virgen, a un santo o a un ángel supondría un elemento muy distorsionador para llegar a una conclusión segura en un informe psiquiátrico. Es como si una persona realmente perseguida por un servicio secreto llegara a la consulta de un psiquiatra por motivos de depresión. El psiquiatra llegaría a una conclusión equivocada. Y le diagnosticaría una depresión y una obsesión persecutoria. Incluso si tuviera algún motivo para pensar que esa persecución es cierta, tendría que reconocer su impotencia alegando que si es verdad que un servicio secreto le persigue entonces está sano mentalmente, y si no le persigue entonces está enfermo. No le podría pedir una prueba porque evidentemente los servicios secretos no expiden certificados de pertenencia al cuerpo. Como se ve la psiquiatría tiene sus límites. Uno de esos límites es la mística. Aceptar estos límites es necesario para el correcto uso de esta ciencia.

Cuadro descriptivo de la posesión diabólica

Los criterios diagnósticos que debería presentar un sujeto para que sospecháramos de posesión serían los siguientes:

1.-Ante lo sagrado o lo religioso se da una gama de sensaciones que van, según el sujeto, desde el fastidio hasta el horror, desde la leve expresión de molestia hasta la manifestación de ira y furia.
2.-En estos casos más extremos, el horror lleva a accesos de furia, acompañados normalmente de blasfemias o insultos dirigidos hacia el objeto religioso que se ha situado en la proximidad.
3.-El poseso en los episodios agudos de manifestación de ira furiosa, pierde la consciencia. Cuando vuelve en sí no recuerda nada. La amnesia es total y absoluta. Sin embargo, aunque no recuerde nada el sujeto durante el episodio, ha padecido un cambio de personalidad mientras ha durado esa crisis de furia. Durante esa crisis una segunda personalidad emerge.
4.-Esa segunda personalidad siempre tiene un carácter maligno. Es frecuente que durante esos momentos las pupilas se vuelvan hacia arriba, o hacia abajo, dejando los ojos en blanco. Los músculos faciales se ponen frecuentemente en tensión. También las manos muestran crispación. En esos momentos de crisis, la persona articula la voz llena de odio y rabia.
5.-Acabada la crisis furiosa, la persona vuelve lentamente a la normalidad. Ese retorno a la consciencia es muy similar, en cuanto

al tiempo y al modo, al tránsito que se observa de la vuelta del estado de hipnosis al estado normal de conciencia.
6.-Fuera de las crisis furiosas en que emerge la segunda personalidad, la persona lleva una vida completamente normal, sin que esta patología afecte para nada ni a su trabajo ni a sus relaciones sociales. El sujeto aparece como una persona perfectamente cuerda. En todo momento distingue perfectamente entre la realidad y el mundo intrapsíquico, no observa una conducta delirante.
7.-En algunos casos sí exponen relatos que parecen iguales a los de las alucinaciones sensoriales: ver sombras, sentir una difusa sensación extraña en alguna parte concreta del cuerpo, oír ruidos inexplicables. No es frecuente que escuchen voces internas ni que sientan que algo les corre bajo la piel. Es normal que tengan los sentimientos que ese ser les transmite: ira, rabia, tristeza y otros.

Consideraciones psiquiátricas relativas al cuadro de posesión

Al explicar este fenómeno a psiquiatras, habría que añadir a los siete criterios precedentes que no se puede considerar dentro de este campo de la posesión los casos en que el sujeto meramente dice sentir una presencia. En la mayor parte de los casos estos fenómenos de posesión se producen tras participar en algún tipo de rito esotérico: ouija, práctica de espiritismo, santería afrocubana, macumba, vudú, etc. Este tipo de personas que sufren el fenómeno de la posesión, tal como se ha mencionado en el punto 7, sufren alucinaciones sensoriales siempre con una temática que suele ser muy precisa (la referida en el citado punto) y que no suele tener variaciones por más meses que transcurran, pero estas personas no se ven afectadas por ningún tipo de delirio cambiante y creciente. Sino que en los posesos se trata, digámoslo así, de un delirio estable.

Además, se observa una ausencia de construcción patológica de interpretaciones que les permitan explicar ese tipo de trastorno. El paciente en eso es muy sobrio. Como mucho, su estado lo achaca al demonio que le ha entrado en el cuerpo, pero no desarrollará una elaborada construcción patológica de ideas explicativas. Por el contrario, mantiene un razonamiento claro y se muestra sumamente crítico respecto a los síntomas que él mismo describe al médico. Es muy frecuente que comience su exposición al especialista médico o al sacerdote con las palabras "va a pensar que estoy loco", "no me va a creer" o "no sé por dónde empezar". El mismo poseso es el primero en reconocer que su discurso va a resultar poco digno de crédito. El poseso sitúa perfectamente en el tiempo el inicio de sus trastornos. Y suele referir como causa de ellos la participación en un rito esotérico.

Cuando se dice de alguien que es un psicótico caben varias definiciones, "la definición más limitada de *psicótico* se restringe a ilusiones o alucinaciones notables, con las alucinaciones teniendo lugar con ausencia de conocimiento de su naturaleza patológica" . Como se ve no acaba de encajar este tipo de pacientes en el concepto de psicótico ya que mantienen una continua conciencia crítica respecto a los trastornos que refieren.

Podríamos decir que la *posesión* tiene algún ligero aspecto en común con la **esquizofrenia paranoide**. Dado que la característica esencial de una esquizofrenia de tipo paranoide es la presencia de notables ilusiones o alucinaciones en el contexto de una relativa preservación de la función cognitiva y afectiva . El punto 7 (expuesto anteriormente) daría la impresión de que este tipo de pacientes entrarían en la clasificación para este tipo de enfermedad. Aunque hay que hacer insistir una vez más en que ese tipo de alucinaciones en estos casos mantendrán una temática constante. Aunque transcurran varios años, las alucinaciones no cambiarán de temática, ni tampoco variarán esencialmente en su frecuencia. Frecuencia tan irrelevante que no llevarán a catalogar al que las padece de persona esquizoide. En este tipo de enfermos esta patología alucinatoria en ningún caso deriva hacia el delirio.

Lo verdaderamente relevante, el factor predominante, será el hecho de que en los momentos de mayor furia (momentos en los que emerge esa segunda personalidad) la persona ofrece aparentemente los signos de que está sufriendo un **desorden disociativo de la personalidad**. La presencia de una identidad distinta (que toma control sobre la conducta del individuo) entra plenamente en la descripción de esta patología de la disociación. Esta segunda identidad siempre aparece con unos rasgos muy fijos: hablará con rabia, con ira, exponiendo un gran odio hacia todo lo relativo a la religión, y hablará además con la expresión facial mostrando una gran tensión. En unos pacientes esta segunda identidad es locuaz en cuyo caso manifiesta una gran procacidad en su vocabulario y expresiones blasfemas. En otros pacientes esta segunda identidad es casi muda, hablando en contadas ocasiones y de un modo extremadamente lacónico, sus intervenciones cargadas de odio y tensión tienen en común con el tipo anterior que la voz cambia por efecto de esa ira contenida.

Hablando de las verdaderas patologías de personalidad disociada, en estos casos el paciente asume un segundo rol de modo inconsciente, y fruto de la profunda asimilación inconsciente de esa segunda identidad puede venir la prontitud y coherencia de las respuestas adecuadas. Pero hay que hacer notar que en los que sufren la posesión demoniaca esta segunda identidad solo se manifiesta en momentos muy determinados, no en cualquier momento del día. Después se produce la amnesia de lo dicho y realizado durante esa crisis. Esa segunda personalidad siempre es maligna. Y, por último, manifiesta una terrible aversión a todo lo sagrado, bien sean personas, objetos o palabras.

El horror que sienten los posesos hacia todo lo sagrado, no supone ninguna **fobia específica**. Pues, incluso como síntoma aislado, aunque no viniera acompañado de todos los demás síntomas, no concuerda con lo normal en las fobias. En muchos sujetos, la exposición al objeto sagrado no provoca una ansiedad creciente, sino una reacción automática de ira: demasiado automática y, a menudo, demasiado fría. Se trata, a menudo, no en todos los sujetos, de una reacción sin ansiedad, solo con odio. Y no solo eso, sino que la exposición es causa de emergencia de la segunda personalidad. Al no existir fobia tampoco ese rechazo provoca ningún desorden obsesivo-compulsivo, ni tampoco ese rechazo da lugar a ningún tipo de ritual de evitación (usada aquí la palabra *ritual* en su sentido psiquiátrico; dado el tema que tratamos la aclaración no es ociosa). Resumiendo, por qué no estamos ante una reacción fóbica:

1º la exposición provoca emergencia de la segunda personalidad

2º no provoca ansiedad sino ira.

El pensamiento en los posesos fuera de los momentos de trance es claro, y esa es otra característica que suele llamar la atención de los especialistas que atienden a estos pacientes: la claridad de pensamiento, la capacidad de autocrítica. Si estas personas fueran enfermos ¿cómo sería posible que sufriendo rasgos patológicos tan graves (disociación, delirios, etc.) no evolucionen con los años hacia una profunda desestructuración de la personalidad y el raciocinio?

Recapitulando, si un psiquiatra no supiera nada de posesiones, los síntomas que observaría en un poseso típico le llevarían a ver en él un desorden disociativo de la personalidad que provoca alucinaciones sensoriales, una aversión aguda a lo sagrado, junto con agitaciones propias de una crisis histeriforme.

Como se ve un complejo conjunto de síntomas, todos ellos en un mismo sujeto y manifestándose con simultaneidad. Ello nos lleva a rechazar las clasificaciones simplistas de aquellos que, sin haber visto un caso real, sentencian que se trata de tal o cual enfermedad mental. El cuadro sintomatológico aquí definido refleja un síndrome tan especial que no se lo puede encuadrar sin más en tal o cual apartado de la patología psiquiátrica. Hay que admitir que nos encontramos no ante un desorden mental simple, sino ante un síndrome para el que hay que buscar un lugar específico dentro de la catalogación médica. Y digo un síndrome porque es un conjunto de signos y síntomas que existen a un tiempo y definen un cuadro morboso determinado. Cuadro morboso que se repite de un modo milimétrico en los pacientes que lo padecen y cuya simultaneidad en la concurrencia de esos rasgos (antes descritos) llevan a la perplejidad a los especialistas que los atienden.

Por lo tanto, es totalmente inadecuado hablar de este hecho como esquizofrenia, psicosis, y mucho menos como epilepsia, porque el cuadro entero no encaja en la catalogación de cada una de estas enfermedades. Este síndrome solo encaja en pequeñas partes de la sintomatología de esas otras patologías. Pienso que el mejor término, puesto que hay que crear una denominación *ex profeso*, sería *síndrome demonopático de disociación de la personalidad*.

El DSM, en el Apéndice I, ofrece un glosario de síndromes relacionados con culturas étnicas detérminadas, en la pg 849 aparece el término **zar** al que se da la siguiente definición descriptiva:

> *Un término general de Etiopia, Somalia, Egipto, Sudán, Irán y otras sociedades del Medio Oriente aplicado a la experiencia de espíritus poseyendo a una persona. Las personas poseídas por un espíritu pueden experimentar episodios disociativos que pueden incluir gritos, risas, golpes de la cabeza contra la pared, cantos o llantos. Las personas pueden mostrar apatía y apartamiento, rehusando comer o el llevar a cabo las tareas diarias, o pueden desarrollar una relación a largo plazo con el espíritu que los posee.*

Pero mucho más importante que ese término, que había que reseñar ya que esa obra hace mención, el DSM en el apartado 300.15 dedicado a los *desórdenes no especificados de otra manera* (pg 490) habla de la posesión, mencionándola expresamente, como de un tipo de desorden que no sigue las pautas dadas anteriormente en el DSM para las disociaciones. Ese apartado trata de modo sumario esta cuestión, y ya advierte que hay casos en que *la característica predominante es un síntoma disociativo (...) y que* [sin embargo] *no concuerdan con los criterios de ningún desorden específico.*

Es interesante observar lo categóricos que se muestran algunos especialistas en clasificar el síndrome que he descrito como una mera y simple disociación, cuando el mismo DSM, ante la evidencia de casos conocidos de primera mano (y no por meras referencias), advierte claramente que hay casos que escapan a los criterios de la misma clasificación que acaba de hacer. E insisto en que de modo expreso el DSM menciona la posesión (al final del punto 4 del apartado 300.15) como un tipo de trance en el que la característica predominante es esa disociación de la personalidad, pero cuyas características no coinciden con los criterios que acompañan los otros tipos de desórdenes de disociación.

Lo denominemos como lo denominemos hay que convenir que clasificarlo en otra de las categorías hasta ahora existentes es podar el fenómeno de muchos de sus elementos específicos. Por eso es más adecuado crear un término específico para una realidad específica. No basta con decir que es una patología demonopática pues son muchos los desórdenes psiquiátricos en los que el enfermo cree ser un demonio, o que la persona con la que convive se ha transformado en un demonio, o que oye voces de demonios, etc.

Tampoco basta con decir que es una mera disociación de la personalidad, porque la disociación aquí descrita presenta un cuadro demasiado *sui generis* en las características que la acompañan (vg. fase convulsiva o de furia, una fobia exacerbada en medio de una crisis de apariencia histeriforme, por citar algunos rasgos extraños a la disociación). Sin embargo, esa disociación de la personalidad, con ser solo un síntoma diagnóstico más, es el más específico de la posesión. Así que por ello creo que psiquiatricamente el término más adecuado sería denominar este cuadro como *síndrome demonopático de disociación de la personalidad,* incluyendo en la palabra *síndrome* todas las fobias específicas y los otros aspectos de los que he hablado. Creo que de todos los términos es el más descriptivo de sus características esenciales. El adjetivo *demonopático* no aparece en vano, ya que designa el tema con el que cursa la enfermedad, y es necesario mencionarlo para evitar confusiones con el término *desorden de trance de disociación* que se menciona en el DSM (apartado 300.15, punto 4, pg. 490) y que se prestaría a confusión con otros casos, puesto que hay trances (por ejemplo, los hipnóticos) en los que se puede producir esa disociación temporal e inducida y que nada tienen que ver con el cuadro aquí descrito. El que se añada el término *de disociación de personalidad* también es necesario. Pues además de ser la característica más patente y predominante en esta enfermedad, nos ayuda a no confundir esta patología con otras en que el enfermo cree estar poseso pero cuyo cuadro es claramente esquizoide. El esquizoide presentará quizá un cuadro histriónico, un cuadro obsesivo y su pensamiento aparecerá desestructurado, características estas radicalmente diferentes al cuadro que presentan los afectados del síndrome ya descrito.

Interrelación entre posesión y enfermedad mental

Algunas veces el poseso que llega al exorcista para que examine su caso sufre también una enfermedad mental. Es difícil, a veces, saber qué es lo provocado por el demonio y qué es lo provocado por el desequilibrio propio de la persona. Por eso hay ocasiones en que para la atención de este tipo de posesos conviene que haya preparado todo un equipo de personas. Un equipo en el que además del exorcista que le exorcice cada semana o cada dos semanas, haya alguien que haga las labores de catequista que le vaya enseñando lo esencial de la fe y le escuche y le conozca, alguien que haga una labor de acompañamiento de forma que pueda darle consejos como los que le daría un psicólogo.

Hay que mencionar que muy a menudo, la labor de una madre o una esposa que anime al poseso y le fuerce amorosamente a proseguir el camino y no cejar en el esfuerzo es tan indispensable como todas las personas que he mencionado. Pues el esfuerzo de orar, cambiar de vida y seguir una terapia por más que se suavice y adapte muy a menudo está al borde de las fuerzas de este tipo de personas.

Pensar que las cosas son o blancas o negras, que o se necesita exorcismo o que se necesita psiquiatra, sin términos medios, es no conocer la realidad. Hay casos en que la perfecta curación del enfermo sin un exorcista será imposible pues hay dentro un demonio que insiste una y otra vez en unos determinados pensamientos. El exorcista tiene que romper todas las influencias del Maligno sobre esa persona y el psiquiatra simultáneamente tiene que ir restaurando el orden en la mente de la persona. Insisto una vez más en que la labor de un familiar que cada día anime en casa al poseso y no le deje tirar la toalla, es en la práctica tan imprescindible como la de los otros dos.

Hay enfermos en los que hay muy poco de influencia demoniaca y casi todo proviene de uno mismo. En otros es al revés. En algunos casos es imposible saber cuál es la medida de esa acción invisible y cuál es la medida de la enfermedad puramente natural.

En algunos casos la enfermedad mental coincide plenamente con la influencia demoniaca. En otros pacientes, incluso una vez desaparecida totalmente la influencia demoniaca, se requerirá de meses para restaurar el equilibrio mental. Porque hay personas con tendencias al desequilibrio y en esas personas la influencia solo agudiza esa patología, pero el que ora por ese tipo de personas no debe olvidar que la patología subyacía a la acción demoniaca. Desde luego aquellos desequilibrados malos, llenos de rabia, de furia y odio, que de ningún modo quieren ni oír hablar de cambiar, tienen un pronóstico muy malo. Su estado se mantendrá con altibajos, pues no hay voluntad alguna de querer cambiar. Y en cualquier desequilibrio la voluntad es la llave del cambio.

Un desequilibrio desaparece cuando se va imponiendo el equilibrio, y eso requiere cambios, y la llave de esos cambios es, repitámoslo, la voluntad. Sin esfuerzo por cambiar no hay cambios, sin cambios la situación continúa por más que se exorcice. La voluntad no se esfuerza por cambiar si el entendimiento no comprende que hay que cambiar. Lo malo es que cuanto más profundo sea el desequilibro más deformado estará el entendimiento. Con lo cual el entendimiento reforzará la decisión de la voluntad de aceptar ese estado de vida, y la voluntad reforzará la visión del entendimiento que ya no ve mal esa forma desquiciada de vivir.

Esto, aunque dicho para los posesos, es válido también para los psicóticos, ellos no son una excepción a la regla expuesta. Pues por muy grave que sea la psicosis, el entendimiento siempre tiene un determinado nivel de funcionamiento correcto. De ahí que hasta en los casos más extremos hay que trabajar en el entendimiento y en la voluntad en la medida de lo posible. Aunque hay pacientes en los que esa medida es muy pequeña, y por lo tanto hay que perseverar con esfuerzos de tiempo notables para lograr que muy poco sea lo que penetre en su entendimiento. Esta labor es tan pesada, requiere tanto tiempo, requiere de tanta experiencia, que de ordinario solo la podrá hacer un psiquiatra. De lo contrario, pocos casos absorberían todo el tiempo de un sacerdote.

Cuando el poseso con una enfermedad mental acepta que tiene que cambiar aquello que en su vida está desordenado y pone manos a la obra, es entonces cuando los frutos de las oraciones que el exorcista le hace se harán más evidentes y animarán más a seguir con el proceso de liberación. Pero es necesario que los familiares o el equipo recen rosarios diariamente (u otras oraciones) por esa persona, para que la gracia, como una semilla, comience a hacer su labor en su corazón. Desde el principio del proceso, se puede exorcizar al demonio que tiene encadenado a ese enfermo, pero los frutos de las oraciones solo serán visibles cuando el corazón de la persona comience a abrirse a la gracia, al reconocimiento de la necesidad de cambiar y haga algo en ese sentido por poco que sea todavía.

Para que el sacerdote exorcice al enfermo mental se requiere que se vean verdaderos signos de una influencia demoniaca. De lo contrario, si no existen esos signos, lo único que hay que hacer es orar por él, bendiciéndole, imponiéndole las manos y cosas por el estilo.

El problema de los signos en enfermos psicóticos es saber cuándo la reacción ante las oraciones o la presencia del sacerdote se debe a una acción del demonio y cuándo a la propia enfermedad que les lleva a reaccionar de un modo furioso. Más de un demonio ha revelado que estaba detrás de una crisis por el hecho de ordenarle en latín sorpresivamente (tras un rato de oraciones y por tanto de crisis) que hiciera algo concreto. Pero en otras ocasiones, ninguna muestra ha dado el demonio de estar allí, y en ocasiones sí que ha habido un demonio poseyendo como se ha visto posteriormente porque otro sacerdote lo ha intentado en otra ocasión.

Recuerdo el caso de una chica de dieciocho años, sumida en un estado perfecto de apatía y desconexión con el mundo exterior. No hablaba, no manifestaba emoción alguna, no reaccionaba a ningún estímulo, se limitaba a sentarse donde la llevaban y bajaba la cabeza. Todo este cuadro había comenzado seis años antes a raíz de practicar espiritismo una sola vez. El cuadro apareció en pocos días. El hecho de la etiología nos hizo pensar razonablemente en una acción demoniaca. Comenzamos a exorcizar a la chica día tras día, a distancia, pues estaba ingresada. La mejora fue inmediata y evidente, comenzó a hablar y cambió totalmente. Aquí se ve, en este caso, cómo la acción demoniaca no dio signo alguno de reacción ante las oraciones y sin embargo esa influencia era la causa de una enfermedad. Enfermedad e influencia coincidían plenamente. Rompiendo la influencia, la enfermedad desaparecía.

Orar por los enfermos es el mejor modo de romper esas ataduras que a veces tiene el demonio sobre la mente de los enfermos mentales con influencias. A veces hay que orar mucho para que algo demoniaco se manifieste en el paciente y se vea si hay necesidad o no de exorcizar. Pues si nada se manifiesta, si no se ve ningún signo claro y razonable, no hay que exorcizar sino bendecir y orar. Pero son tantos los enfermos que para evitar que el sacerdote quede aplastado de trabajo es preferible decir a los familiares que oren diariamente por el paciente y ofrezcan sacrificios por él, y que cuando esté en disposiciones favorables de ver a un sacerdote e ir a una parroquia que lo traigan. De todas maneras ante un caso muy claro de un enfermo con influencias ingresado en un centro hospitalario, el sacerdote puede exorcizar a distancia desde su parroquia exactamente como si lo tuviera delante.

El problema de exorcizar a un enfermo mental que no da signos de posesión, es que uno puede estar exorcizando a un mero enfermo que para nada sufre de ninguna influencia preternatural. El exorcismo es solo para lo preternatural, no para lo natural. Para lo natural, están las bendiciones, las oraciones comunes y el ofrecimiento de sacrificios para pedir que Dios lo sane. Para exorcizar hay que tener claro que existen signos indicativos de la presencia demoniaca, solo se puede exorcizar para discernir un tiempo razonable según sean esos signos. Un caso normal para ser discernido no requerirá más allá de diez minutos de oración exorcística. Solo si hay razones muy serias se podrían prolongar más esas fórmulas exorcísticas en orden a ver algún signo para discernir el caso.

Un caso muy interesante que tuve fue el de una persona que quizá padecía alguna influencia demoniaca, pero en la que problema esencial era que, por carencias afectivas, quería llamar la

atención de su entorno. De ahí que cuando se hicieron las pruebas para ver si estaba posesa, nunca se supo dónde acababa su histrionismo y dónde empezaba la acción del demonio. Por más que se estudió el caso, nunca se pudo determinar esa raya. Pues no sabíamos cuándo era el subconsciente de ella (al hablar en sus supuestos trances) y cuándo era el demonio el que hablaba a través de ella si es que había tal demonio. Así que se optó por la siguiente terapia, la única que parecía razonable:
—obligarla a que acudiera a un psiquiatra que la tratara
—imponerle la obligación de que escogiera confesor fijo
—que trabajara para que su mente tuviera menos tiempo para pensar
—que viniera a mí una vez al mes para que "rezáramos" por ella.

No se le dijo que se la exorcizaría, sino que se oraría por ella. En un caso así ni había que rechazarla (necesitaba de oraciones), ni tampoco favorecer su voluntad de actuar histriónicamente (ofreciéndole el entorno de un exorcismo). Así que se le dejó claro que yo oraría por ella con brevedad y a solas en una capilla. Si ella de verdad quería cambiar se sometería a las cuatro condiciones antes citadas (todas ellas comprobables por mí) y en la medida en que se sometiera se podría ver su obediencia al sacerdote y la evolución de su enfermedad.

Este es un caso extremo en el que había que dejar pasar mucho tiempo para ir discerniendo qué había de actuación patológica subconsciente y qué había de influencia demoniaca.

Edad Media: epilepsia y posesión

Cuando se habla de posesión, lo primero que viene a la mente de mucha gente es que a lo largo de la historia siempre se confundió este fenómeno con la epilepsia. Esta es una idea que debe cambiarse.

Es cierto que en las convulsiones del gran mal de la epilepsia puede aparecer espuma por la boca, y las pupilas pueden volverse hacia arriba apareciendo los ojos en blanco, sin embargo, es imprescindible insistir en que se pierde la consciencia, y que el único sonido que puede aparecer en esos momentos puede ser tan solo un ruido efecto del espasmo de la glotis. Este hecho es relevante, porque aunque se da por sentado que en la Edad Media se confundía epilepsia con posesión, la abundante literatura sobre este síndrome <u>siempre</u> deja constancia de las conversaciones de la segunda personalidad durante las crisis de furia. Este hecho indica que aquellos hombres medievales estaban presenciando, si se quiere, otra enfermedad, pero desde luego no la epilepsia.

Los espasmos musculares agudos de la **epilepsia** nunca llegan a ser tan prolongados como los de la posesión. En la posesión esta fase de agitación puede prolongarse a intervalos durante tres horas o más. Además las crisis de violencia durante los exorcismos no tienen nada que ver con las distintas fases tónicas y clónicas de la epilepsia. En los exorcismos, en el poseso se da una evolución lenta tendente a la contracción de los músculos, pero no como un proceso hacia la pérdida de la consciencia, sino (como ya se ha dicho antes) de un modo que es como si una consciencia diferente fuera emergiendo del poseso. Es cierto que las convulsiones de la posesión tendrían alguna apariencia similar en algún momento con las convulsiones del *gran mal* de la epilepsia. Sin embargo, en la posesión junto a las convulsiones emerge una nueva identidad, una nueva personalidad. Y eso sí que ya no puede concurrir, la crisis de convulsiones de la epilepsia y al mismo tiempo un desorden de disociación de la identidad. No niego que en algún enfermo puedan coexistir las dos patologías (epilepsia y mero trastorno de la personalidad), pero no es posible que se manifiesten las dos en ese mismo momento. Porque la fase convulsiva de la epilepsia arrebata la consciencia que otorga la capacidad poder mantener esos diálogos.

El análisis profundo de los casos de siglos pasados, coincidentes todos ellos en sus rasgos, incluso accidentales, y contrastado con los casos actuales, nos lleva a la conclusión de que esos hombres de épocas pasadas están refiriendo un único tipo de síndrome perfectamente perfilado en sus características, un síndrome que concuerda en su descripción con lo que conocemos como posesión. Además, aunque la posesión es un fenómeno que siempre asociamos con la época medieval, los casos registrados por los cronistas de esa época son mucho menos numerosos que en el siglo XVIII o XIX. El mito de que era la incultura la que hacía ver en la Edad Media más casos de posesión y que conforme avanzó la ciencia en los siglos siguientes los casos desaparecieron, es cierto solo que al revés.

En fin, he querido dejar claro esto porque todo el mundo da por sentado que en la Edad Media se confundía epilepsia con posesión. Afirmar eso demuestra un perfecto desconocimiento del tema del que se está hablando ya que la epilepsia está perfectamente descrita en sus síntomas desde la época Clásica. Y en la Edad Media se siguió distinguiendo perfectamente entre epilepsia y posesión, no solo porque se conocían sus síntomas, sino porque también se sabía que era hereditaria. La idea de que los medievales eran pobres tontos que veían al demonio por todas partes es una idea de tan pocas luces que desprestigia a aquellos que la sostienen.

Cuestiones

Aquí comienza la parte de cuestiones. Estas cuestiones no siguen ningún tipo de disposición fuera de mostrar el orden sucesivo en el que fueron escritas. Las cuestiones esenciales están contenidas en el libro *Summa Daemoniaca*, allí se explicaron de un modo sistemático y ordenado. Aquí, en esta obra, se exponen cuestiones de detalle, totalmente complementarias.

¿Qué tipos de exorcismo han existido en la Iglesia a lo largo de la Historia?

Aunque siempre hablamos de "exorcismo", en realidad hay tres tipos de exorcismo. El exorcismo siempre se define como la conjuración del demonio en el nombre de Dios para que salga de un cuerpo, esa es la esencia de ese acto. Pero ese acto se puede realizar de tres modos. Y en la historia se han dado tres tipos de exorcismo:

El exorcismo apostólico:

Los Apóstoles, al igual que Jesús, no tenían que estar largas horas exorcizando a los posesos, daban una orden y los demonios salían. Ellos no usaron ningún ritual (tampoco existía todavía), este tipo de exorcismo era inmediato y no requería de técnica alguna. Lo más seguro es que los inmediatos sucesores de los Apóstoles usaran este tipo de exorcismo, aunque cada generación que pasaba vería cómo los exorcismos se prolongaban más. Poco a poco irían dándose cuenta de la utilidad de ir usando la ayuda de oraciones ya hechas y de objetos bendecidos.

Era lógico que al principio Dios concediera un tipo de exorcismo fulminante pues de lo contrario los Apóstoles hubieran tenido que perder un tiempo precioso en este ministerio. Además, en aquel momento fundacional, era muy conveniente que el exorcismo fuera un signo, lo más claro posible, del poder de Dios para llevar a la fe a los paganos.

El exorcismo ritual:

Poco a poco, el elemento esencial de conjurar se fue petrificando en oraciones ya hechas y que se fueron transmitiendo. El exorcismo ritual fue articulándose en pasos diversos dentro del mismo rito (letanías, salmos, oraciones a Dios, etc.). Y la experiencia fue advirtiendo la eficacia de usar objetos bendecidos (la cruz, el óleo bendecido, etc.). El exorcismo apostólico que aunque pueda repetirse alguna vez en algún santo (o en alguna situación concreta) fue una concesión extraordinaria. Lo normal es que el acto de debilitamiento y expulsión de un demonio requiera de un tiempo determinado por la propia naturaleza de ese acto. De ahí que, normalmente, no se produce una liberación fulminante de forma inmediata. Esto se prueba por el hecho de que hasta los mismos santos han precisado de semanas y meses para liberar a un poseso. O sea que la duración ordinaria del proceso no se debe a la debilidad de la fe o a la poca santidad del ministro, sino que el acto en sí es un proceso que requiere por su misma naturaleza de un tiempo determinado que a veces resulta ser de meses. Aunque los casos de influencias leves que se prolongan durante años tal vez tengan que ver con lo que explico en mi libro *Tratado sobre las almas perdidas*.

El exorcismo como don:

Este tipo de exorcismo solo lo pueden practicar aquellas personas que tengan un don para exorcizar. El don lo concede Dios directamente, por tanto no se puede aprender, ni transmitir. El don o se tiene o no se tiene, no hay términos medios. Las personas que tienen un don exorcístico saben cómo usarlo, Dios al dar el don concede el conocimiento de cómo usarlo. Los dones no siguen ritual alguno, siguen sus propias reglas y tiempos. Y hablo de "dones" en general pues no existe un único don exorcístico, sino que son varios y actúan de diversos modos. El exorcismo como don es superior al exorcismo ritual pues el ministro actúa del modo exacto como Dios quiere. No se actúa como en el exorcismo ritual de un modo general, sino de un modo concreto (en cuanto al gesto concreto que se hace, lo que se dice o cuando se dice), es algo divino que actúa *ad hoc*. Evidentemente es superior el exorcismo como don al exorcismo ritual, en sí mismo considerado. Y añado "en sí mismo considerado, porque, ya en concreto, un ministro que use el exorcismo ritual puede tener más santidad que alguien que posee un don. De forma que aunque el instrumento sea inferior, el que lo usa tenga más fuerza y por tanto el exorcismo acabe antes.

Adviértase que el exorcismo como don se ha dado también fuera de la religión católica, e incluso fuera del cristianismo. Hay algunas personas, sobre todo en África, conocidas como curanderos que en realidad son personas con dones. Dones dados por Dios para ayudar, ya que tanta necesidad hay de arreglar los males de la hechicería. Son conocidos como brujos buenos. Aunque en realidad no practican la brujería, sino solo actúan sus dones. Y he mencionado concretamente África por darse allí muchas posesiones. Quizá por haber allí tanta necesidad, es por lo que Dios dispone de algún remedio para sus hijos aunque no hayan llegado allí misioneros con el poder dado por Cristo para ayudar a esos hijos de Dios.

El exorcismo ritual no tiene que ser propio solo de la Iglesia Católica, también el modo de exorcizar se puede fijar en otras religiones monoteístas, de forma que se invoque a Dios de un modo fijo a la hora de pedirle que libere a un poseso de sus demonios.

Es muy interesante observar cómo se operó en la Iglesia la lenta transición del exorcismo apostólico al exorcismo ritual. Eso se produjo al darse dos factores: por un lado los exorcismos cada vez duraban más tiempo, por otro lado se observaba la gran efectividad de ciertos elementos: una determinada oración, la unción con óleo, etc. Al principio, solo se intercalaban algunos elementos en aquel primitivo exorcismo espontáneo. Pero con el tiempo más y más elementos fueron cuajando aquellas sesiones de oración. Las sesiones eran más largas y resultaba inequívoca la efectividad de lo que acabó convirtiéndose en rito. Sabemos que en la mitad del siglo III el que recibía la orden del exorcistado recibía el libro de los exorcismos. Así que para esa época ya existía un rito fijo. Esta transición hacia lo ritual era inevitable. El exorcismo como un acto fulminante fue una excepción, pues de por sí es un acto que por su naturaleza requiere de un tiempo para debilitar al demonio. Dios hizo excepción al principio, pero finalmente al cabo de unas pocas generaciones el proceso del exorcismo duró lo que tenía que durar.

¿Qué tipos de exorcistas existen?

Tanto cuando los laicos como los clérigos hablan de "exorcista" se refieren a realidades muy diversas bajo la misma palabra, y eso aun cuando se refieran a sacerdotes con permiso de su obispo para realizar ese ministerio. Bajo ese sustantivo la gente quiere referir las siguientes realidades que vamos a tratar de describir aquí.

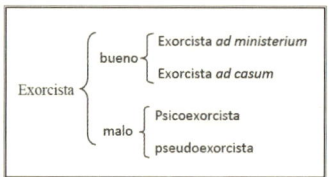

Exorcista ministerial: es el que tiene encomendada esta función de forma permanente y recibe varios casos cada semana, realizando exorcismos de forma usual.

Se le llama "ministerial" en cuanto que no ejerce esta función *ad casum* sino como un ministerio estable. Sin duda este es el mejor tipo de exorcista y si, además, es un hombre lleno de caridad hacia los casos que le vengan y está dotado de gran vida espiritual, entonces son el terror de los demonios. Pues se trata de verdaderos especialistas que ya se saben los trucos de los demonios.

Exorcista *ad casum*: es el sacerdote que no realiza esta función de modo usual, sino que solo se le han dado facultades para atender un caso y no vuelve a realizar otro exorcismo en años. En este tipo de exorcistas se incluyen aquellos que aunque tengan facultades de forma permanente, de hecho, solo exorcizan una vez cada varios años.

Este tipo de exorcistas al desempeñar su función una o pocas veces en la vida apenas adquieren experiencia acerca del mundo de los demonios. Y por supuesto será muy difícil que descubran los casos de demonios ocultos (daemones abditi)[1]. Tampoco descubrirán los complejos mecanismos de la influencia, por los cuales los demonios pueden actuar de un modo no ordinario en las personas sin poseerlas. Son sacerdotes que van aprendiendo conforme exorcizan.

Psicoexorcista: es el sacerdote racionalista que todo lo reduce a psicología y no cree en el exorcismo. Es decir, cree que el verdadero exorcismo de la mente es la atención psicológica.

Son no pocas las diócesis en las que ante los numerosos casos que reciben al año pidiendo ser atendidos en este ministerio, deciden nombrar a un sacerdote racionalista, que no cree en los exorcismos, para que les escuche y les de los consejos psicológicos pertinentes, pero nunca practicando el exorcismo. Son siempre sacerdotes que han hecho la carrera de psicología y que están infatuados de su ciencia, siendo impermeables a la aceptación de la influencia de los espíritus en las personas. Algunos de estos exorcistas ni siquiera creen en la existencia del demonio. Escuché a un psicoexorcista de una gran archidiócesis, la más grande de su país, que recibía al año 1500 casos, pero que en doce años de "ejercer" este ministerio nunca había tenido que hacer ningún exorcismo.

Pseudoexorcista: es la persona que sin ser sacerdote, dice que es exorcista para vivir de ello, usualmente tras la consulta se pide solo la voluntad. Normalmente es gente que proviene del mun-

---

1 Como norma general, los demonios *abditi* solo son descubiertos por exorcistas ministeriales. Será excepcional que un exorcista que solo haya realizado unos pocos exorcismos en su vida detecte la presencia de estos espíritus.

do del esoterismo. Estos son falsos exorcistas, todo lo que hacen es completamente inútil. Muchos acaban ellos mismos sufriendo posesión diabólica y tienen que dejar este "trabajo" forzosamente.

Nunca nadie que ejerza este ministerio por dinero tendrá la ayuda de Dios. Y sin Dios este ministerio no solo está destinado al fracaso, sino que además la persona carecerá de la protección del Altísimo contra estas "serpientes y escorpiones". De hecho, para ejercer este ministerio se necesita el encargo de la Iglesia o el encargo directo de Dios. No es algo que uno pueda tomar sobre sí sin esa precisa voluntad de Dios. Nadie debe meterse en un foso de leones si Dios no se lo ordena. Si uno se mete por su cuenta, lo hará bajo su propio riesgo.

Anexo a la cuestión

Añadimos dos categorías más aunque no tengan que ser necesariamente exorcistas.

Carismático: es la persona (sacerdote o no) que ha recibido un carisma para liberar a la gente de las ataduras de la posesión y la influencia. Esta persona usa del carisma del modo concreto como el Espíritu Santo le guíe. Son pocas las personas que tienen este tipo de dones dados directamente por Dios para ayudar a la gente. Son personas obedientes que siempre actúan con el consentimiento de los legítimos pastores por ejemplo, ayudando en un equipo bajo la dirección de un sacerdote con nombramiento de exorcista.

No hay que confundir una persona con un don carismático con alguien perteneciente a la renovación carismática". Una persona puede recibir cualquier tipo de carisma y no pertenecer para nada a ese movimiento y espiritualidad. Por ejemplo, Santa Catalina de Siena era una persona que tuvo este don carismático del exorcismo. Ha habido más casos en la historia de la Iglesia, aunque para evitar el escándalo de los fieles y la extrañeza de los teólogos, se ha ocultado bajo un velo esta faceta de algunos santos no sacerdotes.

Es muy raro encontrar un sacerdote con dones exorcísticos. Lo normal es encontrarse con laicos y que estos ayuden al sacerdote.

Las personas que tienen dones los tienen normalmente de dos tipos: o viendo cosas (sintiéndolas en su interior, o viéndolas) o teniendo que poner sus manos sobre el poseso (a veces tocan de un modo especial al poseso, pasándoles la mano o como masajeándoles).

Demonólogo: es el teólogo especializado en la parte de la teología que estudia todo lo relativo al demonio, y por ende la posesión y el exorcismo.

El demonólogo podría ser una persona que nunca haya presenciado un exorcismo. Si bien el mejor demonólogo será aquel que conjugue teoría con la práctica, ya que muchas veces la práctica cambia la forma de ver la teoría. No todos los exorcistas, por mucha experiencia que posean, son grandes teólogos. De ahí que no todos los exorcistas han destacado por su labor teológica y no todos son demonólogos, sino solo unos pocos.

El psicoexorcismo

Una vez oí a un obispo de sus propios labios decir que había nombrado a un sacerdote como su delegado de vocaciones para el diaconado permanente y que solo le había dado una instrucción para el desempeño de esa función: no quiero que haya ni un solo diácono permanente más en mi diócesis.

Pues esto es lo que sucede con los psicoexorcistas. Lo mismo que a ese obispo no le importaba lo que hubiera dicho el magisterio de la Iglesia, ni que una vocación no fuera un capricho humano sino un don concedido directamente por Dios, así sucede con este ministerio en algunos lugares. El psicoexorcista es nombrado para hacer entender a todos los que vengan a él que sus problemas son psicológicos y no demoniacos.

El demonio trata de convencer a la persona de que no está posesa, después si no lo logra será el psiquiatra el que tratará de convencerle por todos los medios, y si no lo logra, por último, será el exorcista de la diócesis (el psicoexorcista) el que en nombre de la Iglesia, como ministro de Dios, le tratará de convencer de que la posesión no existe y que lo que le pasa son trampas de su cabeza. El demonio no puede estar más satisfecho de la situación. A veces la labor del psicoexorcista no es fácil, en ocasiones hay que convencer a toda la familia de que lo que han visto todos en realidad no lo han visto. Sí, a veces es arduo convencer a todos de que lo que han visto todos realmente no lo ha visto nadie.

Este tipo de falso exorcista es nombrado con todo cálculo para presentar externamente la apariencia de estar cumpliendo la ley canónica, es decir, para evitar "incomodidades" eclesiales. Así si alguien de la jerarquía eclesiástica les acusa de no estar cumpliendo las normas del derecho eclesiástico, ellos contestarán: ¡tengo un exorcista! Pero ellos saben muy bien a quién han nombrado. Podrán engañar a los hombres pero no a Dios.

Obrando así saben que nadie les podrá acusar de no atender un caso concreto, porque ellos siempre se podrán excusar alegando: *es que mi exorcista, después de examinar el caso, no encontró nada.* Lo curioso es que no encuentran nada nunca. Y a algunos de estos psicoexorcistas les han llegado a veces casos de manual, casos que era imposible que coincidieran más con las páginas del Evangelio.

Desgraciadamente, este tipo de falso exorcista no es excepcional. Grandes archidiócesis de millones de habitantes cuentan con esta figura.

Me he encontrado, por ejemplo, con un psicoexorcista afamado profesor en la universidad que ante mí se jactó de no haber practicado ningún exorcismo durante toda su carrera como exorcista, catorce años de "ministerio". Este clérigo era la única tabla de salvación, el único exorcista nombrado en su país. En otros lugares como Francia, la inmensa mayoría de los exorcistas son de este tipo. A algunos les molesta hasta el nombre de exorcista y prefieren ser llamados de otro modo.

¿Por qué esta situación? Debemos entender que, a veces, nos topamos con pastores de la Iglesia, también obispos, arzobispos y cardenales, que son racionalistas. Que creen más a un profesor de una facultad de psiquiatría que a las páginas del Evangelio. Uno puede ser arzobispo de una archidiócesis clave en una gran nación y, sin embargo, considerar que las páginas del Evangelio han de ser interpretadas según el psiquiatra, y no al revés. A todos los cristianos racionalistas hay que recordarles que el Evangelio no hay que entenderlo según el mundo, sino el mundo según las palabras de Nuestro Señor. Y el Evangelio hay que leerlo según sus palabras, es decir según sus precisas, concretas y perfectas palabras. Palabras que fueron un día dichas no para sesudos profesores de teología, sino para gente sencilla.

Insisto en este tema de los psicoexorcistas, porque en algunos países este tipo de falso exorcista ha llegado a ser la figura habitual. Y si en un país el 95% de los exorcistas piensan de esta manera, llegan a conformar una praxis, llegan a formar un bloque compacto que deforman a los nuevos sacerdotes que sean nombrados para ocupar estos puestos. Y no solo eso, sino que en el futuro, este tipo de psicoexorcistas pueden descalificar a las dos o tres excepciones que haya de verdaderos exorcistas diciéndoles que lo que están practicando es poco menos que magia, que están infligiendo un mal psicológico a sus pacientes y que debe, por tanto, ser prohibida esa praxis excéntrica contraria al buen sentido del resto de "colegas". Al final, la mala praxis no solo puede ser la más extendida, sino incluso llegar a prohibir a la buena praxis.

¿Tiene más poder el demonio por la noche? ¿O en alguna época del año?

El poder del demonio sobre nosotros solo depende de la permisión de Dios y de nuestra debilidad. Dios puede no permitir que sea tentado alguien, o puede no permitir que sea tentado más allá de cierta intensidad. Por otro lado, cuanto más débil es una persona, más poder e influencia tienen las tentaciones sobre él.

Pero hechas estas aclaraciones hay que dejar claro que la hora del día, la fecha o el lugar son indiferentes. Constituyen solo el entorno de la tentación, sin que estos influyan para nada.

Aunque es cierto que por la noche se peca más por estar uno más cansado y por no tener la mente ocupada en el trabajo. Además el disponer de tiempo libre, nos da la capacidad de poder hacer más bien o más mal, de poder dedicarnos a la oración, a las buenas obras de caridad, etc. O de poder dedicarnos a la lujuria, a las riñas familiares, al juego, a la bebida, etc. Este esquema puede parecer simplista, pero la experiencia nos muestra que a veces los esquemas simplistas funcionan.

¿Qué debe hacer el exorcista si su ministerio es despreciado?

Este ministerio del exorcismo, practicado como ministerio permanente, confiere honor y desprecio al que lo ejerce. Nunca solo honor, sino ambas cosas cargarán sobre las espaldas del ministro sagrado que tome sobre sí esta carga.

Cuando hermanos sacerdotes imbuidos de racionalismo le critiquen, el exorcista debe al momento, sin dar tiempo a la tentación, decirse estas dos cosas:

1º Que debe estar contento de ser despreciado por hacer la labor de Cristo. Ser despreciado a causa de Él es motivo de alegría.

2º Que por sus propios pecados merecería mucho más desprecio. Y que por tanto debe tomar los desprecios injustos como precio, barato, de los que realmente merecería que son muchos más y peores.

Dios siempre permite el desprecio para purificar a su ministro de la soberbia que nace de la admiración y elogios que suscita su labor. Ante el conocimiento de una crítica, nunca hay que dejar ni un segundo sin volver a traer a la mente estos dos puntos, pues si no nacerían pensamientos contra la caridad, y de esa semilla la amargura e incluso la rabia interna.

Al exorcista le duele que sean sus hermanos sacerdotes los que a veces más le critiquen, pero debe pensar que incluso en la época de Jesús había racionalismo. Los saduceos creían en Dios, pero no en la resurrección.

Una pregunta que se hará el exorcista es si debe defenderse de esas críticas, acusaciones o mentiras. En principio, como norma, lo más perfecto es no defenderse sino poner la otra mejilla. Debe dejar su defensa en manos de Dios. El exorcista tiene que tener fe en su Defensor. Además, digan lo que digan nadie puede quitarle el ejercicio de su ministerio, salvo su obispo. Y si su obispo se lo quitara, tal sería la voluntad de Dios. Jesús puede querer que el ministerio se realice, pero puede querer que no sea él en concreto el que continúe. O tal vez quiere que lo abandone por un tiempo para ver si había en su corazón apegos a este modo concreto de servir al prójimo. A veces, hasta en el servir a los demás surgen apegos de los que ni nosotros mismos somos conscientes.

¿Tiene más poder el demonio en algún lugar o región de la Tierra?

Sí que es cierto que la repetición de muchos pecados muy graves en un lugar determinado, hace que haya como unos lazos más fuertes de los ángeles caídos sobre ese lugar físico: lugar concreto, ciudad o país. Así como la repetición de actos de virtud también atrae la bendición sobre un lugar concreto. Por ejemplo, un monasterio ejerce una influencia real sobre un lugar físico, una influencia espiritual, así como el martirio de los mártires también bendice y santifica ese lugar concreto o ciudad de un modo especial y misterioso. Hay lugares santificados sobre los que el Señor ejerce un especial dominio: un país consagrado al Sagrado Corazón de Jesús, una ciudad como Roma santificada por la sangre de tantos mártires, o Zaragoza sobre la que la Virgen ejerce una especial protección.

Esto, una vez entendido, es válido pero a la inversa para el mal, habiendo lugares sobre los que el demonio tiene un especial poder por los terribles pecados que se cometieron. Si una persona al confesarse, tiene que ir purificándose y rompiendo los lazos que le ligaban al mal. Así también hay lugares que requieren ser purificados por la vida santa de sus moradores una vez que se conviertan. Por poner otro ejemplo concreto, en un país donde se hayan cometido decenas de miles de abortos durante años, habrá demonios que tendrán un especial poder sobre ese lugar durante mucho tiempo.

¿Está Jesús en la Eucaristía cuando la profanan en una secta satánica?

De entre todas las cuestiones que hay en esta obra, esta es una a la que más vueltas le he dado. Y fruto de esa reflexión ha habido un cambio de postura en mí. Ahora estoy convencido de que la presencia de Jesucristo en la Eucaristía permanece, incluso en una situación tan espantosa como un rito satánico.

Por supuesto que sería razonable que Jesús, como Señor, como Rey, abandonara las especies eucarísticas. Pero la Eucaristía, en sí misma, es un exceso. Un exceso querido por Dios para que, además de su Presencia, tengamos un memorial de su Pasión. De manera que, cuando el Sacramento es profanado, se actualiza en obras el odio que rodeó al Cordero de Dios. Cuando los satanistas realizan esas aberraciones, aquí, ahora, se hace presente ese mismo odio con obras (no solo con el deseo) contra Jesús verdaderamente presente.[2]

¿Qué hacer para sacar a un hijo de una secta satánica?

Normalmente hablar no sirve más que para encolerizar a alguien ya tan encadenado en su inteligencia. Nunca hay que seguir insistiendo si de hablar solo se siguen perjuicios y no bienes, es decir, enfados, cólera, riñas. En esos casos, lo único que se puede hacer es rezar insistentemente, mucho, cada día, de forma muy concentrada e intensa. Y si esto no basta, ofrecer sacrificios: ayunos, limosnas, penitencias corporales. A veces hay que insistir durante años. Pero puedo dar fe de que este sistema funciona.

¿Qué hacer para neutralizar la acción de una secta satánica?

Esta es una consulta que se suele repetir mucho a los exorcistas. Lo único que se puede hacer es orar y ofrecer sacrificios. Ellos invocan al mal, nosotros invocamos al Bien, ellos a la oscuridad, nosotros a la Luz. El poder del Señor es muy superior al poder del mal. Somos niños y Dios protege al que se acerca a él con confianza y humildad.

En la confrontación entre los poderes de las tinieblas y el poder de la Luz, ellos nos pueden hacer mucho daño, pero la victoria siempre es del León de Judá, de Aquel que tiene poder sobre todas las legiones de ángeles.

¿Existen carismas exorcísticos?

El exorcismo, en cierto modo, es un combate espiritual, una lucha con un adversario invisible, por eso a algunos exorcistas Dios los

---

2 Los que quieran profundizar en esta cuestión teológica pueden leer mi artículo titulado "Cuándo cesa la presencia eucarística" en el libro *Ex Scriptorio*, edición del año 2019, pg 90-104.

ha dotado de armas espirituales. La mayor parte de los exorcistas no han tenido ninguno de los carismas extraordinarios de los que voy a hablar ahora. Pero un reducido número sí que han gozado de alguno de estos dones a lo largo de la historia.[3] Con la santidad personal del exorcista y el ritual de exorcismos es suficiente para expulsar al demonio. Pero con estos carismas exorcísticos la liberación del poseso se produce mucho antes, no un poco antes sino considerablemente antes. Estos carismas exorcísticos son:
—gladius
—canaliculus
—motio
—visio
—charisma linguarum
—charisma cordis.

Todos ellos actúan y sirven tanto si la persona sufre posesión, como si sufre influencia, tanto si se ora por una persona como por una infestación o incluso en la dimicatio.

Gladius: el más llamativo y espectacular de estos dones es la espada espiritual. El exorcista en algunos momentos llega a blandir una espada invisible para todos menos para ángeles y demonios. Junto a la espada, Dios concede el don de saber usarla. El exorcista es movido por el Espíritu Santo a usarla justo en el momento en que debe usarse y no antes. Y es ese don el que hace que la persona mueva la mano y el brazo justo como Dios quiere, dando los mandobles justo en el lugar y modo que Él quiere. El brazo del exorcista es movido directamente por el Espíritu Santo de manera que cada movimiento en el aire es exactamente el que Dios desea que se haga, no porque Él así se lo muestre, sino porque Él mismo le mueve el brazo. A veces blande la espada, otras da mandobles suaves, otras largos y enérgicos. Y normalmente el exorcista ora también movido por el Espíritu diciendo justo lo que Dios quiere mientras usa la espada. Blande el arma y ora simultáneamente,

---

[3] Curiosamente los dones exorcísticos es más común que los tengan laicos que sacerdotes. Laicos que colaboren con el exorcista en el grupo de oración. ¿Por qué Dios no suele dar estos dones al sacerdote? En mi opinión es porque de por sí el ejercicio frecuente del exorcismo ya es una tentación a la soberbia. Si encima el sacerdote tuviera dones extraordinarios el peligro para su humildad sería todavía mayor. Por eso Dios suele ver más conveniente repartir sus dones. El laico es más difícil que se ensoberbezca porque siempre será un colaborador.

de forma que ambas cosas van conjuntadas de forma perfecta y armoniosa.

Canaliculus: Se manifiesta en el exorcismo en el bostezo y el lagrimeo del que tiene el don. Estos dos fenómenos van unidos cuando la persona ora profundamente por un poseso o una persona con influencia y de pronto le sale una serie de bostezos muy prolongados como si salieran de lo más profundo de sí. Durante esos bostezos a menudo le caen lágrimas sin sollozo alguno.

Cuando la persona bosteza de este modo tan extraordinariamente profundo algo maligno sale del poseso sobre el que está orando. Qué sea exactamente lo que sale a través de él no se sabe. Con las lágrimas algo se limpia, se purifica, pero tampoco a ciencia cierta se puede decir el qué. Lo curioso de este don es que la carga maligna sale del poseso a través de la boca del que tiene el don.

No hace falta tocar al poseso para que esa carga salga. Lo curioso es que este don comienza a funcionar aunque uno no esté orando por la persona, a veces basta con estar en presencia del poseso para que los bostezos comiencen a darse.

En ocasiones la serie de bostezos acaba con que la persona que tiene el don vomita algo invisible que es el demonio que había dentro. El demonio no es visible para los demás, pero la persona con el don lo siente en su garganta y boca. Y aunque no sale nada visible de su boca, la sensación es tan desagradable como si estuviera vomitando realmente.

Visio Hay personas que han recibido el don de ver en los posesos los demonios que hay en ellos. Unos solo ven que hay una carga demoniaca en ellos. Otros llegan a ver qué demonios concretamente hay en ese cuerpo y dónde. A veces los ven de forma que no pueden describir, a veces los ven con formas de serpientes o monstruos.

Motio: Algunos exorcistas reciben un don en las manos. Un don con el que pueden actuar directamente sobre las ataduras del demonio sobre el poseso, o sobre el mismo demonio que oprime al poseso. Esos movimientos de las manos indican que están apartando, rompiendo, cortando, golpeando a los espíritus o actuando sobre sus ataduras. Unas veces el don de la motio actúa a un metro o más del poseso, otras actúa directamente sobre la zona del cuerpo donde está ese mal espíritu. A veces el sentido y significado de lo que hace con las manos el que tiene este don está claro (por ejemplo, apartar), pero otras el significado es indescifrable y misterioso. En ocasiones, la mano simplemente se agita o hace extraños movimientos con los dedos.

Lo mismo que san Pablo habla del don de lenguas y del don de interpretar las lenguas, así también el don de la motio puede ser interpretado a veces. Y así he sido testigo, por ejemplo, de cómo dos personas sin comunicárselo entre sí, supieron que unos determinados movimientos de los brazos del exorcista creaban espiritualmente como un poderosísimo torbellino de aire que arrastraba a los demonios. Y eso a pesar de que los movimientos apenas indicaban qué significado podían tener.

El don de la motio puede comenzar a manifestarse moviendo las manos. Al cabo de meses, pueden moverse los brazos. Y, finalmente, el cuerpo entero. Las personas que tienen este don muy desarrollado se convierten en misteriosos instrumentos de Dios para la lucha espiritual. Instrumentos con los que Dios corta lazos del demonio, derriba, extrae, encadena y lucha contra esos espíritus malignos. Sobre el don de la motio habría que decir muchas más cosas, muchísimas más, pero algunas tan misteriosas que no deben ser desveladas a los oídos de los profanos, pues hay secretos de Dios demasiado profundos. Las personas que tienen este don muy desarrollado harán bien en actuarlo a solas (ya que se puede orar a distancia) o, en todo caso, ante un grupo fijo de personas muy íntimas y de gran vida espiritual. Aunque no es muy necesario dar este consejo ya que ellas no suelen querer actuar este don más que en presencia de los más íntimos en un equipo de exorcistas.

Charisma linguarum: La mayor parte de las personas de la Renovación Carismática tienen este don poco desarrollado y solo repiten unas pocas palabras. Pero algunos pocos exorcistas han llegado a tenerlo admirablemente desarrollado, de forma que el Espíritu Santo les inspira en cada momento qué es lo que han de ordenar al demonio o pedirle a Dios. El Espíritu Santo no solo inspira las palabras, sino también la velocidad y fuerza con que han de proferirlas. Los pocos exorcistas que han tenido este carisma de forma muy desarrollada la mayor parte de las cosas que dicen en el exorcismo son para la glorificación de Dios, y solo una pequeña parte de lo que dicen es para conjurar al demonio. En estos casos el exorcista únicamente tiene que abandonarse al Espíritu Santo y dejar que Él tome el mando del exorcismo limitándose a ser un instrumento en sus manos. Aun así, muy frecuentemente, el don cesa al cabo de un rato y buena parte del exorcismo deja Dios que continúe el exorcista de forma consciente y sin el don de lenguas. Es interesante observar lo que el exorcista con este don dice al demonio cuando se ha tenido a alguien con el don de interpretar lenguas, pues no solo le conjura, sino que también le tortura recordándole cosas que le hagan sufrir y que por tanto le debiliten.

Charisma cordis: la persona que tiene el don nota algo en su pecho que actúa directamente sobre el poseso, es como si su amor actuara sin palabras, sin gestos, sobre el demonio o sobre la persona posesa (concediéndole gracias). En cierto modo es el Sagrado Corazón de Jesús actuando a través del que tiene el don. El amor de Dios actuando a través del amor de la persona que tiene el don. El que tiene el don solo tiene que callar, seguir sentado y sin abrir los ojos, dejando que el don actúe. El grupo debería guardar completo silencio para no despistar a la persona que tiene este don del *charisma cordis*. Se puede convenir un gesto para cuando la persona sienta que el don actúa, todos guarden el mayor de los silencios para no despistar (con rezos o cánticos) a la persona que está concentrada.

Anexo a la cuestión

Phenomenus manifestationis

Además de los dones citados, se da un extraño fenómeno en algunas personas, fenómeno muy inusual, que consiste en que el demonio que posee o influye en alguien se manifieste a través de otra. Es decir, el exorcista ora sobre el poseso, el cual se queda tranquilo y en silencio, y sin embargo, es a través de una segunda pira las palabras, sino también la velocidad y fuerza con que han de proferirlas. Los pocos exorcistas que han tenido este carisma de forma muy desarrollada la mayor parte de las cosas que dicen en el exorcismo son para la glorificación de Dios, y solo una pequeña parte de lo que dicen es para conjurar al demonio. En estos casos el exorcista únicamente tiene que abandonarse al Espíritu Santo y dejar que Él tome el mando del exorcismo limitándose a ser un instrumento en sus manos. Aun así, muy frecuentemente, el don cesa al cabo de un rato y buena parte del exorcismo deja Dios que continúe el exorcista de forma consciente y sin el don de lenguas. Es interesante observar lo que el exorcista con este don dice al demonio cuando se ha tenido a alguien con el don de interpretar lenguas, pues no solo le conjura, sino que también le tortura recordándole cosas que le hagan sufrir y que por tanto le debiliten.

Charisma cordis: la persona que tiene el don nota algo en su pecho que actúa directamente sobre el poseso, es como si su amor actuara sin palabras, sin gestos, sobre el demonio o sobre la persona posesa (concediéndole gracias). En cierto modo es el Sagrado Corazón de Jesús actuando a través del que tiene el don. El amor de Dios actuando a través del amor de la persona que tiene el don. El que tiene el don solo tiene que callar, seguir sentado y sin abrir los ojos, dejando que el don actúe. El grupo debería guardar completo silencio para no despistar a la persona que tiene este don del *charisma cordis*. Se puede convenir un gesto para cuando la persona sienta que el don actúa, todos guarden el mayor de los silencios para no despistar (con rezos o cánticos) a la persona que está concentrada.

Anexo a la cuestión

Phenomenus manifestationis

Además de los dones citados, se da un extraño fenómeno en algunas personas, fenómeno muy inusual, que consiste en que el demonio que posee o influye en alguien se manifieste a través de otra. Es decir, el exorcista ora sobre el poseso, el cual se queda tranquilo y en silencio, y sin embargo, es a través de una segunda mucho más frecuentes en las mujeres que en los hombres. Los dones recibidos por nacimiento tienen que purificarse llevando estas personas una vida de oración, de lo contrario el demonio puede interferir en esos dones e impurificarlos metiendo en medio de ellos mensajes que no vienen del don de Dios. Si la persona que ha recibido un don cae en la soberbia, fácilmente allí hallará una rendija el demonio para introducir sus inspiraciones falsas. De este modo la persona puede tener un don de Dios pero recibir al mismo tiempo engaños que vienen de abajo. La oración, la vida espiritual, es el único medio de purificar el don una vez que esta influencia negativa se ha introducido en el uso del don.

Normalmente la inmensa mayoría de los exorcistas que ha habido a lo largo de la historia no han tenido ningún carisma extraordinario. Pero cuando Dios agrupa junto a un exorcista a varias personas con carismas y de gran vida espiritual y forman un equipo, entonces son como un ejército que los demonios temen como a nada en el mundo. Y en verdad puedo decir que nada temen más los demonios que a un equipo de gente de oración dirigidos por un exorcista con experiencia.

¿Se pueden desear dones exorcísticos?

Contentarse con lo que uno tiene, ese es el lema que debe regir el tema de los dones. Si uno tiene un don, que no pida más, ni siquiera los desee. Que uno no tiene ningún don extraordinario, pues que agradezca los dones ordinarios que posee. La ambición de dones, o incluso de un solo don, es como cualquier otra ambición. La gente no ambiciona la cruz, ni la vida ascética, ni los sufrimientos, se ambiciona lo visible, lo que causa admiración. La gente no suele ambicionar estar con Jesús en el Calvario, ni en el desierto, sino en el Tabor, en los grandes milagros. San Pablo dice que ambicionemos los carismas mejores, es decir, el amor, la esperanza, la fe.

La palabra de Dios en la Segunda Carta a los Corintios hace una sola excepción a este consejo, anima a que se pida un don, uno solo, y es cuando el Apóstol dice que si uno tiene el don de lenguas que pida también el don de interpretar lo que dice. Pero es una excepción ya que solo dice que lo pida el que ya tenga el don de lenguas.

Si bien, sí que se pueden suplicar a Dios dones extraordinarios si esos dones no van a ser vistos por los demás y por lo tanto no van a ser causa de admiración y por ende de soberbia. Por ejemplo, un exorcista podría pedir una luz sobrenatural para reconocer los casos ocultos. Pero debería pedir esa luz para recibir ese tesoro y ocultarlo.

Sobre este asunto de los dones jamás me olvidaré de lo que oí hace años por boca de una posesa. Yo llevaba orando todo el día a Dios para que me ayudara a comprender, pues había hablado con una mujer de mi equipo que tiene dones pero que me había dicho una cosa que no cuadraba para nada con la doctrina de la Iglesia. Y esa noche, en un exorcismo, una posesa que no sabía nada de mi conversación de la mañana, comenzó en un momento dado a reírse. Era el demonio que se reía de cómo influía en personas de mi equipo. Y después de reírse, dijo con burla, con un soniquete musical que nunca olvidaré:

"Una tiene llamamientos y lo deja todo. Hay engaños. El orgullo, el orgullo, el orgullo, el Diablo engaña, engaña a través de los dones, la gente termina creyendo que el don es suyo, termina olvidando que el don no es suyo, es un don de Dios. Y por ahí entran, cuando se creen que el don es suyo, y que por sufrir terminan teniendo ese don, y que ellos generan la luz. Tientan por ahí, tientan por ahí. Terminan hablando como si supieran más que los demás. Hablan como iluminados."

¿Cómo saber si un don es de Dios o del Maligno?

El tiempo es la mejor forma de discernir si algo viene de arriba o de abajo o de la propia mente. El discernimiento de algunos dones es tarea tan compleja que a un confesor o a un director espiritual le puede llevar semanas o meses llegar a una conclusión. Visto lo cual no deja de ser gracioso cómo algunos clérigos poco conocedores de esta materia lo disciernen todo con gran rapidez y sencillez basándose en tal o cual regla que han leído no se sabe dónde o les ha dicho no se sabe quién. Por ejemplo, si una persona que dice tener un don, les desobedece o desobedece a su superior, concluyen: imposible tener un don del Señor y ser desobediente. Pues bien, puedo asegurar que pueden coexistir verdaderos dones de Dios y verdaderos defectos. A veces los dones de Dios se dan para espolear a un alma a que salga de una vida tibia o pecaminosa.

En otros casos los dones son de nacimiento y pueden coexistir con una total falta de práctica religiosa. Es decir, una persona puede tener premoniciones o conocer cosas ocultas y, sin embargo, no acabar de comprender por qué tiene que ir a misa todos los domingos alegando que ella adora a Dios a su manera. Si esto puede sonar chocante, recuerden los escépticos leyendo el libro del Génesis que Balaam era un hombre que pecó gravemente (Dios le iba a castigar con la muerte) y, sin embargo, era hombre de verdaderos dones.

A veces los carismas otorgados por Dios a un alma están posteriormente impurificados por intervenciones del Maligno en medio de esos mismos dones. Por ejemplo, una mujer, cuyo caso examiné exhaustivamente durante años, tenía el don de ver a los demonios en los posesos, tenía don de profecía; pero, a veces, en ese don de profecía el demonio intercalaba mensajes falsos. Comprobamos fehacientemente que existía un verdadero don de profecía, pero al mismo tiempo no era un don seguro por la razón antes explicada. La persona que tenía el don veía una visión, la mayor parte de las veces era de Dios, pero en ocasiones esas visiones provenían de abajo. La persona simplemente veía visiones, pero no podía saber cuál era su origen. Le expliqué que si hacía cada día en la iglesia media hora de adoración ante la custodia expuesta, el Señor le iría limpiando de esa impurificación de los dones.

Esta señora era muy obediente y humilde, pero si en ella hubiera habido soberbia, entonces la mezcla de lo bueno y lo malo hubiera sido mucho mayor, y además hubiera sido mucho más difícil ver dónde acababa lo de arriba y dónde empezaba lo de abajo.

Desde luego en una persona que tenga vicios, los dones acaban por esfumarse. Pero no desaparecen de inmediato, sino que Dios da un tiempo antes de retirar definitivamente sus preciosos tesoros. Hay personas que tuvieron dones, se ensoberbecieron primero, cayeron en vicios después, y los dones de Dios desaparecieron lentamente siendo sustituidos poco a poco por dones del Maligno. Pues también los demonios pueden dar conocimientos de algunos sucesos del futuro, de hechos ocultos, incluso sanar algunas enfermedades, etc.

Es cierto que cuando nos llega un caso de supuestos dones para ser discernido, lo mejor es examinar la vida de la persona. Si es una persona de un gran amor a Dios y una fuerte vida espiritual, lo razonable es pensar que cualquier don que haya, sea de Dios. Pero no siempre las cosas están tan claras ni siquiera a ese nivel. Una persona puede ser muy ascética y de mucha oración, pero ser poco obediente o perder completamente la paz por asuntos de su comunidad religiosa. Es decir, no siempre resulta fácil determinar el grado de vida espiritual de un alma. Y si esto resulta difícil, mucho más determinar la relación que pueda haber entre la existencia o no de la santidad con la existencia o no de dones extraordinarios. Y muchos más complejo es el tema si los dones pueden venir de arriba o de abajo, o ser de Dios pero impurificados. Siempre es mucho más fácil determinar si alguien está poseso que no discernir la autenticidad de lo relativo con la mística.

Todo esto lo que nos lleva es a reconocer nuestra visión parcial de las cosas de este mundo, y nuestro limitado conocimiento de las cosas invisibles, con lo que nos vemos obligados a discernir con cautela, sin prisas y siempre dispuestos a abandonar todo prejuicio y a desandar un juicio previo que ya hubiéramos manifestado.

Para acabar de mostrar lo complicado que es discernir los dones místicos téngase en cuenta que un místico puede dar una respuesta y otro místico puede dar otra a la misma pregunta. ¿Puede contradecirse un místico con otro místico? Pues aparentemente sí, porque a lo mejor la respuesta de uno ha sido revelar la más perfecta voluntad de Dios y la respuesta del otro ha sido teniendo en cuenta las limitaciones de la persona que preguntaba.

En otros casos el místico tiene una visión y después tiene que traducirla a imágenes, con lo cual en la conversión a palabras puede introducirse algún elemento humano.

Anexo a la cuestión
Siempre se suele repetir que en este tema de los dones y de las apariciones hay que ser prudentes. Cosa muy cierta. Pero no olvidemos que la gama de *prudencia* es muy amplia: se puede ser poco prudente, prudente a secas, prudente en extremo y prudente hasta la necedad. Hay una prudencia llevada hasta el extremo que no conduce a nada. Se trata de una prudencia tan exigente, tan extrema, que es un modo simple de negar toda posibilidad de lo sobrenatural antes de comenzar ni siquiera a investigar los hechos.

La postura que muchos eclesiásticos siguen ante la posibilidad de una aparición o de un don místico es la de torcer el gesto como primera medida. Ante la mera posibilidad de la irrupción de algo extraordinario es como si lo más prudente fuera la de estar incómodo y manifestar claramente la incomodidad. Hay doctores en teología que les gustaría enseñar a Dios cómo tiene que hacer las cosas. Los mismos que se arrodillan a venerar a Santa Juana de Arco o el Padre Pío, son implacables con los hermanos contemporáneos de esos dos santos. Aunque lo de "arrodillarse a venerar" a esos santos es un decir, este tipo de teólogos suelen sentirse más cómodos ante un Dios que es más una fuerza, una energía, que un ser personal que le gusta intervenir en la historia.

Una aparición o un don, si es auténtico, es un regalo de Dios, no un problema que nos manda Él para agobio de censores, letrados y eruditos. Pero para muchos eclesiásticos de todas las épocas (esto no es un problema moderno) las revelaciones privadas acabaron con la muerte del último apóstol.

Despreciar los dones de Dios supone despreciar a Dios. La existencia de un don supone una acción directa de Dios.

Muy a menudo los que niegan la existencia de fenómenos demoniacos suelen ser los mismos que suelen negar la existencia de fenómenos místicos. Eso se debe a que algunos eclesiásticos desarrollan una visión racionalista de la fe. La religión se transforma en una moral y así hasta los mismos hechos bíblicos extraordinarios acaban siendo entendidos de un modo no literal. Uno se pregunta si para estos cristianos racionalistas el mismo Dios no acabará siendo más un símbolo que un ser personal.

¿Qué es el exorcismo bautismal?

El actual exorcismo bautismal, hay que decirlo claramente, no es un exorcismo. En tiempos lo fue. Pero hoy día es una mera oración de petición de protección dirigida a Dios. Pero lo esencial de un exorcismo es la conjuración del demonio. *Exorcismo* significa en griego "conjurar". Al único al que se le puede conjurar es al demonio. No se puede conjurar ni a Dios, ni a los santos, ni a los ángeles. Luego se mire como se mire el exorcismo bautismal no es un exorcismo. En tiempos sí que lo fue.

En las primeras generaciones de cristianos del Imperio Romano es muy posible que el exorcismo pasara a ser parte de la preparación de los catecúmenos adultos paganos al darse cuenta de que eran muchos los que padecían influencias demoniacas por haber participado en ritos de invocación de espíritus. En ocasiones esos exorcismos prebautismales se realizaban incluso cada día durante parte del tiempo del catecumenado.

La jerarquía de los ángeles

Si leemos toda la Biblia, hallaremos distintas jerarquías y tipos de ángeles. Reunidos todos esos tipos, grupos y clases se nos ofrece una relación de jerarquías angélicas que tradicionalmente se han enumerado de esta manera:
    serafines
    querubines
    tronos
    dominaciones
    virtudes
    potestades
    principados
    arcángeles
    ángeles

Durante años me he preguntado si esta enumeración era enumeración realizada según la gracia o según la naturaleza. Pues una fue la jerarquía en la que fueron creados y otra es la jerarquía de la caridad, entrega y fe que mostraron en la prueba antes de entrar a la visión de Dios. Es decir, una es la jerarquía de la naturaleza y otra la jerarquía de la santidad.

Dilucidar esta cuestión resulta más complejo todavía si analizamos uno a uno los versículos del Nuevo Testamento en los que estas categorías angélicas aparecen. Si las leemos, comprobaremos que san Pablo a la hora de enumerarlas unas veces cita más categorías y otras veces menos.

No tengo la menor duda de que la que usualmente conocemos como la lista completa de las jerarquías angélicas (la de los llamados "nueve coros") es el resultado de la unión de distintos tipos independientes de ángeles que nunca fueron designados con esos nombres para considerarlos "peldaños" de una escala general. Voy a tratar de explicarme. La primera jerarquización general simplemente dividiría con toda sencillez el mundo angélico en dos estratos:

    ángeles
    arcángeles

Es decir, en esta primera división lo que se nos dice es que hay ángeles que por su naturaleza están por encima de otros ángeles y que, por tanto, no todos son iguales. Después vendría una enumeración de distintos tipos de ángeles según san Pablo:

    tronos
    dominaciones
    virtudes
    potestades
    principados

San Pablo los menciona por parejas. No está queriendo afirmar que las virtudes están por encima de las potestades. O que las potestades están por encima de las dominaciones. Son nombres muy genéricos de los que poco se puede inferir. Quizá lo máximo que podemos deducir es que los tronos sean el grupo superior; y que, por debajo de ellos, vienen los principados; y, después, las potestades. Por último, el resto. Como mucho, eso es lo que podemos suponer de los nombres.

En el Antiguo Testamento, los nombres de las dos jerarquías más altas son:

serafines
querubines

Estas dos últimas jerarquías con sus nombres en hebreo nos indicarían que se trata de un grupo aparte.

Querubim etimológicamente signicaría "los próximos". *Serafim* provendría etimológicamente de una raíz que significa "consumir con fuego". En las enumeraciones de ángeles, en textos ya cristianos, se coloca tradicionalmente a los serafines por encima de los querubines.

Pero eso no está tan claro en los textos bíblicos. En los cuales, unas veces parece que la jerarquía más alta son los serafines, y otras veces parece que son los querubines. Ningún texto de la Biblia los menciona juntos. Unas veces se habla de los serafines, otras de los querubines. Lo más probable es que los querubines y los serafines son dos formas de desingar el mismo grupo: los más cercanos a Dios.

Concluyendo, las distinciones bíblicas entre grupos de ángeles no pretenderían conformar una jerarquía exhaustiva, sino dejar claro que hay distintos tipos de ángeles. Decir que san Miguel era un arcángel no significa que era un espíritu de la segunda jerarquía, sino que era un ángel más importante que los ángeles comunes.

Lo que llamamos los nueve coros de los ángeles son una enumeración misteriosa mezcla de otras listas mucho más complejas, cuyo sentido exacto solo es conocido por Dios, y que aquí solo podemos atisbar.

Durante años, me pregunté si la jerarquía que coordina a todos los demás ángeles del cielo es la jerarquía de la naturaleza o la de la santidad. Ahora estoy seguro, después de años dándole vueltas al tema, de que es la jerarquía de la santidad. La naturaleza es un mero pedestal para la sobrenaturaleza. Lo que realmente importa es la acción de la gracia en la naturaleza. Por eso María es reina de los ángeles. Los dones de naturaleza palidecen al lado de los dones sobrenaturales de la santidad.

¿Puede un servidor del mal liberar a un endemoniado de su posesión?

La respuesta es no. La expulsión de demonios es siempre una obra de Dios, como la curación de enfermos. Si bien es cierto que así como también los servidores del mal pueden producir pequeñas curaciones de enfermedades no muy importantes, así también en un poseso pueden provocar las remisión temporal de los síntomas por unos días o semanas.

Pero los demonios no expulsan a otros demonios porque entre ellos no se hacen la guerra. En Lc 11,20 Cristo afirma que expulsa demonios gracias al "dedo de Dios". Es su mano todopoderosa la que expulsa a los demonios. Y eso era entonces y es ahora un signo de que ha llegado el Reino de Dios a este mundo. Pero quede claro que un exorcista no puede ser servidor del mal porque Jesús dijo: ¿Cómo puede Satanás expulsar a Satanás? (Mc 3, 24).

Hay que hacer notar que un exorcista que es pecador sí que puede expulsar demonios de un poseso, porque es un servidor de Dios, aunque sea un servidor débil.

¿Qué son más importantes las obras o la oración?

En este libro se habla tanto de la importancia de la oración en el proceso de liberación de un poseso, se insiste continuamente en la trascendencia que posee la oración, que consideré que era conveniente recordar que la oración es solo un medio para lograr un fin que es llevar una vida lo más acorde al amor a Dios y al prójimo. La vida es el fin, la oración es un medio.

Sería preferible un hombre bueno que no hiciera oración, a otro que hiciera mucha oración y no fuera una buena persona. De ahí que si la oración no nos cambia la vida eso significa que debemos replantearnos si estamos haciendo bien la oración.

Hemos dado muchos consejos al poseso acerca de la oración, pero para su proceso de liberación será tan valioso como la oración el dar limosna, ayudar a un familiar que lo necesite, tratar bien a los que tiene cerca, etc, etc. No insistimos en enumerar obras porque se supone que en la oración Dios le dirá qué tiene que hacer. Pero recuerde la persona que la oración es un medio para obtener un fruto, y ese fruto son las obras. Según sean las obras, así podremos decir que es la oración.

¿Es posible que un espíritu aparezca en una fotografía?

Si hace años me hubieran preguntado esto, hubiera contestado con un rotundo no. Y hubiera añadido que el espíritu es inmaterial y por tanto no visible, con lo cual no puede aparecer en una fotografía.

Pero en mis manos, algunas ocasiones, han caído fotos de cuya autoría no me es dado el poder dudar. Feligreses míos que conozco desde hace muchos años me han mostrado fotografías hechas por ellos mismos en los que inequívocamente aparece reflejada la presencia de lo espiritual. Probablemente en esas fotos solo se plasma lo que Dios quiere para que tengamos fe en la existencia del más allá. Pues el espíritu por su propia naturaleza es invisible y sin la permisión de Dios ningún instrumento material puede reflejar su presencia. Hechas estas salvedades diré que en las fotografías pueden aparecer tres entidades espirituales:

LO DIVINO: sobre todo se dan en fotografías tomadas en lugares de apariciones marianas, fotografías en las que en ocasiones aparecen reflejos en los que se identifica una cruz, un cáliz, la silueta de la Virgen, etc.

LOS FANTASMAS: en ocasiones aparecen en forma humana, en otras como luces.

LO DEMONIACO: en ocasiones aparece la imagen borrosa, difuminada, de un ser monstruoso.

¿Se puede exorcizar a distancia?

Sí, se puede exorcizar a distancia pues las oraciones referidas a Dios, Él las recibe y puede aplicarlas en cualquier sitio. Y por otro lado el poder de atar y desatar se aplica al demonio esté donde esté ya que se trata de una operación espiritual.

Sin embargo, soy de la opinión de que el efecto del exorcismo realizado a distancia es menor. Pues el demonio una vez que toma posesión de un cuerpo usa los sentidos corporales de ese cuerpo. Y por tanto le atormenta todo lo que percibe a través de los cinco sentidos. De hecho, incluso estando presente el exorcista, no es lo mismo darle una orden mentalmente que darle la orden de modo que la perciba a través de ese cuerpo al que domina. El cuerpo en el exorcismo se convierte en el medio a través del cual le llega todo aquello que le atormenta y eso le debilita.

En un exorcismo que se hiciera a distancia o en silencio, esos lazos de posesión sobre el cuerpo se irían cortando, pero el demonio se podría mantener fuerte más tiempo.

Eso sin contar con que si el poseso está presente el exorcista al ver la reacción ante sus oraciones y acciones puede insistir en aquello que ve que más le atormenta.

Anexo a esta cuestión

Hoy día se sabe que Pío XII exorcizó a distancia a Adolf Hitler desde su capilla en el Vaticano. ¿Fueron útiles esos exorcismos? Sí. Por ese acto de potestad sagrada, los demonios tenían que alejarse de aquel dictador y quedaba una puerta abierta para que la gracia penetrara en él sin el obstáculo de la tentación demoniaca.

Pero si la persona no aceptaba esa gracia, los demonios volvían enseguida y volvían a formar como un escudo para que la persona no escuchara la voz de su conciencia.

¿Es lo mismo condenación que infierno?

No es exactamente lo mismo. Por condenación entendemos un estado personal, mientras que el concepto de infierno tiene la connotación de comprender la entera comunidad de los condenados y las relaciones que existen entre ellos. Ni siquiera los réprobos viven completamente separados e independientes entre ellos. Pues todo ser dotado de inteligencia y voluntad alberga dentro de sí el deseo de relacionarse con otros seres inteligentes.

Toda alma, como todo espíritu angélico, siente un cierto gusto en la comunicación con otros seres también dotados de entendimiento. Y cuando digo "comunicación" puede entenderse como "conversación". Puede parecer muy antropomórfico pensar que las naturalezas angélicas caídas quieran conversar, pero ciertamente hasta las criaturas más sublimes conversan.

No solo se comunican serios conocimientos, sino que también conversan. Pues ni la contemplación del universo inanimado, ni la contemplación del universo de los conceptos, ni el propio yo resultan suficientes para saciar ese deseo natural de conversación, de comunicación, la necesidad de que el yo se relacione con el otro.

Incluso aquí en la tierra vemos que los humanos malos siguen manteniendo relación con otros hombres malvados porque, aunque la falta de virtud sea fuente de roces y peleas, el hecho de comunicarse supone una satisfacción. Y dado que observamos que aquí en la tierra incluso los malos no cortan esa relación de comunicación, salvo en pocas ocasiones, vemos que el placer de lo uno compensa los sinsabores de lo otro. Comunicarse supone una satisfacción aunque sea con una persona poco virtuosa.

Si hubiera que poner un ejemplo que ilustrara esta situación pondría el ejemplo de unos ancianos en un banco de parque. Pueden llevarse muy mal, pero raramente se rompe totalmente esa relación como para que decidan no verse más y no hablarse. Lo mismo sucede entre los seres condenados.

Anexo a la cuestión
Esto ayuda a comprender por qué Dios mantiene en el ser a los condenados. Por un lado sufren, pero por otro la existencia, aun sufriendo, es preferible al no ser. Lo mismo que la compañía de dos hombres egoístas y carentes de virtud que se gastan jugarretas, ironías hirientes e insultos supone una compañía plagada de sinsabores. Así también la existencia de un condenado está plagada de sufrimientos, pero no exenta de algunos goces naturales. Hay en ellos sufrimientos que son constantes (el malo sufre por el modo que es él mismo, el único modo de abandonar ese sufrimiento sería abandonar su propio ser), pero otros sufrimientos van y vienen según los actos que ejerza la voluntad. En cualquier caso, ese sufrimiento constante no implica (como vemos en la tierra hasta con los hombres más perversos) que no haya algunos placeres no sobrenaturales.

Ese sufrimiento constante viene de que el malo continuamente ve el mundo y goza de él tal como es, según sus propios vicios: furia, celos, rencor, ambición, inquietud, etc. Durante la eternidad cada ser salvo o réprobo comprobará la verdad de la gran máxima OPERARE SEQUITUR ESSE (el obrar sigue al ser). Por eso Dios puso esta vida para aumentar el amor, porque lo dicho en esta cuestión para el sufrimiento del infierno es válido para el gozo en el cielo. Cada uno gozará según el amor que logró acumular en la tierra. Porque según ese amor y el resto de virtudes así seremos durante la eternidad y así veremos a Dios y gozaremos de Él.

¿Creó Dios el infierno?

No, el Creador no creó el infierno. No lo creó porque sin ningún condenado no existiría el infierno más que como concepto. Y dado que la condenación es en esencia un estado del espíritu, es evidente que Él no creó ese estado. Ese estado es obra de seres libres. Es imposible que Dios lo creara, porque significaría que Él podía crear un estado de tristeza eterna y sufrimiento en un ser personal, cosa que repugna a la bondad de Dios. Dios puede crear todo lo posible, pero no es posible que Él pueda crear el infierno pues Él no crea el mal. Dios no puede crear eso directamente y por un propio acto de su voluntad y seguir siendo bueno.

El infierno fue creado por los condenados, cada condenado ha creado su propio estado de sufrimiento interno y entre todos ellos han creado el conjunto de todos los condenados que denominamos infierno. Es importante dejar claro que el Altísimo no creó el infierno, pues la imagen de un Dios capaz de crear y mantener ese infierno sería espantoso.

¿Dios es el arquitecto del infierno?

Es maravilloso observar que Dios que es Padre no quiso desasistir ni siquiera a los que de Él quisieron alejarse. Y de este modo no los dejó perfectamente abandonados a sí mismos, sino que impuso una serie de leyes que rigieran tanto ese estado de abandono como esa sociedad de réprobos. De forma que, aun queriendo ellos vivir completamente dejados de la mano de Dios, al estar obligados a vivir bajo esas leyes esenciales encuentren un cierto alivio en su fuego eterno, una cierto bálsamo en su desesperación. Y ya que este alivio y este bálsamo no podían venir directamente de Él, pues

Él es para ellos una tortura, dispuso que al menos existiera una sociedad de réprobos. Es decir, una comunidad de seres personales que se comunican entre sí, intercambiando conocimientos, impresiones, sentimientos. Una sociedad de inicuos, sí, pero en la que los que son por naturaleza de más alta jerarquía pueden mostrar sus dones naturales a los inferiores. Una sociedad infernal en la que existen relaciones sociales, pues forman una verdadera sociedad. Sociedad formada por espíritus angélicos condenados y por seres humanos réprobos. Una sociedad que es inmaterial en los demonios, pero que es un lugar físico también después de la resurrección. Como se ve, se trata de una sociedad variada y compleja gracias a la misericordia de Dios. Pues, aunque le dejaron a Él, no quiso que cada ser condenado quedara solitario para siempre.

De todas maneras no se piense nadie que es esta sociedad como una ciudad animada y alegre. Muy por el contrario las relaciones se reducen al mínimo, pues cada uno vive sumido en la furia y la tristeza, y el trato con los otros no es exquisito, sino por el contrario lleno de continuos sinsabores. Pero aun así esa sociedad existe, solo que con las relaciones reducidas al mínimo. Es como una sociedad en hibernación. Como un cementerio en el que los muertos en el espíritu no tienen mucho interés en comunicarse entre sí. Pero por poco que lo hagan, la eternidad es muy prolongada y estas relaciones existen.

De todas maneras, aunque Él no crea el infierno, se observa que sí que existe una, digámoslo así, arquitectura del infierno. Pues ni siquiera el infierno es dejado totalmente al libre albedrío de los condenados angélicos y humanos. Podemos afirmar que hasta los abismos del infierno entran dentro del señorío del Señor, no suponen un vacío en el dominio del Señor. Hasta esos abismos son contenidos por la mano misericordiosa de Dios[4].

---

4 Esta cuestión como las dos anteriores fueron escritas en Roma el 28 de julio de 2004. *Sancte Petre, ora pro me.*

Sea dicho de paso, y sin que tenga relación con la cuestión, el día anterior ocurrió que un capuchino (que no me conocía) frente al edificio de la Congregación de Obispos me dijo: "Tres cosas se necesitan para ser obispo: ser de sexo masculino, tener el doctorado o la licenciatura, y un "diablo" que te lleve". Así como lo oí, así lo transcribo, tal como lo escuché, así lo refiero. Él, que no sabía nada de mí, me preguntó con sorna si yo tenía algún diablo. Le respondí con toda seguridad que sí, que tenía muchos.

¿Podía haber hecho Dios el infierno peor?

Como mera cuestión teológica uno puede imaginar un infierno peor, es decir, un infierno en el que los condenados no puedan comunicarse entre sí, un infierno en el que se suspendan ciertos dones naturales y no pueda existir una sociedad infernal, etc. Pero no tengo la menor duda de que Dios mantuvo todos los dones naturales de los condenados y redujo el sufrimiento de cada uno al mínimo sin añadir nada más de lo estrictamente necesario por el ser de las cosas.

Es decir, en el infierno cada uno sufre según es, según los vicios y pecados que configuran su propia psicología, pero doy por seguro que Dios no ha añadido ningún sufrimiento más. Es decir, hablando de la arquitectura del infierno, el infierno contiene todos aquellos sufrimientos que es imposible quitar de su seno, pero ninguno ha sido añadido por la mano de Dios. Esto concuerda muy bien con la bondad infinita de Dios. La Trinidad es buena hasta con los condenados.

Hay cosas que ni el Omnipotente puede cambiar. Por ejemplo, el puede perdonar, pero no puede forzar el amor. Por poner un ejemplo de algo que no se puede cambiar: el amor es imposible forzarlo, no es un acto de mera creación, es algo libre. Uno ama o no ama, pero no se puede agarrar a nadie por el cuello y gritarle "¡Ámame!". Hablar de una amnistía general de los condenados es no haber entendido cuál es la esencia de la condenación.

Hay aspectos de la condenación que Dios puede cambiar a voluntad y otros no. Existe una arquitectura esencial del infierno que se basa en el ser de las cosas. Pero hay otras reglas y leyes que rigen el infierno y que dependen de la voluntad del Omnipotente. Por ejemplo, es imposible estar condenado y no estar triste, es imposible estar lleno de pecados durante toda la eternidad y no sufrir por ello. Pero Dios sí que determinó el que los condenados pudieran comunicarse entre sí, o que no perdieran todos los dones de su naturaleza. Como se ve hay aspectos que dependen del ser de las cosas y están regidos por la lógica; otros aspectos dependen de la voluntad del Creador. Así, por ejemplo, Dios creó las leyes de la física, pero no las de las matemáticas. Las leyes de la física son como determinó la voluntad de Dios, pero Dios simplemente conoció desde toda la eternidad las leyes de las matemáticas. Porque las leyes de las matemáticas dependen de la lógica y ni Dios puede cambiar la lógica. Ni el mismo Dios que creó todo el cosmos puede cambiar el hecho de que 1+1=2. Ese resultado es así porque es verdad, no por decisión alguna de nadie[5]. La lógica no es creación de Dios, y eso es válido tanto para las matemáticas como para algunos de los pilares esenciales e inconmovibles por los cuales el infierno se sostiene.

Así Dios concedió a los demonios que aunque le hayan perdido a Él, al menos puedan distraerse con el conocimiento de la ciencia que pueden adquirir, y les impide que puedan torturarse unos a otros más allá de cierto límite, les concede el placer de la conversación, de las relaciones sociales y de enseñarse unos a otros partes de esa ciencia conocida con su naturaleza angélica. Puede parecer poco placer este, el del conocimiento, pero incluso aquí en la tierra algunos hombres en las universidades dedican una vida entera con fruición a estudiar la historia del Imperio Romano o las matemáticas.

¿Existe un cierto paralelismo entre los fenómenos místicos y los diabólicos?

Sí, es algo ciertamente curioso el paralelismo tan grande que hallamos entre los fenómenos descritos en los libros de los místicos y los fenómenos preternaturales que produce el demonio en sus posesos.

Muchas veces la gente me ha preguntado si Dios puede poseer a alguien. Con el tiempo me he dado cuenta de que el éxtasis es la antítesis de la posesión. En ambos casos se pierde la consciencia y el uso del propio cuerpo. Tanto las personas en éxtasis como en trance son usadas a veces para que hable a través de ellos otro ser, santo o demoniaco. En ambos fenómenos se puede producir la levitación. Alrededor de místicos y posesos se pueden producir

---

5 Eso es válido incluso en el caso de que después de complicadas operaciones matemáticas el resultado verdadero sean dos números (uno negativo y otro positivo, como sucede a veces), en ese caso la solución verdadera son esos dos números.

olores agradables (a rosas, a perfumes) o en el caso del poseso desagradables (a azufre, a algo corrompido).

Tener una visión puede provenir tanto de Dios como del demonio, ambos pueden producir tal fenómeno. Dios puede producir estigmas, el demonio produce a veces rasguños en el cuerpo del poseso (y alguna vez hasta estigmas). El Espíritu Santo da a algunos el don de lenguas y el don de interpretar lenguas. También el demonio hace hablar lenguas desconocidas, asimismo el poseso entiende cualquier lengua. El don de profecía es un don del Espíritu Santo, pero también los pseudoprofetas pueden profetizar de parte del demonio. El santo puede recibir el don de curar, algunos brujos pueden recibir también poder de curar pequeñas enfermedades. La mirada del santo es especial, como especial es la mirada del hombre endemoniado, ambos a veces pueden penetrar las cosas ocultas de aquel a quien miran.

¿Por qué hacer espiritismo es pecado?

Cuando me formulaban antes esa pregunta, respondía que cuando uno hace espiritismo siempre vienen los demonios. Ahora, después de años en esta materia del exorcismo, me doy cuenta de que pueden venir también almas condenadas en el infierno o las almas del purgatorio que vagan por el mundo, las que más abajo están, las que vagan en la oscuridad, sobre la superficie de la tierra, y no han entrado todavía en el purgatorio común.

Es pecado hacer espiritismo porque cuando uno llama a un alma de un difunto en una sesión espiritista, en realidad, puede venir un demonio que puede poseer al que lo invoca o que puede engañarle al hablar haciéndose pasar por un pariente. Y los engaños contra la fe que puede sembrar un espíritu, acerca de temas concernientes al más allá, pueden hacer un mal muy grande.

Por lo tanto, la razón por la que hacer espiritismo es pecado son esos riesgos en los que una persona se pone voluntariamente y sin razón alguna. Pero no lo es porque siempre venga el mal. El mal del espiritismo es la peligrosa vía que uno abre cuando invoca la manifestación de esa dimensión de las entidades espirituales.

Por lo tanto, no es lícito hacer espiritismo porque el que lo hace se pone voluntariamente en un grave peligro. Lo malo es el peligro y no porque se trate de un acto intrínsecamente malo el querer conocer qué hay en el más allá. Y que el hecho —llamar a los espíritus—, en sí mismo considerado, no es algo intrínsecamente malo se ve en que el profeta Samuel se manifestó en una sesión espiritista tal como afirma la Biblia en el pasaje de la pitonisa de Éndor (I Samuel 28). El espiritismo es un canal que se abre, si el canal hubiera sido algo intrínsecamente malo el profeta no hubiera accedido a hablar a través de ese canal. Pero, aunque el canal en sí mismo no sea malo, sí que es malo que un humano abra esa puerta que no le es lícito abrirla por el peligro que conlleva. Si la puerta no fuera peligrosa, Dios no nos prohibiría abrirla.

Los mediums son canales para los espíritus. El problema es que a veces se quedan dentro y no salen. Un poseso es un canal permanente para el demonio. La persona posesa ya no puede dejar de ser canal para la manifestación de ese espíritu maligno.

Conclusión: no es que Dios se oponga a que conozcamos lo oculto, sino que nos prohíbe que lo conozcamos por un medio que 1º o nos mezclará errores, o 2º nos puede destruir la vida al no poder cerrar ese canal cuando se produce la posesión.

Anexo a la cuestión
En el texto bíblico del libro de Samuel en ningún versículo se dice que el profeta se apareciera visiblemente al rey Saúl. La pitonisa entró en trance y fue ella la que le vio, el profeta habló a través de la pitonisa en trance.

Además ella vio el alma del profeta como las ven las personas que ven almas: con figura humana y vestidas. Por eso la nigromante cuando es preguntada con qué figura lo ve, responderá: *Es un anciano que sube y está cubierto con un manto* (I Sam 28, 14).

Los urim y los tumim.

Bien entendido el tema del "canal", se entiende mejor por qué Dios permitió el uso de los urim y los tumim en el Antiguo Testamento. Parecería que estos instrumentos son una contradicción con la doctrina general expuesta respecto a la prohibición del uso de instrumentos y métodos para comunicarse materialmente con el mundo espiritual.

Pero estos instrumentos de oráculo sí que se podían usar porque eran un medio, un canal, para comunicarse con Yahveh y solo con Yahveh. Se podían usar porque Él había permitido usarlos, y por lo tanto no podía interferir en ellos el Maligno porque Yahveh no lo iba a permitir.

Es decir, si no se permite usar instrumentos para contactar con Dios, los ángeles o los difuntos porque es peligroso y puede intervenir el demonio, sí que se permitió el uso de los urim y los tumim porque por orden de Dios los demonios no podrían interferir en las respuestas. El razonamiento para permitir un método y prohibir los otros es lógico.

Pero en la sabiduría de Dios, aunque concedió este medio para atender a la necesidad psicológica de conocer respuestas en momentos de angustia, no permitió que se conociera ni la forma ni el aspecto que tenían, ni cómo se utilizaban. Dios no permitió que se consignara en las páginas sagradas de la Biblia cómo eran y qué procedimiento había que seguir, para evitar toda tentación de uso por parte de quienes no tienen ya permiso para ello.

Pues los urim y los tumim eran como el libelo de repudio, una concesión a la debilidad humana. Esa necesidad humana por conocer las respuestas divinas de un modo visible, llega a producir angustia si no se satisface. Y en medio de la angustia era mejor que aquel pueblo primitivo y no muy avanzado en los caminos espirituales tuviera un escape legítimo y permitido a que se fueran a buscar las respuestas por medios ilegítimos.

Fue un medio permitido en el pasado pero que no quería que se utilizara en cuanto el Pueblo de Dios progresara en el conocimiento de Dios. El verdadero oráculo de Dios, donde se han de buscar las respuestas, es la oración. En la oración habla verdaderamente Dios. Yahveh Sebaot comunica al alma sus respuestas en la oración de un modo tan real y verdadero como cuando se comunicaba a través de esos medios. Pero los seres humanos, a veces, sobre todo en momentos de angustia, sentimos un hambre terrible de respuestas visibles y concretas. Y no nos quedamos satisfechos con que la respuesta de Dios sea que esperemos o que su respuesta sea su silencio. A veces la respuesta a nuestras preguntas es "espera", también lo es su silencio, el silencio de Dios, es una respuesta. Nunca es lícito querer quebrantar el orden de Dios tratando de arrancarle una respuesta. No solo no es lícito, sino que nunca accederemos al conocimiento de la mente de Dios a través de esos atajos ilegítimos.

Lo dicho acerca de los canales da luz acerca de los sueños proféticos de los cuales aparecen no pocos en la Biblia. El problema de los sueños aparentemente proféticos es que en sí mismos no llevan un sello que nos digan si vienen de Dios o de la inspiración del demonio. En sí mismos considerados son un canal ambivalente, un medio que podría ser utilizado por entidades buenas o malas. Son los resultados los que mostrarán su procedencia.

Además, si los sueños aparecen como consecuencia de realizar esoterismo o invocaciones, serán un medio usado por el Maligno. Pero si vienen espontáneamente, pueden provenir de inspiración de los ángeles. Y si los sueños con mensaje o proféticos aparecen tras un gran aumento de la vida de oración y amor a Dios, todavía tendremos más razones para pensar que ese canal está siendo utilizado por el Bien. Esta explicación es válida de modo general para el discernimiento de todo don divino que use medios que por su naturaleza pueden ser canal de comunicación (o de simple manifestación) tanto del bien como del mal. El criterio dado sirve tanto para una locución, visiones, etc., etc.

¿Puede un ángel poseer a alguien?

Lo mismo que la corporalidad de los humanos puede ser usada como canal para la manifestación de los espíritus malos, igualmente esa corporalidad podría ser usada como canal para manifestación de los espíritus buenos. Sin embargo, el fenómeno no sucede de forma idéntica en uno y otro caso. El demonio está deseando quitar la libertad, los ángeles no quitan la libertad.

Hay reconocidos místicos a lo largo de la historia que han dado mensajes de parte de Dios en estado extático. Algunos de ellos, ni en ese momento extático ni después de salir del éxtasis, han sido conscientes de lo que había dicho el ángel, la Virgen o Dios a través de ellos.

El cuerpo de un místico puede ser usado como canal de manifestación del mundo angélico porque el místico consiente. Si no deseara ser instrumento de Dios, dejaría de serlo. Dios no fuerza a nadie.

Hay que hacer notar, de paso, que la mayor parte de las personas que han sido usadas para entregar mensajes de Dios o de ángeles, son perfectamente conscientes del mensaje que están dando. Pero ha habido otros casos en que se han dado en estado extático. Y en esos momentos el cuerpo, la voz, son usadas como instrumento de seres angélicos, son en definitiva canales para entregar un mensaje.

Pero no podemos hablar de posesión, porque no se trata de un estado permanente. El que posee algo lo posee permanentemente, no a ratos. No es dueño de algo el que solo lo tiene en su poder un rato. Del místico que actúa de ese modo hay que decir que en ese momento es instrumento de Dios.

Cuando se entiende este asunto de los canales usados por el mundo espiritual, uno comprende que las personas que usan las cartas del tarot, la bola de cristal, el reiki, el péndulo, están usando objetos que pueden ser instrumentos para la acción de los seres malignos. El péndulo, por ejemplo, no tiene en sí nada de diabólico, pero puede ser usado como instrumento de los demonios, pues ellos pueden interferir en su uso.

Incluso en las personas que utilizan con la mejor de las voluntades ciertos objetos para canalizar energías, los demonios pueden interferir. Por eso en tantas personas que trabajan con energías he encontrado influencias demoniacas cuando han venido a mi parroquia. Aun suponiendo que existan esas energías, los demonios encuentran, por esos métodos, medios para intervenir.

La persona que lee el tarot con mucha experiencia ciertamente ve cosas. Y no es porque las cartas le digan algo, sino que espíritus le sugieren esas cosas, le sugieren en la mente esas interpretaciones cuando está viendo esas cartas. La sucesión de las imágenes de las cartas es aleatoria, pero la interpretación que haga la va a hacer bajo esas sugerencias invisibles. De ahí que la pitonisa que lee el tarot afirme que las cartas le hablan.

Lo mismo se puede decir de todos los modos de adivinación: posos de té, bola de cristal, etc. El método es lo de menos. Pero si pudiéramos ver el mundo invisible, veríamos que distintas entidades espirituales se colocan al lado del adivino para sugerir, para introducir interpretaciones a partir de lo que el adivino ve. Por eso algunos a veces adivinan de forma tan concreta y certera. Pero como los demonios no son entidades buenas, a veces hacen errar tan claramente al adivino para su vergüenza.

Aunque no todos los adivinos invocan a estas entidades, hay que tener en cuenta que el mero hecho de practicar la adivinación basta para que vengan. Los demonios se acercan allí donde se practica cualquier forma de adivinación, bien sea adivinación del futuro o de lo oculto.

Lo mismo sucede con la astrología, la cual supone un mero método de proporcionar elementos al adivino para interpretar. En sí mismos esos elementos son vanos, no son portadores de ninguna información acerca del futuro, pero en la medida en que estén más abiertos a interpretación dan más posibilidades a los espíritus para sugerir al astrólogo.

¿Hay manifestaciones de difuntos en la Biblia?

Como si de un símbolo se tratara, hay dos manifestaciones de difuntos en la Biblia, solo dos. La primera es ilícita, aparece en I Sam 28, cuando la pitonisa de Éndor abre un canal ilícito a través del espiritismo pues evoca el espíritu de un difunto.

La segunda manifestación de un difunto se da en el monte Tabor, cuando en la Transfiguración se aparece el alma de Moisés. Pero Jesús no abre ningún canal ilícito, simplemente se manifiesta el alma de Moisés. Lo mismo ha sucedido muchas veces a lo largo de la historia: cuando el alma de un difunto se aparece sin que nadie la invoque, entonces eso depende de la permisión de Dios y no debemos preocuparnos pues será algo que tendrá que ser permitido directamente por Dios.

Nosotros no podemos llamar a las almas de los difuntos para que nos hablen. Pero si ellas mismas espontáneamente lo hacen, no debemos preocuparnos. Si nos fijamos en que solo haya estas dos manifestaciones de difuntos en la Biblia tiene un gran carácter simbólico: una manifestación a través de lo esotérico, otra a través de un canal lícito permitido por Dios. Como si la Biblia quisiera enseñarnos que las intervenciones de los difuntos en nuestro mundo pueden venir por una o por otra vía.

¿Por qué Jesús llama serpientes y escorpiones a los demonios?

Les llama así para compararlos con esos animales que son sigilosos, silenciosos, se esconden (bajo una piedra pueden aguardar taimados el tiempo que haga falta), viven pegados a la tierra (símbolo de los apegos a las cosas mundanas) y sobre todo albergan un veneno en su interior, un veneno que producen ellos mismos y que están siempre dispuestos a inocularlo en los demás. Son depredadores de sangre fría, no muestran ningún tipo de cariño (como todos los reptiles), no es posible domesticarlos.

Además hay muchos tipos de serpientes y de escorpiones, símbolo de los distintos tipos y clases de demonios. El mismo Leviatán (Satán), que es descrito por la Biblia con el aspecto de una gran serpiente, sería el jefe de las serpientes demoniacas. Mientras que el Beemoth (Lucifer) que es descrito como monstruo terrestre sería la máxima jerarquía de los escorpiones.

Ya que en esta cuestión hablo del paralelismo entre la zoología y la demonología, no puedo dejar de decir algo de la mangosta. Y cuando explique las características de este animal no podremos menos que admirarnos de las sorprendentes similitudes entre ambos ámbitos, el zoológico y el espiritual. La mangosta es un pequeño mamífero que es el único que puede gloriarse de alimentarse de serpientes y cobras. Todos los mamíferos temen a las cobras, los más grandes también, sabiendo que lo único que pueden hacer contra ellos es alejarse. Esos grandes mamíferos son como los santos que por grandes que sean, se alejan del peligro, y obran sabiamente. Por eso las cobras devoran a los pequeños mamíferos, símbolo de los que no tienen gran santidad. No obstante, la mangosta es un animal que no solo no rehuirá el combate con la cobra, sino que además en cuanto se encuentren cara a cara, la cobra sabe que no saldrá con vida. Es un animal diseñado por la naturaleza (por la mano de Dios) para combatir a ese depredador ponzoñoso y traicionero. Y en sus genes tiene lo necesario para realizar con éxito ese enfrentamiento. Los cristianos deben alejarse del demonio, pero el exorcista tiene el encargo de enfrentarse a él. Aunque la mangosta sería no solo símbolo del exorcista, sino más bien del exorcista que se dedica a este ministerio de forma regular, del que lo ejerce toda una vida y adquiere sabiduría en ese combate. Y de forma más precisa podríamos decir que la mangosta, cuadrúpedo que no está dotado de gran belleza, sería perfecto símbolo del exorcista que tiene un llamamiento de Dios para ese ministerio y que ha recibido dones para ejercerlo.[6]

El combate entre una mangosta y una cobra es espectacular. En cuanto el pequeño carnívoro ve una serpiente venenosa, empieza a dar vueltas con suma rapidez en torno de esta, saltando de acá para allá y con todo el pelo erizado, hasta abultar doble de lo que es. La serpiente trata de morderle, pero entre los saltos y la defensa que constituye la masa de pelo, no consigue hincarle en el cuerpo los garfios venenosos, y en cambio, la mangosta en un momento de descuido del reptil, salta sobre él y le parte el cráneo de una dentellada. Lo notable, sin embargo, no son los detalles de la lucha, sino la intrepidez, decisión, rapidez y suma destreza con que el animalejo ataca a tan peligroso enemigo.

La mangosta lucha de un modo peculiar, el más adecuado para su enemigo. Pues allí la fuerza y los músculos contra un ser venenoso son inútiles. Un error grave de la mangosta supondría la muerte, del mismo modo que si el demonio inocula su veneno en el exorcista y le hace abandonar el buen camino también supondría la muerte de su alma. El veneno puede ser la lujuria, la vanagloria, etc.

---

6 Dicho de otro modo, la mangosta sería símbolo del exorcista. Pero si observamos más atentamente el simbolismo inherente a ella, habría que decir que refleja más perfectamente al exorcista *ad ministerium*. Y si profundizamos todavía más, veremos en ella un símbolo perfecto del que tiene una vocación dada por Dios a este ministerio y que por ello Dios le ha concedido dones para ejercerlo.

La investigación ha demostrado que la mangosta es tolerante a pequeñas dosis de veneno de cobra, pero que no es inmune a él. El exorcista no es inmune a la tentación del demonio, ni a otros tipos de sus ataques. Pero sí que es inmune a ciertas dosis de tentación que a otros les harían perder la paz o caer en el nerviosismo, la intranquilidad y finalmente en la ansiedad o la obsesión. Las mangostas salen casi siempre victoriosas por su rapidez, agilidad y cronometraje, pero también por su grueso pelaje. Todo esto es símbolo de la protección de Dios y de la rapidez para esquivar al momento, al segundo, la tentación. Ya que si se deja que penetre un poco, hará su efecto y se perderá la agilidad para esquivar nuevas mordeduras.

No olvidemos tampoco que el veneno de cobra es mortal, pero en dosis pequeñas es medicinal y beneficioso. Lo mismo pasa con el conocimiento de la demonología para la gente normal y los sacerdotes no exorcistas, dosis adecuadas son beneficiosas. Más allá de cierta medida se convierte para algunos en una obsesión.

La mangosta sabe que no acabará con todas las cobras, pero las mantiene alejadas de su territorio, por eso una mangosta en un jardín asegura la tranquilidad de sus habitantes.

Siguiendo los símiles que la naturaleza visible nos ofrece, se podría decir que si la mangosta es símbolo del exorcista, el águila sería símbolo de San Miguel que alado desde el cielo se abate desde las alturas y con sus garras aprisiona al reptil. No hay antítesis mejor que estos dos mundos de estos dos animales, uno el mundo de las alturas límpidas, de los cielos luminosos, el otro la tierra y los escondrijos bajo las piedras. Los sapos, culebras no venenosas y demás animales repugnantes serían símbolo de los seres espirituales deformes por sus pecados pero que no llegan a tener el veneno demoniaco en su ser, serían esos seres símbolo de aquellos que todavía no han llegado al extremo de fabricar veneno para dañar con él a otras criaturas.

¿Cuál es el centro del exorcismo?

El exorcismo debe estar centrado en Dios. No debemos olvidar que en el exorcismo bien hecho el 90% del tiempo debemos estar centrados en Dios, es decir dedicados a darle gloria, a pedirle que libere a la persona, a leer la Biblia, a pedir la intercesión de la Virgen María, los santos y los ángeles. Si en un exorcismo el 90% del tiempo debemos dedicarnos a Dios y lo que hace referencia a Él, solo el 10% (y aún menos) debemos dedicarnos a conjurar al demonio, es decir a ordenarle que salga, a romper el poder que tenga sobre ese cuerpo, a preguntarle su nombre, cómo entró o qué hay que hacerle para que salga.

Ya que si desde el comienzo del exorcismo nos dedicáramos solo a ordenarle que saliera o a tratar de obligarle a que respondiera a nuestras preguntas, eso sería como dar cabezazos contra una pared. Pues si no está debilitado, no lograríamos nada.

Primero hay que debilitarle con la oración y la adoración dirigida a Dios. Después habrá que tantear si ya está debilitado, ordenándole brevemente a que bese un crucifijo o a que repita alguna alabanza a Dios. Después de tantearlo, si obedece, se puede pasar a la parte exorcística propiamente dicha. Pero si el demonio todavía se mantiene firme y no obedece, habrá que seguir debilitando su fuerza con la oración dirigida al Señor o a sus santos y ángeles. Después de otro rato, se le debe volver a tantear. Y si ya no puede más y cede a las órdenes, entonces es cuando ya se entra en la parte final del exorcismo. La parte anterior a la orden que hará el sacerdote y que le obligará a salir. Obrando sin prisas según estas fases (primero adorar y orar, después interrogar y conjurar), el demonio caerá como un fruto maduro.

Pero recuerde el sacerdote antes de cada sesión a todos los asistentes que el exorcismo es un acto de oración. Que está allí para pedir a Dios, para glorificarle viendo, una vez más, el poder de su brazo.

¿Hay casos de posesión entrelazados?

Más de una vez me he encontrado con algunos casos de posesión en que para que se produjera la liberación había que hacer algo en concreto. Y si no se hacía justamente esa cosa, la posesión no llegaba a su fin. Eso sigue una lógica, pues si la posesión ya de por sí es una enseñanza divina, a veces en la liberación Dios quiere dar otra enseñanza: por ejemplo, en ocasiones puede querer recalcar el poder de las reliquias; en otro caso, Dios quiere incidir sobre todo en los beneficios de la adoración a la Eucaristía; en otro, en la importancia de la devoción a María, etc.

Una vez me sucedió descubrir que la liberación de una persona estaba ligada a la liberación de otra. Pues uno de los posesos dijo *motu proprio* que podía ayudar a la liberación de una mujer que estaba allí si asistía al exorcismo de ella y oraba por esa mujer durante el exorcismo. Se lo permití y ambos quedaron liberados en la misma sesión con diferencia de pocos minutos.

En otro exorcismo también quedó claro que debíamos rezar por dos casos concretos a la vez; o, para ser más exactos, que cada uno de los posesos debía rezar por el otro. El primero rezaba por el segundo; y cuando exorcizábamos al segundo, el primero oraba por el segundo.

Decimos que estos dos casos estaban entrelazados por su liberación, ya que en su origen no tenían nada en común, ni tampoco después habían tenido una relación ni de parentesco, ni de amistad, ni nada.

En el primer caso de entrelazamiento, lo descubrimos porque un poseso con total seguridad dijo que debía orar por la otra persona por la que sabía que se iba a rezar esa tarde, y lo dijo de tal modo que tanto el padre del poseso como yo mismo tuvimos la sensación de que estábamos escuchando algo que procedía de Dios, no de una imaginación suya. Los resultados demostraron que estábamos en lo cierto y ambos casos (que llevábamos exorcizando desde hacía medio año) quedaron liberados esa misma noche.

El otro caso de casos entrelazados (permítase la redundancia de la expresión) lo descubrimos cuando orábamos por ambos posesos la misma mañana, pero en capillas diferentes, y sin embargo la voz a través de uno de los posesos nos advirtió de la conveniencia de que rezáramos por ellos juntos. Y vimos que el efecto del exorcismo era muy superior.

¿Qué hacer si el exorcismo entra en un punto muerto?

Una de las más desesperantes situaciones a la que puede enfrentarse un exorcista es la del punto muerto. Esta situación se presenta cuando se tiene total seguridad de que una persona está posesa y, sin embargo, después de un cierto número de sesiones, el demonio deja de manifestarse en los exorcismos de forma absoluta.

El exorcista sabe que el demonio está dentro de la persona, que no ha salido, y por más que uno insista en una sesión, por más fe que ponga en las oraciones y ritos, el demonio no da el más mínimo signo de estar ahí. Es como si todos los objetos sagrados, como si todas las plegarias a Dios, carecieran de fuerza no ya para hacerlo salir, sino incluso para que se manifieste.

Esta situación de calma chicha durante el exorcismo puede durar horas enteras o incluso semanas. Lo que pretende el Maligno es desanimar al exorcista, a los familiares y al poseso. Hay que insistir, a veces durante meses. Meses en los que durante el exorcismo solo hay alguna manifestación del demonio muy de vez en cuando, una vez cada varias sesiones. Y cada manifestación de pocos minutos.

Pero desde luego una vez que uno está seguro de que alguien está poseso, no se debe cejar en el empeño por más que el demonio se oculte. Antes o después el demonio se manifestará y será un signo del debilitamiento del poder que tiene sobre el poseso. Si es posible, en esos casos, conviene que ore otro exorcista con experiencia, a veces un demonio puede resistir la fuerza espiritual de un exorcista y no poder resistir la de otro.

A veces Dios permite que haya una manifestación demoniaca muy clara, muy concluyente, en las primeras sesiones para que el exorcista no se deje engañar por la calma que se pueda producir en las siguientes sesiones. La perseverancia es el único consejo que se puede dar. Perseverar y pedir luces al Señor.

Aun así, lo peor que puede pasarle a un exorcista es encontrarse con un muro. La tentación de desánimo es muy grande. La duda de pensar que todo puede ser psicológico en el poseso es fortísima por más claras que fueran las manifestaciones de los primeros días. Es en estos casos donde un equipo experimentado es una ayuda insustituible. Considerar los casos entre todos, escuchar todas las opiniones, supone un apoyo y una seguridad en el juicio mucho mayor que si uno confía solo en sus propias fuerzas y juicio. Es en estas situaciones donde el sacerdote siente su limitación de tal modo que aprende, de nuevo, por más años que lleve en el ministerio, que el exorcismo no es algo automático, que no es llegar y hacer que el demonio salga. Cada exorcismo es un don de Dios. Sin Dios nada podríamos. Cuando uno se topa con estos muros aprende, una vez más, esta lección de humildad.

¿La maldición es como un maleficio?

No, en la maldición se desean males pero no se invoca a nadie para que haga esos males. Una cosa es un deseo y otra una invocación. La maldición por tanto no provoca ningún mal sobre la persona a la que se maldice.

Sin embargo, la Biblia claramente dice en muchos lugares que si el oprimido maldice a su opresor, Dios escuchará su maldición y acabará castigando al opresor. Pero el que maldice sin tener la razón de su parte, no hará ningún daño con su maldición.

La Palabra de Dios nos enseña cómo hay acciones que atraen la bendición de Dios y actos que atraen la maldición del cielo. Mucha gente se pregunta si determinadas desgracias que suceden a los muy pecadores son un castigo de Dios o no. Nosotros no podemos juzgar pues nuestro juicio es muy limitado. Pero debemos creer a la Biblia cuando nos repite una y otra vez esta doble lección de la bendición y la maldición. Esto es válido tanto a nivel personal, familiar o colectivo. Y se debe meditar cuando vemos enfermedades, accidentes, desastres naturales o guerras. No podemos juzgar, pero sí que debemos reflexionar acerca de esos hechos a la luz de lo que se nos muestra en la Biblia. Pues la interconexión entre bien, mal, frutos positivos, frutos negativos, voluntad de los hombres y voluntad de Dios es constante. Por lo tanto, no debemos nunca juzgar, pero sí que es bueno que reflexionemos acerca de la infinidad de conexiones que tiene todo lo que hay en este mundo. Y la Biblia es clara: el bien atrae la bendición divina, el pecado es causa de todo tipo de males.

¿Recibe algún beneficio el laico que ayuda en un exorcismo?

Ya se explicó en otra cuestión que el demonio trata de vengarse del exorcista y de los que han ayudado en un exorcismo haciendo alguna cosa para asustarles y que no vuelvan a prestar ese servicio. Pero del mismo modo que esto es cierto, también es cierto que el que ayuda en un exorcismo recibe un beneficio. Nunca he olvidado algo que hace muchos años me dijo una anciana muy dedicada a obras de caridad durante toda su feliz vida. Lo que me dijo fue: TODO EL QUE AYUDA AL PRÓJIMO RECIBE UNA GRACIA.

Esto también es válido para el exorcista y para todos los que le ayudan. Cada exorcismo supone una gracia invisible para el alma del que está allí por amor a Dios y al prójimo. Mientras se esté allí con rectitud de intención, mientras se preste este servicio solo por esa razón y no por otras menos puras, el exorcismo supondrá un indudable beneficio para todos y cada uno de los integrantes del equipo de exorcismo. El exorcismo supondrá una enseñanza, un acto de caridad, una acción sagrada.

Y no nos olvidemos que el exorcismo es ante todo un acto de oración. De ahí que para el que lo practica le hace el beneficio de la oración. Antes de empezar una sesión de exorcismo que vaya a durar toda la mañana, muchas veces le digo al equipo al empezar: muchas cosas van a pasar en esta mañana (gritos, blasfemias, calma total, mensajes del demonio) pero ante todo no olvidemos que vamos a pasar una mañana de oración.

Otra cosa que les digo es: yo tengo el deber de exorcizar, de dirigirme al demonio, de conjurarle, pero vosotros solo tenéis que concentraros en la oración. Entendido así el exorcismo no cansa, no fatiga, no tiene efectos negativos, solo positivos.

¿Cuál es el número máximo de exorcismos que puede hacer un exorcista a la semana?

Siempre he enseñado que lo ideal es que el exorcista no dedique más de tres mañanas a la semana a exorcizar. Y sigo manteniendo tal cosa. Pues dedicarse solo al ministerio del exorcismo supone un empobrecimiento, es preferible que un pastor realice más tareas a imitación de Jesús. Pues tampoco sería bueno que un sacerdote solo y exclusivamente hiciera funerales, o bautizos. Pero dejando claro esto, es verdad que ha ocurrido que en naciones enteras solo había un exorcista y que por más que el exorcista ha pedido que se nombrara a más, no se le ha concedido eso durante años.

En esos casos de necesidad hay que recordar que si el exorcismo se practica del modo dicho arriba, como un acto de oración, sin tensión alguna, como un acto de amor, sin agobio alguno, disfrutando del acto sagrado. Entonces no hay ningún cansancio por dedicarse a este ministerio día tras día durante años de forma intensiva. Pero el sacerdote debe tener muy claro que nunca debe acortar sus ratos de oración personal por realizar los exorcismos. Por grande que sea la necesidad pastoral, si el sacerdote descuida su alma, no podrá ayudar a nadie más. Dedicarse de modo intensivo a este ministerio supone ante todo imponerse unos horarios y ser muy disciplinado en ellos. También el descanso forma parte del plan de Dios.

¿Existe alguna oración para discernir si alguien está poseso?

Una de las preguntas que muchos sacerdotes se hacen es si existe algún tipo de rito o algún tipo de oración escrita para hacer que un demonio se manifieste en un poseso, y no se oculte. La respuesta es que el ritual no ofrece ninguna oración, ni rito, con este fin. De manera que cada exorcista puede usar las oraciones que la experiencia le haya enseñado que han dado buen resultado. De todas maneras, se ofrece a continuación una serie de oraciones para forzar al demonio a salir de su ocultamiento, un rito un poco largo pero que no pocas veces es necesario pues los malos espíritus pueden ocultarse muy bien. Este rito incluye tres series de tres elementos: *actio, Verbum, coniuratio*. La Palabra de Dios tiene una fuerza especial, en este caso suplicamos a Dios con su Palabra. Antes de la súplica aplicamos un gesto cuyo simbolismo y poder desagrada en extremo al demonio. Y por último conjuramos al demonio a que salga de esa persona.

Oración para discernir si alguien está poseso

[Después de haberse hecho la señal de la cruz y de pedir, humildemente, al Señor su ciencia y su ayuda para discernir, procédase a leer con mucha concentración las tres fórmulas siguientes]:

Fórmula I
Asperger con agua bendita a la persona.

El Señor es mi pastor, nada me falta:
en verdes praderas me hace recostar;
me conduce hacia fuentes tranquilas
y repara mis fuerzas;
me guía por el sendero justo,
por el honor de su nombre.
Aunque camine por cañadas oscuras,
nada temo, porque Tú vas conmigo:
tu vara y tu cayado me sosiegan.
Preparas una mesa ante mí,
enfrente de mis enemigos;
me unges la cabeza con perfume,
y mi copa rebosa.
Tu bondad y tu misericordia me acompañan
todos los días de mi vida,
y habitaré en la casa del Señor
por años sin término.

Acabado el salmo, se le ordena al demonio:

En el nombre santísimo de Jesús, te ordeno que te manifiestes. Por el poder del Padre, del Hijo y del Espíritu Santo, te ordeno a ti, espíritu maligno, espíritu impuro, que te manifiestes.

Habla, en el nombre de Dios. Por mi autoridad sacerdotal, te conjuro en el nombre del Dios vivo a que abandones este cuerpo.

Fórmula II
Hacer cruces sobre la cabeza, lentamente, con devoción, bien con la mano, bien con un crucifijo.

Señor, escucha mi oración;
Tú, que eres fiel, atiende a mi súplica;
Tú, que eres justo, escúchame.
No llames a juicio a tu siervo,
pues ningún hombre vivo es inocente frente a ti.
El enemigo me persigue a muerte,
empuja mi vida al sepulcro,
me confina a las tinieblas
como a los muertos ya olvidados.
Mi aliento desfallece,
mi corazón dentro de mí está yerto.
Recuerdo los tiempos antiguos,
medito todas tus acciones,
considero las obras de tus manos
y extiendo mis brazos hacia ti:
tengo sed de ti como tierra reseca.
Escúchame en seguida, Señor,
que me falta el aliento.
No me escondas tu rostro,
igual que a los que bajan a la fosa.
En la mañana hazme escuchar tu gracia,
ya que confío en ti.
Indícame el camino que he de seguir,
pues levanto mi alma a ti.
Líbrame del enemigo, Señor,
que me refugio en ti.
Enséñame a cumplir tu voluntad,
ya que tú eres mi Dios.
Tu espíritu, que es bueno,
me guíe por tierra llana.
Por tu nombre, Señor, consérvame vivo;
por tu clemencia, sácame de la angustia.

Acabado el salmo, se le ordena al demonio:

En el nombre santísimo de Jesús, te ordeno que te manifiestes. Con la intercesión de San Miguel y de nuestros ángeles custodios, con la intercesión de la Santísima Virgen María, te pido Padre que obligues a este mal espíritu a que salga de este hijo tuyo.

Por el poder de la Santísima Trinidad, rompo toda atadura que poseas sobre este cuerpo, rompo toda atadura que tengas sobre esta persona. Por mi autoridad sacerdotal, te conjuro en el nombre del Dios vivo a que salgas ya.

Fórmula III
Se puede ungir con algún santo óleo la frente de la persona.

Desde lo hondo a ti grito, Señor;
Señor, escucha mi voz;
estén tus oídos atentos
a la voz de mi súplica.
Si llevas cuenta de los delitos, Señor,
¿quién podrá resistir?
Pero de ti procede el perdón,
y así infundes respeto.
Mi alma espera en el Señor,
espera en su palabra;
mi alma aguarda al Señor,
más que el centinela la aurora.
Aguarde Israel al Señor,
como el centinela la aurora;
porque del Señor viene la misericordia,
la redención copiosa;
y él redimirá a Israel
de todos sus delitos.

Acabado el salmo, se le ordena al demonio:

En el nombre santísimo de Jesús, te ordeno que te manifiestes. Te conjuro por el Dios vivo, por el Dios tres veces santo, por el Dios de los Ejércitos a ti, espíritu maligno, espíritu impuro, a que te manifiestes.

Habla, en el nombre de Dios. Por mi fe en Nuestro Señor Jesucristo te ordeno que abandones este cuerpo.

El exorcista ante la ley penal

El exorcista que realice su ministerio en un país secularizado deberá aceptar con humildad la debilidad de su situación ante la ley penal cuando sea acusado injustamente. Por más prudente que sea, tendrá que trabajar sabiendo que en cualquier momento puede ser denunciado ante los tribunales de justicia por intromisión en el campo psiquiátrico.

Defender su ministerio ante un juez resultará muy penoso. Sin duda alguna, en un país completamente secularizado los enemigos de la religión lo primero que atacarán será el exorcismo, alegando que se trata de una actividad que atenta contra la salud pública, contra la salud mental. Por eso el exorcista debe actuar en su ministerio con prudencia pero sin ningún miedo. Debe realizar su ministerio mientras le sea posible. Como dijo Nuestro Señor: debe caminar mientras haya luz.

Caminemos sin miedo mientras nos lo permitan, a sabiendas que los enemigos de la fe lo primero que arrancarán de la Iglesia será el ministerio del exorcismo bajo la excusa de defender la salud pública. Estoy convencido de que en la Europa actual cada vez más rabiosamente contraria a toda religión, el exorcismo tiene sus días contados. Por eso en un continente en el que el poder del demonio aumenta de día en día, una de sus más acariciadas victorias será lograr suprimir el exorcismo.

El poseso ante la ley penal.

Hay que reconocer que un tribunal no puede eximir a alguien de la culpa penal por un delito cometido bajo la excusa de que estaba poseído por el demonio. Un tribunal debe juzgar el delito y, en todo caso, aplicar un atenuante que equivalga a la enajenación mental transitoria.

Si no se obrara de esta manera, tendríamos que demostrar que alguien estaba o no poseso. Demostrar eso ante un tribunal sería una tarea de una complejidad tal que nos debería hacer desistir de emprenderla; salvo quizá casos concretos. Además, si alguien mata a alguien en estado de posesión es porque su voluntad participa de ese pecado. Si la voluntad resistiera totalmente, el demonio no podría llegar a semejante extremo.

El exorcista ante la ley canónica.

Qué se puede hacer si un sacerdote se encuentra ante un poseso y en su diócesis se niegan a dar permiso para exorcizar a nadie? El caso más duro para la conciencia que se podría dar sería el de un sacerdote que ya era exorcista, y exorcista con experiencia de años, y que ante la llegada de un nuevo obispo a la diócesis se le retira el permiso porque a partir de entonces se considera que no existe la posesión, y se decide que no se va a dar permiso a nadie para exorcizar en ningún caso.

¿Qué debería hacer el hasta entonces exorcista en ese caso, no habiendo ningún exorcista en centenares de kilómetros a la redonda? Es un caso extremo. Además de ser un caso extremo, desearía que fuera hipotético; aunque los deseos no bastan.

En fin, el sacerdote ante todo debe obedecer al obispo, así como debe obedecer a la ley canónica. Pero por otro lado su conciencia sufre porque ve el padecimiento enorme de ese poseso. A veces hay casos en que dejar a la persona sin exorcismo durante una semana puede suponer la diferencia entre la vida y la muerte.

El sacerdote podría denunciar el caso a la Congregación del Culto Divino y Disciplina de los Sacramentos. También podría poner el caso en conocimiento del nuncio en ese país. Pero seguir estos caminos supone aceptar que se tardarán semanas en obtener algún tipo de respuesta.

A veces, después de la espera, el resultado puede ser una contestación en la que se responda que se tomará todo el interés que el caso demanda. También me gustaría que esta respuesta fuera hipotética. Pero los deseos no bastan.

¿Qué contestación debo dar ante la cuestión que acabo de plantear? ¿Es que acaso podría yo sugerir la desobediencia? ¿Debo, por el contrario, aconsejar que siga sufriendo un ser humano para que el ordenamiento canónico no sufra menoscabo?

La solución que aconsejo es poner en conocimiento esta situación ante la Congregación del Culto Divino, pero al mismo tiempo rezar oraciones privadas por ese hermano necesitado, y rezarlas en grupo, comunitariamente, para que Dios envíe su ayuda directamente. Si rezando rosarios, leyendo partes de la Biblia y pidiendo a Dios con súplicas que ayude a esa persona, se liberara la persona entonces si alguien quiere echarle la culpa a alguien que se la echen a Dios.

En ningún caso aconsejo ni la desobediencia, ni la rebeldía, ni la crítica. Sino orar a Dios para que sea Él mismo el que desbloquee una situación tan delicada.

Esta solución es la más adecuada, pues de lo contrario siempre habría curas iluminados y visionarios que verían posesiones donde no las hay y se considerarían justificados para hacer exorcismos contra la obediencia. Pero por otro lado, tampoco hay que dar una respuesta taxativa que lleve a una situación en que los fieles sean los que tengan que pagar la santidad de un ordenamiento canónico cuyo fin primero es la caridad, cuyo fin es el bien de los fieles.

Así que la respuesta es clara: si un poseso se libera con rosarios, lecturas de la Biblia y oraciones dirigidas a Dios, entonces es que esa liberación era voluntad de Dios. Y a nadie se le pueden prohibir las oraciones privadas, es decir, aquellas que cualquier fiel puede hacer sin que el ordenamiento canónico pida permiso alguno.

¿Puede un católico ir a que le exorcicen grupos protestantes?

El que un católico se separe de la Iglesia Católica es un gravísimo pecado. La mayor parte de los hermanos separados están de buena fe en sus sectas, bien por haber nacido en ellas, bien porque tenían poca formación y fueron seducidos. Por eso nuestro amor a la Santa Iglesia Católica no nos lleva a no amar a los hermanos separados. Por el contrario no tenemos ningún inconveniente en reconocer las cosas buenas que hay ellos.

Pero el que amemos a nuestros hermanos separados, no impide que reconozcamos que Jesús fundó una sola Iglesia, y la única y verdadera Iglesia que nos ha llegado desde los tiempos de los Apóstoles es la Santa Iglesia Católica. Por tanto un católico no debe ir a grupos de oración protestantes, y mucho menos a otros grupos de oración no cristianos. Esos grupos harán un gran bien a nuestros hermanos que no están en comunión con la Iglesia, pero pondrán en peligro de perder la fe verdadera a aquellos católicos que se acerquen a ellos.

¿Qué está permitido y qué no en la oración de liberación?

Esta materia está regulada por el canon 1172 del Código de Derecho Canónico, por Carta de la Congregación para la Doctrina de la Fe del 29 de septiembre de 1985 y por el prólogo del Ritual de Exorcismos de 1999. El resumen más esencial de lo que allí se contiene es el siguiente:

1. El exorcismo solo lo puede realizar el sacerdote con permiso expreso del ordinario del lugar.
2. Los laicos al hacer oraciones de liberación solo pueden dirigirse a Dios, no al demonio, ni para preguntarle, ni para ordenarle que salga.

A eso se tendría que añadir que la mente de la Congregación es que en los grupos no se ore para expulsar al demonio, salvo que haya alguien debidamente autorizado para orientar la oración.

De todas maneras es necesario observar que, mientras el obispo del lugar no disponga otra cosa, los laicos pueden hacer oración de liberación. Es decir, pueden en sus grupos pedir a Dios que les libere de toda tentación, acción e influencia del demonio. Y eso lo pueden pedir respecto a la diócesis, respecto a una comunidad en concreto o respecto a una persona individual.

No existe un ritual para hacer oración de liberación. En esencia, en la oración de liberación se pide a Dios que libere a alguien (o un lugar) de la influencia que allí pueda haber del maligno. Para ello se pueden improvisar súplicas a Dios o leer oraciones privadas si se tienen escritas, uno puede leer salmos, cantar cánticos religiosos, rezar el rosario o rezar en lenguas. La oración de liberación puede ser breve o larga, ser hecha por laicos, o por laicos y sacerdotes, improvisada o siguiendo algún tipo de esquema u oraciones ya escritas.

¿Cómo un grupo de laicos puede saber si alguien necesita oración de liberación?

Si la oración es breve, por ejemplo unos pocos minutos, tampoco importa mucho saber si alguien precisa o no de liberación. Se ora a Dios, y si esa persona necesita algo del Altísimo (tenga o no que ver con el demonio), Él sabrá lo que tiene que concederle.

Pero en los casos en que la oración se va a prolongar no ya dos o tres minutos, sino diez minutos, un cuarto de hora, o incluso más, es preciso que haya signos de que existe una necesidad de una oración tan específica. Tiene que haber una clara sospecha de una intervención demoniaca, para hacer una larga oración de liberación. Es decir, los problemas deben hacernos sospechar que hay una intervención no natural. Debemos evitar ver demonios en todos los problemas, en todos los pecados. Todo el mundo no necesita oración de liberación, del mismo modo que no todo el mundo precisa de sanar recuerdos dolorosos de su vida pasada, ni todo el mundo tiene heridas emocionales.

¿Los grupos pueden orar de forma ordinaria por los casos de influencia demoniaca?

Lo primero que hay que distinguir es entre posesión e influencia demoniaca. En la posesión, el demonio posee un cuerpo, lo mueve, habla a través de él, hace que caiga al suelo en medio de convulsiones. En la influencia demoniaca, existe una cierta influencia (a veces difícil de precisar), pero que no llega a la posesión: la persona solo siente molestias físicas cuando se ora por ella, ganas de vomitar, opresión sobre la cabeza, etc.

Dejando clara esta distinción, sí, los grupos de oración, pueden orar por los casos de influencia demoniaca para expulsar de ellos los demonios siempre que haya alguien autorizado por el obispo para que dirija la oración. Los fieles cristianos tienen perfecto derecho a orar a Dios para que libere a sus hermanos de toda atadura del mal, pero dada la complejidad del tema y lo delicado que es para la fama de la Iglesia, se pide que haya una persona autorizada.

Una vez que la presencia de alguien autorizado legitima esas oraciones, no importa si esa influencia demoniaca es segura o dudosa, puesto que la comunidad ora a Dios para que le libere de lo que haya de maligno, y si no hubiera nada la oración en ningún caso es infructuosa.

¿Debe el obispo intervenir si un grupo alcanza mucha fama y va muchísima gente a ser liberada de influencias demoniacas?

Hay ocasiones, en que algunos pastores se han asustado ante la afluencia masiva de personas con influencias demoniacas a grupos o personas que han alcanzado gran fama. Algunos pastores, ante el hecho de la notoriedad, se sienten en la necesidad de hacer algo, y ese algo suele ser impedir. Lo importante no es ni la cantidad de gente que va, ni la fama que han alcanzado, sino si los demonios son expulsados y la gente ayudada.

Mientras el grupo o la persona autorizada hagan las cosas con prudencia, con orden y sin ningún tipo de desviación, no hay ninguna razón para intervenir.

Una vez más repito que el obispo tiene derecho a intervenir, a prohibir, a imponer normas, pero si las cosas funcionan, no hay que ceder a las tentaciones y murmuraciones que el mismo demonio trata de esparcir entre el clero para que se detenga una labor que tanto daño le hace.

La idea de que de la oración de liberación solo puede ocuparse lícitamente el exorcista, es errónea. El Código de Derecho Canónico lo único de lo que habla es del exorcismo sobre posesos. Y la carta del 24 de septiembre de 1985 de la Congregación para la Doctrina de la Fe en ningún momento dice que la oración de liberación sea una mala práctica, ni que sea exclusiva de los sacerdotes. La oración de liberación es una oración que puede ser perfectamente laical.

Nunca insistiré suficientemente en la necesidad de obedecer siempre y sin excepción a la jerarquía. Pero en algunas diócesis buena parte del clero está fuertemente influido por tesis racionalistas y se oponen a que ningún sacerdote sea nombrado para realizar exorcismos. Y mucho menos a que haya grupos de oración que oren por esa intención. En el caso de una curia que prohíba en toda la diócesis la oración de liberación y que no autorice absolutamente a nadie, siempre queda el recurso de orar a Dios o la Virgen. Los laicos (y si es posible algún sacerdote) se pueden reunir y rezar por ejemplo el rosario o salmos. Y si con oraciones genéricas que no piden la expulsión de ningún demonio, se liberara alguien, entonces habría que echarle la culpa a Dios.

Al clero racionalista, que ciertamente existe en ciertos lugares, hay que decirles que ya es triste que no crean las enseñanzas de nuestro Redentor. Pero que ni siquiera crean las obras del Reino de Dios que suceden aquí y ahora, resulta bastante grave, porque estamos hablando de la acción de Dios; y eso es algo muy serio.

Cuando veo los efectos de la oración y de la fe, ¿cómo puedo yo hacer que alguien se sienta culpable por el hecho de que Dios lo esté usando como su instrumento de liberación? Si Dios no quisiera respaldar las obras de esa persona, no actuaría a través de ella. Porque el que libera es Dios a través de ese ser humano. Aun así, a todos los que hasta ahora han actuado de buena fe sin autorización realizando oraciones de liberación, hay que decirles que pidan ese permiso al obispo.

Lo mismo vale para la sanación. Si un hombre, sea quien sea, cura a los enfermos, eso es signo de que Dios está con él. No significa que sea santo el instrumento humano, pero el hecho de que cure o libere implica que Dios quiere usarlo como instrumento. Ya que es Dios quien usa a quien quiere. Y en el momento en que quiera dejar de usarlo, no habrá más curaciones. Aun así hay una diferencia radical entre la oración de liberación y las de sanación, y es que no se requiere autorización previa para orar para que alguien se sane.

Por lo tanto, obediencia total, y dentro de esa sumisión a los pastores pedid la autorización para hacer oración de liberación. Mi mensaje es claro y nada ambiguo: ¡liberad a los hijos de Dios de las ataduras del maligno!

No quiero dejar de mencionar el hecho de que este asunto de los laicos haciendo oración de liberación, aparece en el Evangelio. No es que nos tengamos que preguntar qué nos diría Jesús si esta cuestión de la oración de liberación se le planteara, pues de hecho se le planteó. Un hombre hacía exorcismos y los Apóstoles se lo prohibieron. Y el Maestro les dijo *no se lo prohibáis*.

Con esto no estoy diciendo que no se deba obedecer, con esto no estoy diciendo que a veces no haya razón suficiente para prohibírselo a alguien. Al recordar aquí este texto evangélico solo estoy afirmando lo que el texto dice, sin necesidad de añadir ni una palabra más, pues su enseñanza es tan clara que no requiere glosa alguna.

¿Pero qué pasa si en un grupo se produce demasiado espectáculo con las liberaciones?

Algunas liberaciones producen mucho espectáculo, mucho estruendo, alaridos, violencia, convulsiones, ¿por qué? Porque Dios así lo quiere. Si Dios quisiera que los demonios salieran de un modo silencioso y discreto, así sería. Pero las cosas son como Dios ha dispuesto. Y eso constituye un *spectaculum Dei*, un espectáculo de Dios que aumenta la fe, que nos recuerda la existencia del demonio, que nos refuerza la convicción del poder de la oración. Es el demonio el más interesado en que esa derrota suya se oculte a los ojos de todos lo más posible. *Las obras de la Luz buscan la luz.*

Aun así, los que dirijan un grupo de oración hagan lo posible para que todo discurra con dignidad, sin dar la menor impresión a los presentes de que eso se ha convertido en un espectáculo terreno, en una oración que busca el aplauso de este mundo. La oración de liberación es un misterio en el que todo debe ser dispuesto con prudencia buscando que quede clara la honorabilidad de esa oración. De lo contrario se convertiría en fuente de confusión y de burla por parte de los no creyentes. Pero cuando en alguno de mis viajes, en celebraciones multitudinarias, he hecho una breve oración de liberación sobre la multitud –una breve oración deprecativa a Dios– y los posesos han comenzado a aullar (a veces más de catorce a la vez), aquello me ha sonado a música celestial. ¿Acaso no resulta algo maravilloso ver cómo se retuercen los demonios al no poder resistir la fe de una multitud que ora? Para mí, para los millares de personas presentes, siempre que ha pasado eso, ha supuesto una maravillosa lección el ver a los demonios tener que manifestarse, tener que salir de sus escondrijos, y encima tener que pedirnos una y otra vez que cesásemos de orar. El que sucedan escenas como esa es un signo de que el Reino de Dios ha llegado.

¿Puede un demonio estar en dos lugares a la vez?

Un demonio no está en todas partes. Solo Dios es ubicuo. Pero sí que un espíritu puede actuar en dos lugares simultáneamente. Un sacerdote puede exorcizar a alguien poseso por Satán en un país, y otro sacerdote exactamente en el mismo momento puede estar exorcizando en otra parte del mundo a otro poseído por Satán. Y Satanás podría hablar por la boca de ambos posesos y proferir cosas distintas. ¿Cómo es esto posible? Voy a poner un ejemplo y después daré la razón teológica que dejará claro el mecanismo para que esto pueda suceder. Imaginemos que con mi mano izquierda hago una y otra vez un círculo en la arena y al mismo tiempo con la derecha, a un metro de distancia, trazo líneas en zigzag sobre un papel. Si una hormiga situada a un centímetro de mi mano escribiendo sobre la arena pudiera comunicarse por teléfono con otra hormiga situada cerca de mi mano derecha, dirían que es imposible que yo esté actuando en dos lugares a la vez. Y sin embargo es posible. Ellas difícilmente podrían entenderlo dado su campo visual.

Del mismo modo, cuanto mayor es el poder de una naturaleza angélica caída, mayor posibilidad hay de actuar en dos o más lugares exactamente en el mismo instante. Satanás, incluso, podría actuar en muchos lugares en el mismo momento. Nosotros tenemos dos manos, pero cuantas más manos tuviéramos en más lugares podríamos actuar de acuerdo a la visión de una hormiga. El poder de Satanás le permite poseer a muchos posesos simultáneamente. Y el formidable poder de su naturaleza le permitiría hablar a distintos exorcistas en distintos lugares.

Pero este poder no es ilimitado, el demonio puede actuar simultáneamente solo de acuerdo a las posibilidades de su naturaleza. No está en todas partes, ni conoce todo.

¿Cuáles son los tres peligros mayores del exorcista?

Aunque existen peligros menores, los peligros mayores del exorcista son tres:

La dura persecución: Se puede pensar que el exorcista si es criticado y no apoyado por sus superiores, se hará más santo en el sufrimiento. Y así es, a menos que esa presión le destroce. El exorcista puede resistir bien las críticas de los hermanos sacerdotes por duras que sean mientras sienta el apoyo de su obispo, pero si el obispo le mantiene en el cargo pero le retira su confianza, entonces antes o después el exorcista se acabará enterando. Si la presión le destroza, acabará revolviéndose contra todos y contra todo. Es un error pensar que en esta lucha siempre vence la virtud. A veces sí, a veces no. El exorcista puede quedar inutilizado por el desprecio de los superiores.

La secreta soberbia: Las alabanzas, el agradecimiento, el ir aprendiendo más y más, pueden ser causa para que nazca la soberbia en el corazón del exorcista. De su corazón pueden surgir estos tres venenos del alma: la vanidad, el orgullo y el egoísmo. De estos venenos se tienen los dos primeros indicios cuando comienza a tratar con más dureza y menos paciencia a los posesos, y cuando uno tiene su juicio por infalible porque uno considera que ya tiene muchos años a sus espaldas y el que llega nuevo acaba de empezar. Índice inequívoco de que la soberbia ya está en el corazón del sacerdote es cuando uno no quiere explicar a un colega exorcista algo bajo la excusa de "tú no lo ibas a entender".

El afecto no recto de las posesas: Para una mujer que ha estado viviendo un tormento tan grande en su mente y en su cuerpo, pasar a encontrar un ángel de Dios que le trate con amor, es como pasar del infierno al cielo. De ahí que alguna mujer sin darse cuenta puede pasar del mero agradecimiento a un afecto no recto al sacerdote que le ayudó. No voy a decir que haya que nombrar exorcistas feos, pero desde luego el que sean jóvenes es muy peligroso. Y si son guapos, entonces que aparezcan los problemas es una mera cuestión de tiempo.[7]

---

[7] El autor de estas líneas nunca se ha considerado feo. Pero ya se ve que la calva, las gafas, la sotana y mi cara han alejado de mí este peligro totalmente. Remitiéndome a los hechos veo que el

¿Si Dios es infinitamente misericordioso porqué los condenados son torturados eternamente?

No casa muy bien la idea de un Padre Bondadoso con la imagen de un Dios que persigue al culpable por toda una eternidad. Y aunque los predicadores siempre han tratado de convencer de la trascendencia de un pecado grave, resulta bastante difícil de entender un castigo eterno para ofensas limitadas de una criatura frágil. Un Ser bondadoso cuyo comportamiento con los débiles es de añadir desgracia a la desgracia ofrecería una imagen de ser implacable. Estos conceptos predicados por algunos pastores con buen fin se han solidificado en una realidad monstruosa que poco casa con el amor del que nos hablan los que han tenido la vivencia de atravesar el túnel de luz en estados de muerte corporal.

Para tratar de comprender este nudo gordiano de un Dios bondadoso y de un Dios que resultaba implacable vengador (según algunos predicadores) poco servían los razonamientos tales como el de Santo Tomás de Aquino cuando nos decía que "Dios no se complace con las penas de los condenados por ellas mismas, sino que se complace en el orden de su justicia, que exige esto" (S.Theol, q87, a4, ad 3).

Este enrevesado nudo queda desatado y resuelto entendiendo lo dicho anteriormente: el infierno es el alejamiento de Dios perpetuo por propia decisión. La condenación es en esencia apartamiento, no tortura proveniente de un Dios que quiere vengar eternamente la ofensa que se le ha inferido. Es la conciencia de cada uno la que tortura a cada condenado.

El infierno es no-salvación, el infierno es negatividad, no es una acción positiva de Dios para satisfacer un ideal de Justicia, el infierno es lo que Dios no quiere, aquello que nunca debería ser de ninguna manera, ni bajo ningún pretexto, insisto no es una acción

demonio ha encontrado verdaderamente imposible prender la pasión en ninguna de las víctimas suyas a las que he atendido. De forma que de este peligro hablo de forma especulativa y no porque haya tenido que rechazar ni a una sola solicitante para pecar en materia del sexto mandamiento. Hablo de solicitantes bellas, no cuento algunos casos de mujeres que no supusieron el más mínimo peligro. Hago esta aclaración porque lo vivo de mi explicación podía hacer pensar que hablaba *in experientia* , cuando en realidad hablo *in abstractione*.

positiva de Dios.[8] Lo trágico del infierno no está en una acción de Dios, sino que radica en la pérdida de lo que supone la aceptación de esa elección demoniaca. Pérdida que claro está, se mide por la grandeza de lo perdido: la salvación. Sin duda el mayor tormento de los demonios es el amor de Dios. Y si Dios les amara más, más les atormentaría. Si Dios amase menos, el condenado sería menos torturado por el odio.

El gran tormento del infierno es conocer lo que han perdido. No es el único tormento, pues hay otros muchos que provienen de la acción de la perversión en un mismo, y de la interacción entre los réprobos. Pero en vano encontraremos una tortura enviada por Dios en todo el Averno. Dios nada tiene que añadir a aquellos que han decidido tener su destino apartados de Él.

Esta visión del infierno es muy esclarecedora para la vida espiritual, pues algunos dejan de hacer el mal únicamente por miedo al castigo, pero en eso mismo se delata que no sabe lo que es la salvación. La salvación es algo mucho mayor, mucho más noble, mucho más maravilloso que un mero no ser encerrado en una caverna de llamas. La salvación no es un mero no condenarse, el estado beatífico sí que supone recibir una acción directa divina sobre el alma.

Los teólogos deben releer ciertos sermones de siglos pasados purificándolos de su lógica punitiva y juridicista que hacía tan inhumanas y tan antidivinas esas teorías. Aunque cierto es que algunas almas terriblemente rudas y endurecidas en el pecado precisan de predicaciones excesivamente simples. Yo mismo que escribo estas líneas, entiendo que a veces para alejar del mal a un alma muy perversa y con muy poco entendimiento hay que usar a veces de expresiones que en sí mismas pueden resultar poco matizadas. Pero que, aunque estén poco matizadas, pueden resultar las más adecuadas al entendimiento de la persona concreta que las va a escuchar. Pero, por muy pastoral que desee ser uno, no debemos olvidar que no podemos hacer injusticia al Nombre de Dios. Un nombre que, ante todo, hay que asociarlo al amor.

---

8 Las únicas acciones positivas de Dios en relación al infierno son solo para suavizar la brutal condición en la que sus moradores se han colocado.

¿Deben los predicadores predicar el miedo al infierno?

El centro de la predicación de un apóstol de Cristo es el amor de Dios y el amor a Dios.

La mejor predicación que se haya dado nunca del Reino de los Cielos es la de Nuestro Señor Jesucristo en los tres años que estuvo sobre la tierra. Y ciertamente Él predico también acerca del infierno y lo hizo con las imágenes más terribles. Lo ideal es que la gente deje de pecar por amor a Dios, pero es mejor que dejen de pecar por temor al infierno que no que se alejen del Padre Eterno más y más sin ningún temor de Dios. Es mejor escapar del infierno por temor, que ir al infierno sin temor.

¿Cuál es el paralelismo entre la oración y el maleficio?

Nada hay mejor para comprender cómo opera la influencia del maleficio que entender en profundidad lo que es la oración. Ambas acciones (orar a Dios por el bien de otra persona o invocar al demonio para perjudicarla) supone ejercer una influencia sobre la persona (una divina, otra demoniaca), ninguna de las dos es determinante, ninguna de ellas destruye la libertad.

El maleficio hace que vayan demonios a esa persona para tentarle a hacer el mal, la oración logra la gracia para incitar a esa otra persona a hacer el bien. Pero hay diferencias esenciales: la primera diferencia es que **solo Dios puede actuar en el centro del alma**, y la segunda diferencia es que **nada se puede hacer contra lo que decida Dios**. Es decir, solo la oración puede actuar en el entramado de causas que llevará a efectos muy distintos, además una oración puede dejar sin eficacia cualquier maleficio, simplemente por un acto de voluntad de Dios. Pues no son dos fuerzas iguales que luchan, Dios tiene la última palabra y pone límites y dice "ya basta".

Este paralelismo es válido para el maleficio que busca no solo la tentación sino males físicos. La oración puede buscar no solo la conversión, sino también bienes físicos, familiares o económicos. Pero en la confrontación entre el maleficio y la oración es Dios quien tiene la última y definitiva palabra.

¿Qué sucedería si una sociedad se corrompiera íntegramente?

La corrupción íntegra, de forma perfecta, total, de una sociedad es imposible. El mal siempre existe en el bien, como una deformación del bien. De forma que siempre debemos hablar de cómo el mal ha avanzado más o menos en el bien, pero no de que el mal haya triunfado de forma total y absoluta.

Por otro lado, una sociedad humana (en este mundo) sin virtud no podría sobrevivir, se colapsaría. Mucho antes de que el mal llegara a ser perfecto, el funcionamiento de esa sociedad se tornaría imposible. El límite más allá del cual una sociedad se derrumba necesariamente está muy por debajo de su perversión perfecta. La historia del Imperio Romano es un buen ejemplo de esta afirmación.

Ahora bien, dejando bien claros estos dos puntos anteriores (la imposibilidad de una corrupción total, la imposibilidad del funcionamiento de una sociedad así) hay que decir que sí que podemos hablar de comunidades humanas corrompidas, de sociedades enteras que han caído de forma más o menos generalizada en la perversión de las virtudes.

Y así Journet escribió: *Creemos que si en un momento de la historia el mal prevaleciera sobre el bien, Dios haría saltar la máquina del mundo.* Efectivamente, eso y no otra cosa es el Apocalipsis. El Creador tendría en una situación así que intervenir porque la vida humana es un tiempo de prueba para el alma para hacerla mejor y llevarla camino del cielo. Si la sociedad en vez de mejorar las vidas las pervierte, entonces no está cumpliendo su función.

Dios a partir de ciertos niveles está obligado por su misma misericordia a intervenir. La Historia está plagada de ejemplos de intervenciones divinas directas, incluso, para detener y destruir un sistema que es contrario a su propio fin. Hasta ahora las intervenciones han sido parciales (salvo en el Diluvio) porque las corrupciones han estado localizadas. Al fin de los tiempos la corrupción será universal y por eso la intervención será universal y apocalíptica.

¿Está Dios obligado a intervenir para detener el mal?

Rebasados ciertos límites de iniquidad, bien sea social o personal, Dios que es Padre está obligado a intervenir, si hace falta directa y extraordinariamente, para detener el mal de sus hijos. Pero la raya de ese límite es completamente personal. Es decir. se decide persona a persona, pues solo Él sabe a partir de qué límite cada ser humano entra en un camino de no retorno. Mientras haya esperanza de que ese hijo de Dios (o una sociedad entera) pueda volver hacia atrás, arrepintiéndose, más tiempo da el Señor.

¿Dios escucha instante a instante el interior del pensamiento de cada uno de los demonios?

Sí, Él conoce los pensamientos de aquellos hijos suyos que se rebelaron y se alejaron. Ellos le abandonaron, pero el Altísimo sigue escuchándolos. Los escucha instante a instante desde su eterno presente. Ellos están en el evo, pero el Omnipotente los escucha desde toda la eternidad.

Los inmaculados oídos del Santo de los Santos han escuchado, escuchan y escucharán todos sus odios, todas sus blasfemias, todas sus iras. Pero nada altera su perfecta beatitud. Incluso el hecho de que el Omnisciente conozca hasta esto, aunque parezca paradójico, es parte de su gloria. Nada escapa a sus ojos que todo lo saben.

Él conoce cada uno de los pensamientos de los condenados que existen, así como los pensamientos de todos los condenados que podrían haber existido y que ya no existirán.

¿Hubiera podido suceder que todos los ángeles se hubieran convertido en demonios?

Esta es una posibilidad que alguna vez me he planteado, ¿se hubieran podido condenar todos y cada uno de los ángeles creados? Es una posibilidad de razón porque de hecho sabemos que no ha sido así. Sabemos que existen ángeles y demonios. Sabemos que entre los seres humanos al final unos estarán a su derecha y otros a su izquierda. Pero la misma posibilidad de razón se podría barajar para los humanos: ¿se hubieran podido haber condenado todas las almas?

La respuesta es sí. Hubiera podido acaecer que todas y cada una de las almas, todos y cada uno de los ángeles se hubieran podido convertir en almas réprobas y ángeles rebeldes. Porque ¿cuál es el nivel razonable de condenación? Esto no es como un millón de dados que lanzamos al suelo y que después recogemos en la eterna bolsa fatídica a los que hayan salido con el número aciago. No es una cuestión de estadística, sino de libre albedrío. La misma razón que hay para pensar que no había ninguna razón para que se condenaran ni tres, ni dos, ni uno, vale para lo contrario. La misma razón que vale para lo uno, vale para lo otro.

Una decisión libre fue la única razón para que cada uno escogiera su destino oscuro. Eso pudo suceder en un centenar, en un millar, en un millón, en todos. No había un límite. Cada uno era libre. Todos pudieron haber escogido el bien. Todos pudieron haber escogido el mal.

Nos sentimos impulsados a pensar que Dios hubiera hecho algo si, por ejemplo, tres cuartas partes se hubieran corrompido. Pero no nos damos cuenta de que Dios hubiera hecho todo lo posible por salvar a uno solo de sus ángeles. De hecho, lo hizo. Es un asunto de libertad, no de estadística. Fue una tragedia inconmensurable la condenación eterna de un solo espíritu. De uno solo. Dios hizo todo lo que pudo. Pero al final, la libertad. Estas son las reglas. Y las mismas reglas podían haber hecho que no uno, sino todos hubieran optado equivocadamente. Pero las reglas no se cambian por el número.

¿Conoce Dios el número de los demonios que podían haber existido y no existirán?

Sí, Dios conoce todo. Eso incluye no solo el conocimiento de todos los demonios, sino que también conoce todos los demonios que podían haber existido. Ese número es infinito. Si podía haber creado un número infinito de espíritus finitos, un infinito número de seres se podía haber corrompido. Pero conoce ese número infinito de entes posibles con todas sus clases, tipos y jerarquías. Conoce todas las jerarquías demoniacas posibles, aquellas que nosotros, habitantes de la tierra, ni siquiera podemos vislumbrar.

Conoce tipos y subtipos de demonios que de ser conocidos por los mismos ángeles no podrían menos de admirarse. Nada no puede ser conocido de Dios, por horrible que sea.

Abismos terribles del lado oscuro de lo que existe y de lo que podría existir que solo Dios conoce y que solo Él puede conocer, pues ningún otro podría acarrear sobre sí semejante peso de un conocimiento infinito. Solo la Santísima Trinidad sabe con todo detalle qué monstruos de perversión podrían haber existido y que hubieran sido indeciblemente peores que el mismo Satanás. Monstruos morales, pervertidas naturalezas angélicas llenas de poder, que hubieran podido dejar al Leviatán a la altura de una lagartija frente a un formidable cocodrilo. También esa parte del conocimiento, ese conocimiento de la oscuridad posible, supone un fragmento de la gloria de Dios.

Mapa de la fenomenología extraordinaria

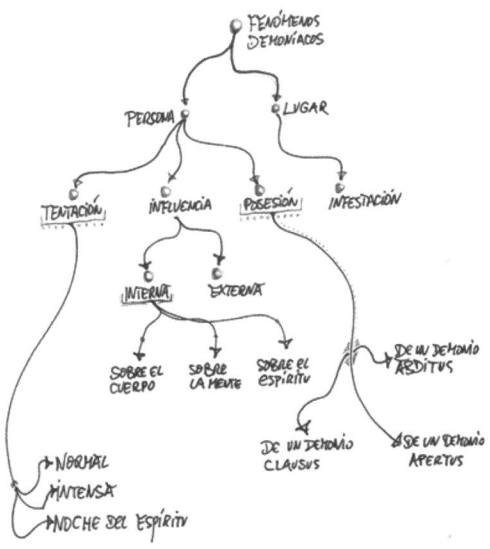

En esta parte de la obra, quiero ofrecer un esquema general, un mapa completo acerca de este mundo de lo extraordinario, y así tener una visión general de esta región de luces y de sombras; de

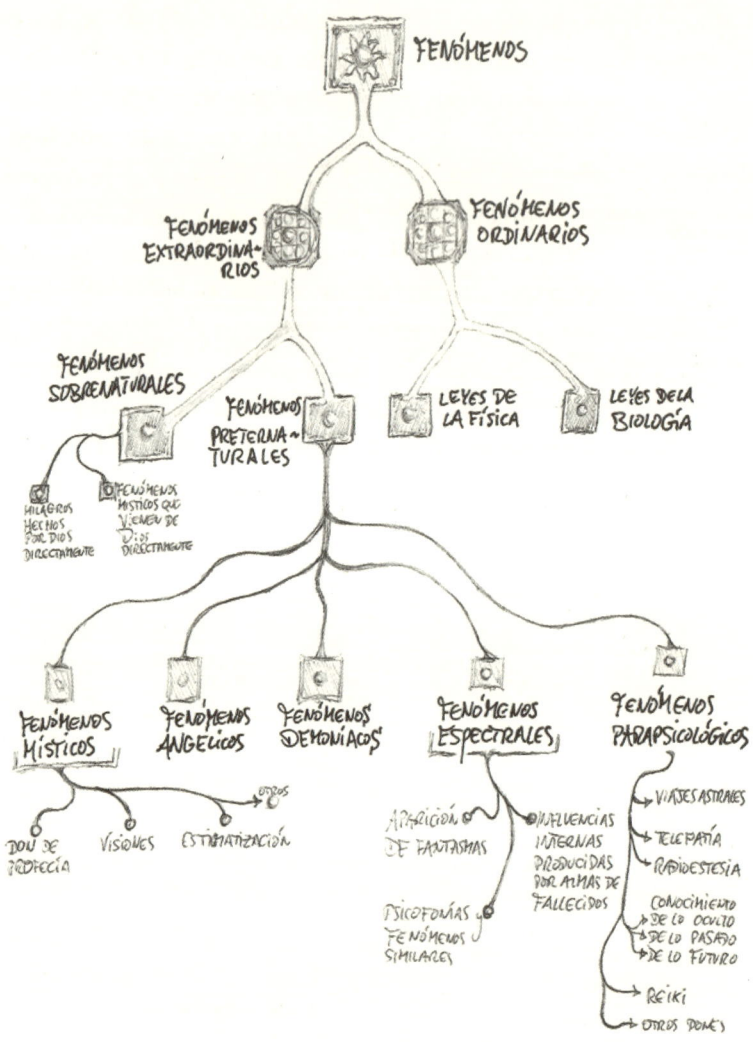

lo divino, de lo angélico, de lo demoniaco. Lo primero de todo que habría que decir es que el mundo de lo extraordinario se divide en dos partes: lo sobrenatural (es decir, aquello que solo Dios puede hacer) y lo preternatural, que es aquello que va más allá de las leyes de nuestra naturaleza.

Solo Dios puede obrar más allá de las leyes de cualquier naturaleza. Mientras que los hechos preternaturales se rigen por leyes que no son las nuestras, pero se rigen por las leyes de ese mundo espiritual.

Los esquemas que se muestran en esta cuestión, también aparecen en *Summa Daemoniaca* en la parte dedicada a la fenomenología demoniaca. Si bien es aquí donde se dan explicaciones más amplias acerca de lo extraordinario.

Al dar los siguientes esquemas, soy consciente de que algunos creerán que hay fenómenos que escapan a esta clasificación. Pero se trata de unos esquemas realizados a partir de la experiencia, no a través de una teoría. Todo cabe en él. Muchos de los fenómenos que se atribuyen al campo de la parapsicología, en realidad son demoniacos, angélicos o místicos. Siendo el campo de lo parapsicológico, el campo que queda delimitado tras excluir lo angélico, lo demoniaco, lo espectral y lo místico. Si bien en el campo titulado dones extraordinarios es un campo muy amplio.

El campo de lo místico en realidad a veces depende de la acción sobrenatural, a veces depende de la acción de los ángeles, y otras depende de los dones que Dios ha concedido a la propia alma.

Antes de ofrecer el esquema general de los fenómenos extraordinarios, mostramos aquí el campo de los fenómenos demoniacos:

El campo de la acción angélica se expresa más brevemente en un esquema, porque los ángeles no quitan la libertad, y por lo tanto no poseen. Pero aunque el esquema de la acción angélica sea más simple, hay que recordar que los ángeles tienen en su naturaleza capacidad para hacer todo lo que pueden obrar los demonios.

Es muy útil recordar que los ángeles no solo nos inspiran cosas santas, sino que también nos pueden ayudar en la vida ordinaria: recordándonos compromisos que se nos habían olvidado, trayéndonos a la mente dónde estaba algo que habíamos perdido. También pueden inspirar a un artista.

El campo de los dones es misterioso. Pero hay seres humanos cuyo don es tener contacto con su ángel. De forma que el ángel le inspira qué es lo que le pasa a esa persona, o le informa de un suceso oculto, o de algo que va a suceder en el futuro. Respecto a los milagros hay que decir que unos milagros los hace Dios directamente (por ejemplo, resucitar a un muerto o hacer aparecer un riñón a alguien que no lo tenía), y otros milagros los puede hacer un ángel si Dios se lo permite (por ejemplo, hacer que una persona que cae en el fuego no se queme o que el veneno de una serpiente no haga su efecto). Solo Dios puede hacer aparecer un riñón de la nada en el cuerpo de una persona, o hacer que en las cuencas vacías de unos ojos, aparezcan dos ojos sanos. Pero un espíritu angélico (malo o bueno) sí que puede neutralizar un veneno o elevar a alguien en el aire.

Por último, ofrecemos el esquema de los fenómenos angélicos:

Muchas personas verdaderamente religiosas sienten el impulso de condenar todo lo extraordinario que no proviene de una vida de oración. Aplicando una regla muy simple: si no viene de Dios, viene del Diablo. Eso es un error. Las cosas, no pocas veces, son más complicadas de lo que creemos.

Casos

Recopilación y descripción
de casos de posesión e influencia

Apartado A
Casos de posesión, influencia o infestación

Se continúa aquí la relación de casos comenzada en *Summa Daemoniaca*. Para evitar confusiones, la numeración continúa la de la obra precedente.

Caso 8

Nada más llamarme por teléfono para pedir cita, esta mujer fue clara: *Necesito un exorcismo*. Recibí a esta mujer de unos treinta y cinco años. Le escuché y saqué la clara conclusión de que sufría un problema mental y no uno cualquiera, sino esquizofrenia. Mis estudios haciendo la tesina me permitían determinar con seguridad que se trataba de un trastorno esquizoide. Aun así, y por cumplir con todos los requisitos, oré por ella. Lo hice con la total seguridad de que no tenía nada y que aquello no tenía otro sentido que el cumplir con todas las medidas aprendidas para discernir los casos. Al orar por ella, ante mi sorpresa, entró en trance.

Comencé a rezar por ella una vez a la semana. Durante las sesiones ella se volvía violenta, había que sujetarla, pues de lo contrario quería agarrarme del cuello o golpearse la cabeza contra el banco sobre el que estábamos sentados. Aquel primer caso, no ofreció ningún aspecto sobresaliente. Era lo típico que había leído cuando todavía estaba en la universidad: gritos, aversión a lo sagrado, reacción automática de dolor en cuanto se colocaba sobre su cuerpo una cruz o se le rociaba con agua bendita. En esos momentos, estaba muy lejos de saber hasta qué punto este caso me iba a acompañar en los cinco años siguientes. Aquel primer caso supuso para mí una fuente de aprendizaje: experimentaba, comprobaba una y otra vez las distintas reacciones al agua bendita, a la unción con el santo crisma, a la colocación de una cruz sobre su cuerpo, a la señal de la cruz realizada sobre distintas partes de su cuerpo (cabeza, espalda, manos), qué le producía más tormento, qué oraciones provocaban una mayor reacción, etc., etc. Un largo etcétera conseguido a través de horas de todo tipo de tentativas y ensayos. Todo ello sin perder la atmósfera de oración, pero sin por ello desistir a seguir conociendo más aquel fenómeno. Al final, en esencia, aquello era un despliegue de gritos y de movimientos violentos. Sin embargo, tras varias sesiones, era evidente que el caso no avanzaba. No acababa de apreciar que el espíritu que tenía dentro se debilitase.

Pronto observé que esta mujer no me hacía caso en lo referente a orar cada día. Desde el principio le había explicado la importancia de que ella comenzara a llevar una vida espiritual más intensa. Pero por más que le decía que debía rezar cada día, ella no hacía nada. Para acabar de enredar más las cosas, me percaté de que se estaba aficionando cada vez más a mí. Rezar no lo hacía, pero llamarme por teléfono para charlar se había convertido en una de sus aficiones. Además se mostraba sospechosamente agradable y risueña cuando se entrevistaba conmigo. Se lo dije claramente, tan pronto como me apercibí de ello. Su reacción fue de indignación y, además, me dejó bien claro que pensaba seguir llamándome siempre que lo desease, cosa que hizo. Detuve las sesiones en tanto en cuanto no comenzara a obedecer. Pero ella no se sometió a ninguna de mis indicaciones, y las sesiones de oración nunca se reanudaron a partir de la tercera. Desafortunadamente, desde entonces, tuve que acostumbrarme a recibir cada día llamadas suyas, mensajes de teléfono y a sufrir un acoso tal que tuve que negarme a confesarle o a simplemente hablar con ella. Gracias a Dios, no sentía ninguna atracción por ella, ni la más mínima. Esta falta de atracción fue algo muy positivo, pues su insistencia se prolongó durante cinco años. En un momento dado, me vi obligado a ponerle ante el juzgado una denuncia por acoso. Solo para comprobar lo mal que funciona la Justicia y decidir no volver a embarcarme en un juicio nunca más, pasara lo que pasara.

Esta persona, por los mensajes de texto y de voz en mi contestador, me consta que lleva una vida bastante desequilibrada, luchando contra la tristeza, realizando pequeños trabajos ocasionales. Cinco años de persistencia en su obsesión por mí. Le pido al Señor que le ayude, aunque me quedo con la tranquilidad de conciencia de que mientras yo la atendí, ella no me obedeció en nada. No se puede ayudar a una persona si no está dispuesta a esforzarse un poco.

Caso 9

Se trataba el supuesto poseso de un chico de poco más de treinta años, el cual me contó su historia. Me dijo que había participado en una sesión de espiritismo hacía unos años y que, desde entonces, por las noches gritaba y aullaba dormido, poniendo posturas de animales, gruñendo y asustando a su mujer y a sus hijos. Me dispuse a orar por él para discernir si tenía algo o no. Nada más ponerle la mano sobre la cabeza y cerrar los ojos para concentrarme en la oración, me gritó un ¡¡no me toques!!, que supuso para mí el susto del siglo. Su cara se había transformado, ya no era la persona que había estado respondiendo a mis preguntas durante largo rato. La maldad que reflejaba su cara era increíble, nunca había visto algo así. Me miraba como un animal salvaje que está a punto de saltar sobre mí. Me sentí completamente en peligro, solo con él en una sala de la parroquia. Afortunadamente, en seguida volvió en sí.

En una sola sesión de tres horas fue liberado. No hay mucho que explicar de esa sesión, fuera de que los gritos fueron impresionantes y que ejercía una fuerza sorprendente para tratar de liberarse. Estaba boca arriba sobre un colchón de gimnasia, inmovilizado por varias personas a las que les costó trabajo mantenerlo en esa posición. En un momento dado, miró a un chico que le sujetaba un brazo y le dijo que moriría antes de un mes en un coche blanco, cosa que no sucedió. También aparentó revelar los pecados de cada uno de los que allí estábamos presentes, pero los que dijo de mí, muy concretos, no eran ciertos.

Tras unas dos horas y media de oraciones, espontáneamente comenzó a recitar las partes de la misa relativas a los fieles, todo seguido y sin dudar ni un solo momento, cosa que ni yo mismo hubiera podido hacer con tal seguridad. Cuando acabó, abrió los ojos, sonrió y preguntó que dónde estaba. Era él, nos mostró su más bella sonrisa, se sentía de maravilla, había sido liberado. Preguntó que qué hacía en el suelo, no recordaba nada.

Pasamos a otra salita y allí le expliqué la importancia de que no dejara sus oraciones, de que tuviera un mínimo de contacto con Dios cada día. Se le veía feliz, todos estábamos felices.

Al cabo de un tiempo, no superior a dos meses, me llamó por teléfono ya que estaba volviendo a sufrir ciertos problemas. No había rezado nada, no se había producido ningún cambio espiritual en su vida, sino que había sido liberado y simplemente se limitó a retornar a su vida normal. Hablando por teléfono con él, sospeché seriamente que había sido poseído de nuevo. Fijamos un día. Cuando llegó a la iglesia, me dijo bien claramente que había venido solo porque ya había fijado día y hora para la entrevista, pero que se había vuelto muy escéptico respecto a todo este tema. Oré, pero no se producía ninguna reacción. Insistí y finalmente percibí, por un instante, una mirada verdaderamente maligna. Aquella mirada había durado dos segundos, pero era mucho más que una sospecha de la presencia del maligno dentro de él.

Tuve que estar casi diez minutos para que el espíritu que había dentro se manifestara. Ahora que había vuelto a entrar, era mucho más poderoso, había costado mucho más el que se manifestara.

Como aquella entrevista no tenía otro fin que discernir si había algo en él, detuve las oraciones. Le dije que el demonio había vuelto a entrar, pero él no quiso saber nada de nuevas oraciones. No volvió a llamar. Unos meses después le telefoneé para interesarme por él. Pero su número de teléfono móvil ya no recibía llamadas. Volví a llamarlo un mes después, para comprobar con tristeza que aquel número había quedado anulado. Sabía que le esperaba una vida de continuas visitas a los psiquiatras, que sería considerado un caso crónico de esquizofrenia. Le aguardaba, siendo tan joven, una vida entera de medicación, de ingresos clínicos, de fracaso laboral y probablemente afectivo. No volví a saber nada más de él.

Caso 10

Este caso fue el de una señora que, en un exorcismo, comenzó a cantar con una potencia y una belleza impresionantes. Y eso a pesar de estar tumbada boca arriba, sujetada por varios hombres en una postura muy inadecuada para poder cantar con fuerza. Cantaba canciones de iglesia, pero totalmente desconocidas para mí. Por el estilo de ellas me imagino que se trataba de letras y músicas de principios del siglo XX. No reconocía ni una sola de ellas, pero aquel chorro de voz llenaba la iglesia entera de un modo verdaderamente admirable. Antes de comenzar a cantar, de su boca salieron todo tipo de vulgaridades y obscenidades. Se tornó violenta y hubo que sujetarla. Tras dos horas, decidimos seguir otro día. Un problema eclesial, impidió la segunda sesión. Yo la exorcizaba en una diócesis distinta a la mía, pero el obispo que había dado el permiso, lo retiró sin dar explicación alguna. Cuando se lo dije a la señora, reaccionó de un modo muy agresivo. Le pedí que esperara un poco, a que se solucionara lo que fuera, pues yo todavía no sabía cuál había sido la razón para que el mismo día que íbamos a tener la sesión, unas pocas horas antes, se me comunicara esa decisión. Pero la señora, completamente ofuscada, me dijo que no quería volver a saber nada de la Iglesia.

El asunto eclesial se resolvió, más bien debería decir que se resolvió la insidia de un clérigo haciendo lo posible para que no hubiera exorcismos. Pero cuando llamé a esa señora me repitió lo que ya me había dicho la primera vez, que no quería saber nada de la Iglesia.

Como se ve, el ejercicio de esta labor resulta complicado, lleno de escollos y no resulta infrecuente que las personas no perseveren. Ya que perseverar supone orar cada día y cambiar de vida, cumpliendo los Diez Mandamientos. En bastantes ocasiones, las personas anulan la primera cita el mismo día que tienen fijado para venir a verme. El miedo, la desesperanza, la sensación de que hagan lo que hagan no va a servir para nada, hacen que muchos desfallezcan antes de empezar el proceso, y algunos a mitad de él.

Caso 11

Una chica joven hizo espiritismo y justo desde ese día la chica comienza a vomitar tras las comidas. La chica no quiere perder peso, el tema de la figura y el peso es algo que nunca le había preocupado demasiado. Pero los vómitos se suceden y comienza a perder kilos. En el hospital no acaban de explicarse el origen de una patología tan curiosa: una chica que no quiere perder peso, pero que no puede evitar el no vomitar. Al principio creyeron que se trataba de algún tipo de anorexia no admitida de forma consciente. Pero la decisión de la chica de no perder peso era firme y, por tanto, no acababan de comprender qué era lo que estaba pasando. El internamiento había resultado poco fructífero. La chica cuando se metía una cucharada de comida en la boca, llegaba al extremo de taparse ella misma la boca con la mano para no vomitarla, pero la comida llegaba a ser expulsada por la nariz a causa de un violento espasmo estomacal. Los médicos estaban perplejos y durante bastante tiempo barajaron la posibilidad de un problema orgánico en el tubo digestivo, en vez de un problema psiquiátrico. Fue tras un tiempo de espera más que razonable y ante el imparable deterioro físico de la chica, cuando los padres optan por probar con un sacerdote. Cuando llegó a mi iglesia, la chica era un esqueleto andante. Su figura recordaba en todo a los presos de los campos de concentración, hasta para andar tenía ya que ser ayudada por su padre y hermano.

Nada más orar por ella, mostró todos los signos de sufrir una influencia demoniaca, entrando en trance y poniendo los ojos en blanco tal como se le veía si se le levantaban los párpados. Lo interesante, hay que insistir en ello, era que todo el problema de los vómitos había comenzado desde el día en que ella había hecho la ouija. Aunque los padres quisieron arreglar todo aquello por la vía médica, la relación causa efecto aparecía demasiado clara a la familia como para poder obviarla. Y una vez en mi iglesia, la reacción a mi oración no dejaba lugar a las dudas, existía la acción de un espíritu en ella. Como en tantas ocasiones, los padres solo recurrieron al sacerdote cuando se dio por razonablemente agotada la vía médica.

Sin embargo, a pesar de estar yo seguro de la existencia de una influencia demoniaca, la chica debía ser ingresada de forma urgente, ya que su vida peligraba. Recé por ella un rato sin que se diera más manifestación que el trance y su inmovilidad. El caso no parecía que fuera a ser resuelto en una hora o dos, me dio la sensación de que iba tener necesidad de un proceso de oración más largo.

Dado que eran de otra provincia, les aconsejé que un sacerdote que viviera cerca se encargara de rezar por ella diariamente un rato para que se restableciera. Mientras siguiera en el hospital podía rezar por ella en la habitación del hospital como si fuera una visita más, sin hacer oraciones que llamaran la atención, orando a media voz. A nadie le iba a llamar la atención, puesto que ella durante las oraciones caía en la inconsciencia, pero no decía nada, ni se movía. El demonio estaba en su cuerpo, pero no lo poseía. Es decir, no lo podía mover a voluntad, ni podía hablar a través de ella. Como no era un caso de posesión, ni se requería el ritual de exorcismo, di instrucciones a un sacerdote amigo de la familia para que orara por ella: rezando a su lado rosarios, bendiciéndola, pidiendo la protección de Dios sobre ella, suplicando a Dios que la restableciera y que rompiera toda atadura que el demonio tuviera sobre la enferma. Ya que su vida corría peligro, dada su delgadez extrema, el sacerdote cada día debía rezar un rato, aunque fuera breve, al menos diez minutos. Después, cuando su salud ya no estuviera en peligro, las oraciones podían ser semanales. La mejoría sería gradual, sin salidas aparatosas del demonio, puesto que se trataba de una influencia sobre ese cuerpo, no de una posesión. Tuve que insistir en que la ingresaran ese mismo día, puesto que la familia había perdido toda fe en la medicina.

Una semana después me enteré por ese sacerdote, que la familia, nada religiosa, abandonó las oraciones para buscar la solución únicamente por la vía médica. Una vez más, uno de esos virajes radicales que a veces los familiares dan. En ese punto perdí el rastro del caso. La resignación era necesaria en un trabajo como el mío. Yo les daba los mejores consejos que podía, pero después cada uno era libre de tomar el camino que quisiera. Aunque era curiosa esa decisión de alejarse del camino de la oración, cuando el sacerdote de ningún modo les aconsejaba no seguir yendo a los médicos. Pero esa desesperanza, la vi repetida muchas veces. La gente venía a mí para lograr una solución inmediata. Pero si esa solución no se producía en el momento, no estaban dispuestos a rezar todos los días durante varias semanas y mucho menos a dar pasos de acercamiento a Dios, buscando una conversión de vida.

Caso 12

Puede dar la sensación de que los exorcismos siempre suponen largas y duras sesiones de oración que se prolongan durante meses. Sin embargo no es así siempre, no pocos casos se resuelven en una o dos horas, incluso a veces ocurre que pueden acabar en media hora.

Y así fue el caso de un hombre de unos treinta y cinco años que fue presentado al obispo para ser exorcizado. La única razón que se alegó para pedir tal cosa es que cuando un sacerdote conocido suyo se dirigía en latín al demonio que había dentro de él, entraba en trance. En esos momentos, ponía los ojos en blanco y se quedaba callado e inmóvil, no se había observado en él cosa distinta a este signo. Nada de todo lo que aparecía en las películas o se leía en los relatos de posesos del Evangelio durante la misa, aparecía en él; solo esa situación de trance silencioso. Esto es interesante, porque los que no saben de estos temas, piensan que los que vienen son enfermos mentales que sugestionados no hacen otra cosa que imitar lo que han visto en las películas o visto en los libros.

Cuando la realidad no puede ser más diferente. La mayor parte de las personas que vienen a los sacerdotes encargados de este ministerio, son sujetos que no presentan ningún desequilibrio y que nos refieren unos síntomas que para nada suelen encajar en lo que comúnmente se considera como posesión. Sino que, por el contrario, refieren unos síntomas mucho más leves y atípicos, para lo que es la concepción popular sobre este tema. Y así, en el caso de este hombre, se rezó sobre él el ritual de exorcismos, únicamente porque entraba en trance cuando se oraba por él. Ningún otro síntoma presentó fuera de ese. Este hombre tampoco dijo que le sucediera nada extraño en su vida cotidiana. En el pasado había llevado una vida algo perdida en la que llegó a tomar drogas, pero no hubo más pecados que los normales de alguien que vive sin práctica religiosa.

Alguien que lea este caso puede preguntarse qué efecto tiene liberar del demonio a alguien que no notaba ninguna presencia demoniaca en su vida. Sin embargo, la persona que tiene un espíritu maligno dentro del cuerpo sufre muchas más tentaciones que una persona normal, muchas más y más intensas. A veces son continuas tentaciones de tristeza, o de odio, crisis de ansiedad, etc. En muchas ocasiones a eso se une innatural incapacidad de concentración en momentos críticos, dolores en determinadas partes del cuerpo, cansancio continuo y muy acusado, etc. Esa es la razón de que las personas que tienen un espíritu inmundo dentro aunque no sufran ningún fenómeno verdaderamente extraño e inexplicable, quieran desembarazarse de él para tornar a una vida normal. En este caso, la aparición del trance en las oraciones del sacerdote fue el único signo que tuvimos de que realmente las tentaciones y sentimientos horribles que padecía iban no solo más allá de lo normal sino que incluso tenía algo dentro, o mejor dicho alguien.

Cuando examiné el caso por primera vez, para discernir si sufría algo por parte del demonio, oré por él bendiciéndole durante tres o cuatro minutos. En las bendiciones intercalé en latín conjuraciones al demonio, pero no observé ningún tipo de reacción extraña. Mientras le bendecía le pregunté si sentía algo, contestó que nada. Él estaba ligeramente nervioso, pero lo extraño hubiera sido hallarse en esa situación y no estar algo nervioso. Como no vi ni el más leve signo de manifestación, le dije que no tenía nada. El sacerdote que me había traído el caso estaba un poco sorprendido, más bien decepcionado porque había sido testigo del trance que me había descrito, así que como último recurso me pidió si podía intentarlo él. Le dije que por supuesto. Empezó a conjurar en latín al demonio diciéndole: *en el nombre de Jesús, si moras en él te ordeno que te manifiestes*. Al cabo de un par de minutos más, entró en ese trance silencioso del que he hablado antes.

¿Por qué no se había manifestado la primera vez? Pues porque ese espíritu había resistido, pero finalmente no pudo más. A veces un demonio está a punto ya de ceder, pero si se interrumpe la oración no se ve manifestación alguna y el exorcista piensa que se trata de algo psicológico.

Se procedió de inmediato al exorcismo. La voz tímida y modesta de aquel hombre, conforme progresó el rito, se transformó en una voz agresiva que gritaba contra Dios y las cosas sagradas con todo tipo de horribles palabras. El demonio había tratado de ocultarse pero ahora, una vez descubierto, no le importó ya hablar abiertamente. El demonio, como suele pasar, al principio afirmaba que no saldrá jamás. Afirman tal cosa taxativamente. Añadiendo que solo lo dejarán cuando muera, ¡¡solo *lo dejaré en la tumba*!!, gritaba. No contestaba a ninguna pregunta, solo insultaba. Como no se avanzaba nada, se procedió a rezar el rosario. Tras el rosario ya comenzó a obedecer. Se le pidió que besara el crucifijo y lo hizo con sumo asco, pero era la primera cosa a la que obedecía. Los misterios del rosario continuaron. Al final ya obedecía, no a todo, pero a muchas cosas sí. Cuando se le preguntó cuántos demonios había dentro, contestó que solo uno. Preguntado acerca de cuál era su nombre dijo que Placer. Me dediqué a atormentarle hablándole de los sufrimientos de Cristo, de los frutos que para la eternidad tiene la vida ascética, etc.

Al final, sin hacer nada especial (fuera de las oraciones y la aspersión de agua bendita) el demonio dijo: *salgo, me voy, me marcho porque quiero, no porque me echéis*. Cada vez eran peores las convulsiones y los gritos. Hasta que finalmente exclamó: ¡*salgo*! Y efectivamente, salió, volviendo la persona en sí en pocos segundos. Sencillamente, el demonio estaba tan a disgusto, tan torturado por el contacto con cosas sagradas, que decidió no seguir allí y salió en forma de exhalación por la boca tras lo cual vino la calma.

Caso 13

Me vino a ver una chica de veintidós años que no tenía ninguna práctica religiosa, aunque sí fe, que padecía bulimia amén de otros trastornos psicológicos. Habría que decir que la chica más que venir a verme, más bien fue traída hasta mí por una amiga suya. La amiga, por alguna cosa extraña que ha visto, dice que está posesa, la supuesta posesa dice que todo son tonterías.

El planteamiento no dejaba de presentar complicaciones: la chica dice no estar posesa, accede a ir por complacer a su amiga, en materia de religión cree en Dios, pero no cree *en los sacerdotes*. Bueno, vamos a ver, fue todo lo que acerté a decir. Al orar por ella, entró en un trance evidente, aunque tampoco mostró manifestación alguna de otra índole por más que oré.

La chica que sufría esa influencia demoniaca, se marchó diciendo que pondría por obra los consejos que le di, consejos de que orara un poco y leyera el Evangelio. Pero no volvió nunca. Los casos de quienes vienen a consultar pero que no regresan nunca debería decir que suponen una tristeza para mí. Pero realmente lo que suponen es un notable ahorro de tiempo en mi horario. El exorcismo presupone un cambio de vida y muchos no están dispuestos a ello. Prefieren una solución de tipo mágico. Aunque no conozco ni un solo caso que haya sido solucionado por magos, brujos o videntes. Solo Dios tiene poder sobre los demonios. Y nosotros los ministros de Dios debemos dejar claro a los que vienen a nosotros que lo que importa es la eternidad. Y que la posesión, así como el exorcismo, forman parte de un plan de Dios para acercar el alma al buen camino.

Desgraciadamente, debo decir que los casos que vienen movidos por una amistad, pero no creen estar posesos, y el trance es solo visto por familiares o amigos, tienen un índice muy alto de fracaso. Pues ellos, al no experimentar nada, piensan que lo que han visto los familiares tiene una explicación lógica que por supuesto no es la religiosa. No hace falta decir que el exorcismo nunca puede ser practicado contra la voluntad del poseso. Es decir, si ellos en su estado normal no desean ser exorcizados, entonces lo único que se puede aconsejar a los familiares es que recen para que Dios entre en sus corazones.

Caso 14

Una viuda de casi sesenta años me comenta que, desde hace diez años, comenzaron a sucederle cosas muy extrañas. Todo dio principio en su casa con luces que se encendían y se apagaban solas, también con grifos que se abrían sin que nadie los tocase. Después, la señora me contó que un buen día se retorció por los suelos de la casa durante dos días echando espuma por la boca. Aunque tal cosa con los años ya no siguió sucediendo, me dijo que en alguna ocasión se le hinchaba la cara. Lo que sí que sucedía con más frecuencia era que arrojaba gran cantidad de saliva por la boca. Una saliva menos transparente que la normal, viscosa y blanquecina. Y sobre todo notaba que algo le tiraba dentro de sus carnes, produciéndole un terrible dolor. Era algo que sentía como atado a su columna vertebral, y que se movía dentro de su cuerpo. Sus hijas, que no vivían con ella, creían sencillamente que se había vuelto loca.

Estuve rezando por ella tres horas. En seguida quedó claro que posesa no estaba, es decir, el demonio no poseía su cuerpo moviéndolo a voluntad. Pero sí que había signos claros de influencia. Movía la cara con extraños movimientos, como si quisiera desatarse de algo interno. Hacía muecas con la boca, pero en ningún momento perdía la conciencia. Lo único que movía era la cara. Si durante la oración y mientras ella hacía esas muecas, yo le preguntaba algo, respondía; oraba si se lo pedía. En ningún momento gritó, se retorció o el demonio habló por su boca por más que en latín le ordené que se manifestara lo que hubiera dentro. Cada vez que le preguntaba a la mujer qué era lo que sentía cuando oraba por ella, me decía que notaba a ese espíritu que estaba como atado, y que sentía que la oración era como una fuerza que estaba arrancando a ese demonio. Y que percibía que estaba a punto de salir. Pero el tiempo seguía pasando y no se apreciaba evolución alguna.

Durante esas tres horas de oración (a base de rosarios, bendiciones y mandatos por mi parte a ese espíritu), los síntomas externos e internos no variaron. El mismo movimiento de la cabeza, inclinándola, torciendo el cuello, con la mujer arrodillada devotamente o pacientemente sentada delante del altar. Mientras yo oraba, ella hacía un movimiento extremadamente lento con la mandíbula hasta que se oía el sonido propio que hace una articulación al dislocarse. Ese crujido tan especial, se escuchó más de cuarenta veces. Creí que se le iba a romper ese hueso, pero no pasó nada. Al final, al poner yo punto final a la oración, me comentó que a lo largo de las oraciones percibió que varios demonios habían salido y que se sentía mucho mejor.

Le dije que debía recibir oración de liberación. Como donde ella residía no había grupos que se dedicasen a ese tipo de oraciones y vivía a ocho horas de viaje de Madrid, donde estaba yo, le dije que llevara vida normal sin preocuparse del demonio pero que cada día orara a Dios y a la Virgen para que le liberaran de sus males. Se fue consolada y sintiéndose corporalmente mucho mejor, según me comentó.

Estoy moralmente convencido de que aquella mujer sufría una influencia del demonio. Ahora bien, si un psiquiatra me dijera que si yo podría poner mi mano en el fuego por mi certeza de que lo que aquella mujer sufría no era un problema psicológico, le tendría que responder que no. Es decir, yo no puedo asegurar rotundamente sin temor alguno a equivocarme que esa mujer no sufriera algún tipo de trastorno paranoico que le llevara a somatizar su trastorno de esa forma corporal tan concreta y compleja. Desde luego, por más que se hablara con ella, por más que le hiciera preguntas, no aparecía el más leve signo de desequilibrio. Pero yo tampoco podía llegar a la plena y absoluta certeza de que fuera algo demoniaco. Una vez más comprobaba cómo, en el caso de la posesión, se puede llegar a la seguridad en el dictamen; mientras que en el caso de las influencias, solo se puede llegar, a menudo, a aceptar la duda razonable. Pues en muchos casos de influencia no es lo que vemos, sino lo que el individuo nos dice que siente, lo que nos lleva a tener que determinar si creemos razonable que tiene algo o no. Todos los síntomas que esta anciana me refirió fueron reducidos en número y sobrios en su descripción, lo cual era un buen síntoma en pro de su credibilidad. Pero por encima de eso, estaba el hecho de que me mencionara de que durante varios días escupiera saliva continuamente. Ese síntoma es algo frecuente en no pocos casos de influencia. Cuando uno ora por ellos, pueden escupir saliva durante horas enteras.

Hablé con ella alguna vez más por teléfono meses después. Como tantas otras personas también ella, dada la lejanía de su provincia, tuvo que sobrellevar el problema con resignación y recurriendo a la oración personal solamente.

Caso 15

Una chica de dieciséis años llevaba un año entero padeciendo unos síntomas que habían alterado completamente su vida, especialmente en los últimos siete meses. La chica sufría unas crisis que le hacían caer al suelo sufriendo convulsiones. Las crisis se producían en cualquier lugar: en casa, en la calle, en mitad de la clase del instituto donde estudiaba. En esa situación alguien acababa llamando a un número de emergencia médica, venía una ambulancia y se la llevaban al hospital. Allí se le hacían todo tipo de análisis y exploraciones, pero la chica ya estaba perfectamente bien y todas las pruebas daban negativas, de forma que recibía el alta con rapidez.

Los psiquiatras insistían en que ese tipo de convulsiones tenían que ver con algún tipo de epilepsia. Pero los neurólogos por más que le hicieron todo tipo de pruebas, fueron tajantes a la hora de afirmar que no padecía ningún desarreglo neuronal. Después que la vieron tres psiquiatras y dos neurólogos, durante un año, la chica seguía exactamente igual de mal, las crisis continuaban.

Además, tenía que estar siempre vigilada porque si estaba sola se tiraba por las escaleras, o iba a la cocina en busca de algo punzante con lo que matarse. En este caso, como en algunos otros posesos, su apetito a la hora de comer era insaciable. El asunto comenzaba a ser ya insostenible con una media de tres crisis por día desde hacía meses. Cada crisis solía durar entre cinco y diez minutos, durante las cuales se convulsionaba sin control sobre el suelo, llegando a echar espuma por la boca. Después de diez días sin dormir, los padres decidieron que era hora de buscar algún otro camino que el que la ciencia médica les ofrecía. Ya que empezaron a sospechar al ver que su hija no podía entrar de ninguna manera en una iglesia.

Cuando llegué a mi parroquia, ellos ya estaban esperándome dentro de su coche. Dada la calle por la que me acerqué a la iglesia, ellos no me vieron venir, ni aparcar. Cuando, viniendo por detrás, toqué el cristal de su ventanilla para saludarles. Los padres salieron y exclamaron: ah, por eso ha entrado en trance ella ahora.

Efectivamente, aunque no me habían visto venir, desde el momento en que yo había aparcado, ella sentada en el asiento del coche, había entrado en trance. No me había visto, pero su demonio dentro me había sentido. Fue imposible hacer que volviera en sí, de forma que entre el padre y su hermano tuvieron que cargarla a peso (no se movía) y meterla inconsciente en la iglesia. La chica no se enteró de nada durante todo el exorcismo pues entró inconsciente y así siguió hasta que acabó el exorcismo que duró media hora. El exorcismo no tuvo nada de especial respecto a otros, salvo la espuma que le salía de la boca. Hubo lo de siempre: gritos, alaridos, convulsiones. Finalmente el espíritu salió y quedó normal, el único demonio que había dentro había sido expulsado.

Son pocos los casos como este en que es imposible hablar con la posesa por estar en trance desde el mismo momento en que el sacerdote hace acto de presencia. En estos casos, sí que se puede proceder a las oraciones del exorcismo sin necesidad de hablar con la persona. Después de la liberación (o al finalizar esa sesión) será el momento de predicarle la conversión y ver qué es lo que hay que cambiar en su vida.

Caso 16

Acompañada de una amiga, vino a mí una mujer de unos cuarenta años. Estaba en los huesos, con una delgadez y una debilidad notable. La mujer mostraba mal color en la cara, un mezcla de color pálido y amarillo, se notaba que estaba enferma. Me dio unas explicaciones que para mí no fueron nada concluyentes en cuanto a relacionar su padecimiento con algún tipo de causa preternatural. Tras escucharle me puse a orar por ella, al momento se quedó rígida, inmóvil, al levantarle los párpados vi que los ojos aparecían en blanco. Hubo una ligera agitación al seguir orando por ella. Pero en ningún momento perdió la consciencia ni mostró más allá de esos ligeros síntomas. Los síntomas eran ligeros, pero ciertamente había en ella algún tipo de influencia demoniaca. Le di los consejos adecuados para que aumentara su vida espiritual y le aconsejé que viniera cada semana o cada dos semanas a que orara por ella.

A partir de entonces, comenzará a aumentar su amor a Dios y su esperanza y alegría. Los síntomas de esa influencia demoniaca que ella siempre achacó a un maleficio realizado o encargado por un familiar, eran esencialmente físicos, en forma de dolores, malestar y vómitos tras cualquier ingesta de comida. Poco a poco, entre las oraciones que ella hacía y mis oraciones de liberación, fue mejorando tanto en su aspecto corporal, como en su alegría y ganas de vivir. Sus dolores siguieron como al principio, pero su apariencia había cambiado sustancialmente mostrándose más alegre y sana.

Oramos por ella durante un año a razón de veinte minutos por semana. Alguna que otra vez, rezamos una hora seguida. Nunca perdió la consciencia, nunca mostró más que esos ligeros síntomas que habían aparecido el primer día que vino a que se discerniera su caso: ojos en blanco, dolores en partes del cuerpo que podía localizar de forma concreta señalándolos con su índice, ligeros espasmos, crispación en la cara a causa de esos dolores provocados por mi oración.

Durante las oraciones, ella no podía hablar. Si bien, en ocasiones, podía musitar respuestas con gran esfuerzo si yo insistía en formularle una pregunta. No era posesión, pues oía todo durante la sesión como si lo oyera lejos, era consciente y el demonio nunca la movió ni habló a través de ella. El demonio cambiaba de localización en su cuerpo, a juzgar por los lugares donde indicaba que más le dolía. Yo ponía el crucifijo donde más le dolía y el dolor desaparecía al cabo de unos minutos para trasladarse a otra parte de su cuerpo. Durante las sesiones de oración de liberación a veces notaba que el dolor iba disminuyendo, hasta que finalmente ella lo percibía en el cuello, y después en la boca, hasta que salía.

En una sesión, notó esa salida como si fuera una serpiente que se deslizaba fuera de su boca, hacia fuera. Esto me lo explicó cuando ya acabó la sesión. Lo más curioso es que, durante la sesión, cuando ella con gestos me indicaba que ese espíritu estaba saliendo por su boca yo tuve una sensación similar a la de una gruesa serpiente que lentamente se introdujera por mi boca hacia el interior de mi garganta. Afortunadamente no debió quedarse dentro, pues no advertí en mí nada extraño tras esa sensación. Después en la soledad de mi casa, por la noche, conjuré a algún demonio si estaba dentro de mí a que saliera. Tampoco entonces noté nada.

El caso de esta mujer no parecía avanzar, pero ella físicamente era una persona totalmente distinta frente al cadáver ambulante que vino la primera vez. Además ahora tenía ganas de vivir, alegría y se había acercado muchísimo a Dios. Así que yo le insistía en que no perdiera la esperanza, durara su liberación los meses que durara. *No te fijes en lo que de malo continúa en ti, sino en cómo estarías si no te hubieras esforzado como lo has hecho*, le repetía.

Pero he aquí que en un momento dado el demonio comenzó a tentarla en otro campo: contra personas del grupo de oración de la parroquia. Comenzó a pensar mal de dos personas concretamente. Cuando me explicó sus sospechas, totalmente infundadas, y ver que le ordené tajantemente que no admitiera ni la más mínima tentación contra ellas, lo que sucedió es que empezó a pensar que en el fondo esas personas me dominaban, como si yo fuera un muñeco en sus manos, como si mi voluntad no pudiera tener ningún juicio crítico respecto a ellas. Y de allí ya solo hubo un paso a comenzar a admitir pensamientos contra mí.

Tras ceder ella a estas tentaciones con plena voluntad, cada vez le aparecíamos con tintes más negros, cada vez se enredaba en pensar cosas peores de nosotros. Y lo peor es que no nos hizo partícipes de lo que pasaba por su mente y su corazón hasta que fue tarde. Pues perfectamente engañada por el demonio, dejó de seguir con las oraciones de liberación. Después de un año entero de oraciones se dijo a sí misma que ya era fuerte para seguir ella sola.

El resultado de su soberbia fue el ir cediendo a la tentación. Y así cada vez fue viendo más acciones extraordinarias del demonio en todos los ámbitos de su vida. Su mente le hacía ver al demonio en todo y en todos. Dado que no dejó su oración personal, no cayó al primer estado en que vino. Pero lamentablemente un año después de abandonar las oraciones de liberación, era una persona obsesionada con el demonio.

Desgraciadamente, y a pesar de que la llamé para hablar paternalmente con ella, hubo que abandonarla a su suerte. Se negaba a recibir mis consejos. Cuando se atienden a muchos casos de personas que sufren influencias demoniacas, hay que dar por descontado que un buen tanto por ciento de esos casos no solo no perseverarán, sino que además cederán a esos laberintos mentales que el Maligno coloca en sus inteligencias para apartarlas del sacerdote que ora por ellas.

Un año después de que ella rompiera todo contacto conmigo, decidí llamarle para interesarme y preguntarle que tal estaba. En la conversación se mostró orgullosa y me dejó muy claro que se hallaba muy bien. Por una amiga suya, sabía que no era así. Pero desgraciadamente la llamada solo sirvió para que ella pensara que yo hacía maleficios contra ella y que le había llamado para saber si mis malas artes habían logrado su efecto.

En este como en otros casos que habían abandonado, era consciente que una llamada cariñosa mía para saber cómo se encontraban, podía ser entendida como un intento de indagar si mis lazos invisibles para forzarles a que siguieran viniendo a mi parroquia, habían dado resultado.

Caso 17

Una chica de unos veinticinco años se presentó ante mí refiriendo los siguientes síntomas: voz que le cambia de tono, a veces llegando a hablar con voz masculina, a veces llegando a rugir como si de un animal se tratara. Al mismo tiempo, había comenzado a tener muchas más pesadillas por las noches.

Por más que le pregunté, ella no veía cuál pudiera ser la causa para haber sufrido estos cambios. Ella achacaba esto al demonio, y eso a pesar de no tener ningún tipo de práctica religiosa.

Había llamado el día de antes por teléfono pidiéndome desesperada que la recibiera. Le dije que al día siguiente me era imposible recibirla a ninguna hora, porque tenía todos y cada uno de los momentos del día ocupados sin hueco alguno. Que en dos días sí que podía recibirla, pero no al día siguiente de la llamada. Ella sin embargo, temprano por la mañana llegó a mi parroquia. Tuvo que esperar todo el día en la iglesia, de la cual no se movió. En la misa lloró muchísimo de emoción al pedirle a Dios una y otra vez su liberación.

A las diez de la noche, acabé por fin de atender a la última persona que tenia apuntada en la agenda. Ella me suplicó que le exorcizara. Yo estaba verdaderamente agotado, había sido un día de muchísimo trabajo. En un momento dado de la misa el demonio que había en ella se había manifestado con rugidos y ojos llenos de furia, se trataba de un caso de demonio que se manifiesta abiertamente. Por eso cuando llegó el momento de hablar con ella no tenía ninguna duda de su posesión, la manifestación que había visto durante la misa era clara.

Pero le expliqué que dada la hora y mi cansancio no creía que era la mejor idea empezar ningún exorcismo. El exorcismo podía durar no solo horas, sino incluso días. Por si fuera poco, hablando con ella me di cuenta de que había que comenzar con una buena catequesis y un cambio en muchos aspectos morales de su vida. Con una buena catequesis y una prudente dirección espiritual, además de los exorcismos propiamente dichos, pensé que con unos cuantos meses de evolución personal el caso acabaría. Se presentaba por delante un largo proceso, pero ella quería ser exorcizada ya. La chica lloró, suplicó, desesperada me pidió que ese mismo día y en ese momento se diese comienzo al proceso, que no podía esperar ya ni un día más, que no podía seguir viviendo de esa manera.

Las súplicas fueron tales que al final opté por rezar por ella diez minutos al menos. Cerramos la puerta de la iglesia. A esa hora, fuera estaba ya todo oscuro y solo las velas de los seis candelabros del altar encendidos iluminaban el interior del templo. Únicamente una feligresa nos acompañaba. No quise encender más luces para que nadie de fuera, viendo luz por alguna ventana, pero estando la puerta cerrada, se preguntara qué estaba pasando dentro del templo. En medio de ese ambiente de semioscuridad, comenzaron mis oraciones y la posesa comenzó a rugir y a gritar de un modo como pocas veces lo había visto. La fiereza de esos rugidos me impresionaron incluso a mí mismo, ya bastante acostumbrado a manifestaciones del demonio. Y aunque eran rugidos humanos, parecía como si un león no hubiera podido rugir con más fuerza. Por su boca habló el demonio con todo su odio. No iba a salir, nos dijo.

La chica en ese estado de trance comenzó a luchar conscientemente con ese demonio que había dentro de su cuerpo y a ordenarle que le dejara, que no lo quería ni ver, que le dejara en paz, que ella creía en Dios y que confiaba en Él, y se volvía ella hacia el sagrario y le pedía llena de emoción que le ayudase. En determinados momentos, el demonio rugía a través de su boca, pero a esos momentos seguían otros en los que ella le ordenaba que se fuera. Era como una lucha en el que el campo de batalla fuera su cuerpo, pero en el que su propia voluntad volvía a la consciencia una y otra vez. En un momento dado, se levantó la chica del banco y se alejó del altar, señalando hacia un lugar de la iglesia oscura y apenas iluminada. Nos dijo, sin miedo, sino con rabia, que estaba allí Satanás. Con todas sus fuerzas le gritó: ¡¡márchate!! ¡No quiero ni verte! Señor Jesucristo, ayúdame.

Durante los veinte minutos que duró la oración, lo vio en dos lugares distintos de la iglesia. Después ya no lo volvió a ver. Aquella sesión de exorcismo había tenido dos partes. En la primera, el demonio había hablado y rugido a través de ella, pero había salido al cabo de unos diez o quince minutos de oración. Mientras que la segunda parte del exorcismo era como si el demonio siguiera rondando a su alrededor, mientras ella lo veía y lo increpaba.

Pero finalmente se había marchado. Ya no lo vio más y quedó en paz definitivamente. Por más que oraba sobre ella, ya no aparecía reacción alguna negativa. El pánico de su cara había desaparecido, y oraba serena y emocionada. Así que dimos por concluido el exorcismo y dimos gracias a Dios.

Un caso así razonablemente debería haber durado mucho tiempo. Ni se había preparado y había muchas cosas que cambiar en su vida. Pero Dios en su bondad decidió liberarla. Se había pasado todo el día en la iglesia pidiéndoselo con lágrimas, había hecho un largo viaje, había orado con verdadera humildad, Dios lo tuvo en cuenta. Yo no tenía muy claro que una liberación tan rápida en una persona alejada de la religión no acabara teniendo recaídas. Pero en las semanas siguientes hablamos por teléfono y me aseguró que desde ese momento, desde la liberación, los fenómenos habían acabado totalmente.

Hay que hace notar que si bien su vida volvió completamente a la normalidad, dos meses y medio después regresó a la parroquia. Había ido dejando el pequeño plan de oración que yo le había impuesto para que el demonio no retornara. Y además había comenzado a pecar carnalmente otra vez de forma continuada. El resultado fue que los síntomas volvieron a darse dos meses y medio después, una semana antes de decidirse a regresar a mi parroquia. Eran exactamente los mismos síntomas que la primera vez. Le expliqué que la conversión era necesaria, que el demonio ronda al poseso liberado. Hizo propósito de cambiar. El exorcismo de la segunda vez resultó mucho más breve y la normalidad retornó a su vida de nuevo, y esta vez de forma definitiva. Dios permitió la segunda posesión como un aviso de que el cambio de vida era necesario. Volví a hablar con ella tras medio año, seguía con su vida de oración y no había vuelto a tener ningún síntoma. Lamenté mucho el que un año después su hermano me comunicara que había muerto en un accidente de tráfico.

Dios había permitido en sus planes misericordiosos que ella pasara por todo este trecho de sufrimiento y opresión diabólica, como preparación para la eternidad. En el resto de los casos, aunque vivieran más años, en el fondo el exorcismo no tenía otra finalidad que esa: preparar el alma para la eternidad, hacerle conocer al poseso cuál es el sentido de la vida.

Caso 18

El caso de esta mujer de cuarenta y tantos años me llegó enviado por otro exorcista. El exorcista era un hombre bueno y santo, sin embargo el caso se estaba alargando ya durante más de cuatro sesiones de varias horas cada una y el exorcista no veía ningún avance. El exorcista estaba empezando en este campo. Y en esa época, cuatro sesiones sin avance era para él una eternidad. Además, cuando no se ve ningún avance los exorcistas que están comenzando, se preguntan si en ese caso no será todo psicológico. La envió de nuevo al psiquiatra, un psiquiatra católico, de confianza en los círculos de la archidiócesis, el cual me la remitió a mí para que hiciera un diagnóstico.

En cuanto oré quedó claro que se trataba de un caso de posesión. Un caso en que, a juzgar por lo que decía el demonio a través de la mujer, la posesión se había producido a causa de la magia negra realizada por un hombre homosexual que se había enamorado de su marido. Ese hombre había hecho el maleficio para que muriese ella, su esposa. No murió, pero quedó posesa.

Yo oré por ella y efectivamente comenzó el demonio a dar unos mensajes que parecían sin sentido, los repetidos mensajes que habían desorientado completamente al primer exorcista. Cuando le ordené que dijera concretamente qué había que hacer para que saliera repitió una y otra vez: tierra y aceite.

Eso ya lo había dicho en el exorcismo con el otro sacerdote, pero nadie entendió a qué se refería. En ese momento, se me iluminó la mente. Me acordaba que el pasado Miércoles de Ceniza al ir a enterrar en el jardín la ceniza bendita sobrante, pensé: voy a guardar un poco por si la necesito en algún exorcismo, al fin y al cabo se trata de un sacramental que es símbolo por excelencia de la penitencia.

En el momento que sobre la cabeza de la posesa le hice la señal de la cruz con la ceniza y posteriormente la ungí con el santo crisma, comenzó a dar unos gritos mucho más espantosos que todos los que hasta entonces había proferido. En el paroxismo de esos gritos, en un par de minutos, salió el demonio.

Tras la liberación, esta mujer se sintió tan bien, tan agradecida, que me preguntó si podía venir a orar por otras personas cuando teníamos los exorcismos. Le dije que sí, sin entusiasmo. Aunque le hice esperar un mes o dos, hasta que comprobé la fortaleza de la vida espiritual que había comenzado. Esta mujer durante dos años estuvo ayudando muchísimo con su oración los días que teníamos exorcismo. Ocurría en ella un extraño fenómeno por el que el demonio que había dentro de una persona se podía manifestar hablando a través de ella. Por lo menos eso era lo que decía. Aunque comprobar la veracidad de esto, sea muy difícil, y quizá imposible, lo cierto es que este mismo fenómeno lo he visto en dos personas más en estos años.

Desgraciadamente, dos años después el demonio engañó a esta mujer. Le hizo tomar una gran manía por una persona del grupo. Como yo defendí a esa persona y le traté de hacer entender que lo que me decía de ella más que defectos de ese prójimo, eran tentaciones de ella misma, entonces se enfadó y consideró que me tenía en un puño, que me dominaba. Consideró a esa persona como mala, después a mí también por apoyarla, y finalmente a todo el grupo. Como se ve el demonio suele entrar a veces en las almas por el camino de las *cuestiones personales*. En el caso de las mujeres, la propensión a los celos (*le cree más a ella que a mí*) es más frecuente que en los hombres. Una vez que el demonio abre brecha en un alma, puede proseguir su labor de tentación sobre esa alma, provocándole más y más juicios desfavorables acerca de cada vez más personas del equipo de oración. El estadio final de esta tentación es considerar que el grupo entero es malo. No quiso volver a mi parroquia, ni recibir mis llamadas telefónicas.

Como ella notaba que nuevos espíritus estaban entrándole y comunicándole sus sentimientos de rabia, desesperación y tristeza, durante un tiempo intentó resolver el asunto a través de la psiquiatría. Todo es psicológico y la interpretación que le he dado estos años ha sido errada, pensaron ella y su marido. Pero después se rindieron a la realidad de que la psiquiatría no acabó con ese problema. Así que como ella me dijo la única vez que accedió a hablar conmigo: he aprendido a vivir con este problema. Un año después me enteré que había puesto una consulta de videncia en su casa.

Caso 19

Llegaron a la parroquia el padre y la hermana de una chica de diecisiete años, a la chica la llamaremos María. Tanto el padre como la hermana refirieron que María cuando tenía once años jugó a la ouija una vez. Y que desde ese momento comenzó a no poder evitar escupir continuamente saliva por la boca y a decir que hablaba con espíritus. El padre me aseguró que en un momento dado el padre ordenó a María que no hiciera caso a ese espíritu. Y su hija dijo que el espíritu le había amenazado con que si no le hacía caso le iba *a hinchar un ojo*. Y al momento ante la mirada atónita del padre y de la hermana, el ojo de la hija se le puso hinchado como si alguien le hubiera dado un golpe. La verdad es que fui un poco escéptico respecto a este último punto, pero la hermana de unos dieciocho años me aseguró que ella misma había sido testigo de lo que el padre acababa de decir.

El padre siguió diciéndome que las sillas comenzaron a moverse solas como si alguien les diera un empujón violento. Y tras unos días, la chica quedó en el estado en el que la vi: sin hablar, sin responder a pregunta alguna, quedándose quieta e insensible a todo estímulo. La chica estaba como aislada dentro de sí misma. Ni un paisaje, ni la televisión, ni cualquier conversación o juego la hacían salir de ese estado de insensibilidad a todo lo que sucedía a su alrededor. Podía quedarse horas, todo el día, sentada donde la hubieran dejado. María fue internada en una casa de reposo dependiente de la Seguridad Social.

En siete años, los médicos no lograron mejora alguna, no aclarándose ellos mismos si se trataba de algún tipo de esquizofrenia o de depresión. Interrumpidos los estudios completamente, los padres vieron cómo la misma esperanza de los médicos de obtener algún tipo de mejoría se esfumaba. Al final, los médicos interrumpieron la medicación, prescribiendo solo tranquilizantes.

Cuando llegó a mi parroquia este caso, oré por ella sin observar manifestación alguna. La chica no se movió, no dijo nada. Pero aunque no observé ningún signo de posesión lo que me llamó la atención fue la historia corroborada por dos testigos (padre y hermana) de que todo comenzó con una sesión de espiritismo y que ambos habían sido testigos de los fenómenos que he referido arriba. A eso hay que añadir que la chica olía muy mal, como a algo podrido. Cuando pregunté acerca de eso, me dijeron que por más que la lavaban no había forma de quitar ese olor.

Dado que existía una clara relación causa-efecto con el ocultismo, comencé a orar por ella ya no para discernir el caso, sino simplemente para que fuera liberada de la opresión demoniaca que la tenía encadenada. Y aunque durante las dos sesiones que oré no se produjo manifestación alguna, sino que continuaba en ese perfecto estado de insensibilidad y desconexión del mundo exterior, sin embargo comenzó a mejorar. Después de seis años en ese estado, el padre vio con alivio que ya tras la primera vez que se oró por ella, después, en el coche, de vuelta a su casa, comenzó a hablar con sus familiares.

El mayor problema al que se enfrentaban era la distancia, vivían a unas cuatro horas de mi parroquia. Así que tras la tercera sesión, yo la exorcicé a distancia. La chica siguió experimentando una clara mejoría, la primera, insisto, en seis años. Aun así les dije que aunque podía seguir orando a distancia durante un tiempo, era necesario que encontraran un exorcista en su diócesis. Perdí la pista al caso en esa situación en la que ellos se pusieron a buscar un exorcista en las diócesis vecinas. Desde el principio vi que el padre, haciendo un gran esfuerzo, podría traer a su hija unas pocas veces hasta mi parroquia, pero que él no tenía fuerza ni energía suficiente para luchar por ella trayéndola una vez al mes, o cada más tiempo.

Como mera curiosidad diré, para que se vea que Dios actúa una y otra vez en la labor del exorcista, que la misma mañana que esta familia vino a verme a la parroquia por primera vez yo en mi rato de oración personal había estado leyendo en la obra *El Poema del Hombre-Dios* de la mística María Valtorta, un caso de posesión exactamente igual que el que me llegó por la tarde[9]. No un caso parecido, sino realmente idéntico. Era una extraordinaria casualidad, porque cuando leí ese caso por la mañana, pensé que nunca se me había dado un caso tan extraño, sin pensar que esa misma tarde tendría ante mí un caso exactamente igual al que describía la mística.

Por todo lo dicho y por la mejoría inmediata que experimentó con las oraciones, ahora admito que el poseso puede ser furioso, pero también puede quedar completamente atado por un espíritu que lo reduzca a quedarse quieto en un rincón y no moverse. En esos casos, más que poseer el cuerpo, lo que hace el espíritu es atar la mente de una forma tan perfecta que la vida queda interrumpida. ¿Cuántos casos como el de ella habría internados en hospitales o arrinconados en sus casas, atendidos por unos padres hartos de alimentar a una especie de vegetal? No lo sé. Lo cierto es que solo en aquellos casos en los que la relación causa-efecto (es decir, práctica del ocultismo-aparición de la enfermedad), fuera evidente podíamos estar seguros de la existencia de algo más que una enfermedad.

Caso 20

Una mujer de unos cuarenta años me vino a ver con un síntoma que era tan poco indicativo que me admiró que hubiera hecho tantos kilómetros solo para eso. El síntoma era la ira. Es decir, a veces sufría ataques de ira tan intensos que ella misma al calmarse decía que no se reconocía, que aquello se salía fuera de los parámetros de lo normal. El marido también decía que parecía que no

---

9 Concretamente había leído el nº 215 de esa obra de María Valtorta. El capítulo titulado *El posadero de Bet Yinna y su hija lunática.*

fuera ella. Al orar yo por su mujer, comenzó ella a tener grandes sentimientos de ira y un fuerte impulso a agarrar mi mano, la cual la tenía puesta sobre su cabeza. Si bien se contuvo y no mostró nada de ese impulso.

Como no me habían referido ningún signo preternatural, ni se había practicado ocultismo, quedamos en que practicarían los consejos que suelo dar a todos para iniciar una vida de oración y que al cabo de dos semanas me llamarían para ver si esos ataques de ira con la oración iban remitiendo. Ciertamente no había observado ningún signo de presencia demoniaca, ni al orar, ni en lo que me contaron. Aunque sí que es cierto que las personas con influencias a veces cuando se ora por ellas sienten un incomprensible enfado y deseos de agarrar o golpear a la persona que ora por ellos.

Al cabo de un mes vinieron a la parroquia y oré de nuevo por ella, la mujer había hecho diariamente lo que yo le había dicho: misa, rosario y lectura del Evangelio. Cual fue mi sorpresa al ver que al orar, esta vez, sí que se manifestó algo. Su voz claramente indicaba que un espíritu estaba hablando a través de ella. En diez minutos todo acabó, ese espíritu salió y la mujer tuvo la sensación de liberación, la sensación de sentirse por fin totalmente bien. Allí acabó todo y la mujer siguió con su vida normal.

Leer este tipo de casos, lleva a entender que la labor de un sacerdote dedicado a mi trabajo no se reduce a orar por personas que actúan solo como posesos furiosos que blasfeman y gritan durante horas y a los que hay que agarrar entre varios. Sino que la mayor parte de las veces nos vienen a ver personas con influencias, leves o graves, pero que no llegan al estado de que el demonio posea el cuerpo.

Caso 21

Me llamó un vicario episcopal para decirme que a una señora que conocía desde hacía muchos años y sobre la que no tenía duda alguna acerca de su perfecta salud mental, le había telefoneado para decirle que le estaban pasando cosas muy extrañas en la casa, fenómenos preternaturales. Me dijo que ella me llamaría y que, por favor, la atendiera.

La señora me llamó y me dijo que hacía más de medio año había comenzado a practicar la escritura automática. Su hijo se le había muerto y un día había oído hablar que tomando un bolígrafo uno podía pedirle a ese espíritu que fuera él el que moviera la mano. Al cabo de unos pocos intentos, la mano había comenzado a moverse sola. Contenta con las respuestas de su supuesto hijo, practicaba la escritura automática cada día durante un cuarto de hora.

Todo iba muy bien, hasta que al cabo de medio año comenzaron a sonar golpes muy fuertes en la pared. Especialmente detrás del espejo. Golpes tan enérgicos que creyó que iban a tirar el espejo. Los golpes sonaban en más lugares del dormitorio de la madre.

La vida comenzó a resultarle insoportable en la casa, esa presencia la atemorizaba. Los mensajes de la escritura automática decían que no se preocupara, que era él, su hijo. Pero al cabo de unas semanas, en medio de terribles golpes, le gritó rabiosa y llorando: tú no puedes ser mi hijo, si fueras mi hijo no me harías esto. En la casa iba siendo cada vez más difícil vivir. La percepción de que se hallaba allí esa presencia, los golpes y los malos olores iban atemorizando más y más a la familia entera.

Cuando fui a la casa, como siempre sucede, ni vi ni sentí nada. Nunca en todos estos años en que he ido a las casas en que me han dicho que sucedían este tipo de cosas, he visto o sentido nada. Así que bendije la casa, eché agua bendita en cada habitación y ordené a cualquier mal espíritu que saliera de allí. Después le dije a la mujer que ella rezara cada día para que Dios echara de allí al espíritu al que ella había atraído al invocarle tácitamente con la escritura automática.

Con el tiempo los golpes fueron remitiendo y todo se fue solucionando. A la pregunta si ella se comunicó verdaderamente con su hijo, la respuesta que le di era que cualquier espíritu se puede hacer pasar por un hijo u otro familiar. Aquellos que practican espiritismo, nunca pueden estar seguros de estar hablando con quien dice ser. Tampoco se puede afirmar que no sea el difunto al que han llamado, pues en la Biblia el rey Saúl al dirigirse a la bruja de Endor para hablar con Samuel, sí que se nos dice que el profeta Samuel fue el que habló con el rey. Pero el espiritismo atrae malos espíritus, siempre supone un peligro. Y por eso la Iglesia lo prohíbe, ya que nos abre una puerta al mundo demoniaco.

Caso 22

Me vino a ver una chica de diecinueve años que por el deseo de hablar con su abuelo muerto del que no se había podido despedir, había comenzado a hacer espiritismo. Durante cuatro años lo va a practicar una media de tres veces por semana, ella sola. Los casos que practican el espiritismo solos, y no en grupo, son peores pues implica una notable costumbre de practicarlo. Además la chica comenzó a practicar tímidamente hechizos y maleficios. A esta cada vez mayor afición por la magia y la brujería se unió una sensación de tristeza, de cansancio y de no querer salir de casa, reduciendo su vida social al mínimo, aunque conservando su empleo y amigas.

A la pregunta de si había sucedido algún hecho extraordinario, ella y su hermano (que era un buen cristiano) contestaron que las luces se encendían solas, que notaban olores a azufre en la habitación de ella. Y que en una tarde de verano en que todas las ventanas de la casa estaban abiertas, estaba haciendo espiritismo, el espíritu le dijo que le dejara en paz, y ella insistió, así que repentinamente todas las ventanas y puertas de la casa se cerraron, rompiéndose los cristales de varias de ellas.

Resulta interesante remarcar que, haciendo espiritismo, esas entidades le dijeron que no podían dañarle. ¿Por qué?, preguntó ella. Porque Dios no nos lo permite, respondieron. Y añadieron, pero debes dejarlo de hacer. Es curioso que ellos mismos le advirtieran que debía dejarlo de hacer.

Con todos estos antecedentes yo daba por supuesto que esta chica iba a estar posesa. Cuando empecé a rezar ella sintió que se mareaba. Cada vez se mareaba más, aunque seguía en silencio y sentada. Después comenzó a sentir escalofríos, aunque siguió sin entrar en trance. Finalmente sintió como si alguien le propinara una patada en el costado. Quedó dolorida durante mucho rato, pero cada vez se fue sintiendo mejor, hasta que dejó de sentir todos estos síntomas.

Al final, se sintió bien. Toda la oración había durado un cuarto de hora. La chica había entrado con ojeras muy pronunciadas y al acabar la oración su hermano y yo nos dimos cuenta de que ya no estaban esas ojeras. No solo eso, su cara dura y sombría antes de entrar en la capilla la encontramos cambiada, era como si estuviera llena de luz, más suave, más aniñada, más dulce. También se sentía liberada de un peso que le oprimía en el pecho desde hacía tiempo.

La gran duda que me quedaba después de su liberación era por qué esta chica no había quedado posesa con ese historial. Finalmente pensé que las oraciones de su hermano, que era muy buen cristiano, le habían preservado, así como el hecho de haber empezado todo por amor a su abuelo, por el ardiente dolor que le producía el hecho de no haberse podido despedir de él.

El exorcismo tuvo lugar a pesar del hecho de que ella había dejado bien claro que *yo creo en Dios, pero no en la Iglesia, ni en los curas*. Estoy seguro de que Dios permitió que el exorcismo tuviera éxito tan pronto para que ella se acercara a la Iglesia y sus sacramentos. Ella era débil y había venido más bien animada por su hermano, si el camino para su liberación hubiera sido más arduo, no hubiera continuado y no se hubiera logrado nada. En otros casos, no obstante, Dios exige fe en la Iglesia y un cambio de vida que preceda a la liberación. Pero como se ve, Dios decide caso por caso el nivel que exige a cada uno para obtener la liberación.

Caso 23

Una señora de cincuenta años llegó a mi parroquia trayendo a su hijo de catorce años para que lo mirase. El hijo padecía ataques parecidos a los epilépticos, pero el médico les había dicho que no lo tenía muy claro a juzgar por las pruebas que le había hecho. Estos fueron los vagos síntomas que me refirieron al venir a mí. Añadió que la razón que le había hecho sospechar que su hijo podía tener algo que tuviera que ver con la posesión era que una familiar suya, que les odiaba, estaba muy involucrada en magia.

El chico no solo no creía en Dios, sino que además era muy contrario a todo lo religioso. Se trataba de un joven lleno de orgullo y con un gran desprecio por los sacerdotes. Solo había ido por contentar a su madre después de mucha insistencia. Oré largamente, durante casi un cuarto de hora, por el chico que no mostró ningún síntoma de presencia maligna. Ante mis preguntas de si sentía algo mientras oraba por él imponiéndole las manos, respondía que nada.

Con lo cual les dije a ambos que no veía ningún signo en él que me hiciera pensar que sufría algo demoniaco. Aun así, dada su nula colaboración (el chico había rehusado hacer la más pequeña petición a Dios diciendo que todo eran tonterías) le dije a la madre que si algún día su hijo se convertía, creía y empezaba a orar, que podían volver y oraría de nuevo. Aunque las posibilidades de encontrar algo que tuviera que ver con el demonio eran mínimas, dado que los síntomas que me había explicado no hacían sospechar la presencia de nada maligno. Pero dado que no había colaborado nada no se podía excluir al 100%. Pues si la persona no quiere colaborar, si no ora, si no tiene fe y desprecia la ayuda que se le brinda, entonces el espíritu tiene muchas posibilidades de poder esconderse y no ofrecer manifestación alguna. Es como si estuvieran fuertes dentro de la persona.

Cuando ya salíamos de la iglesia, bajando por las escaleras de la entrada, la madre me comentó de pasada que ella una vez al ir a un santuario se había sentido muy mal, con ganas de vomitar. Le dije que, ya que estaba allí, si quería que orara por ella antes de marcharse que lo podía hacer. La señora lo pensó y me contestó que bien. Entramos de nuevo en el templo, tenía yo la intención de hacer una breve oración y que se fuera tranquila sin albergar en su corazón temor alguno a posibles influencias preternaturales.

Pero cuál fue mi sorpresa al empezar a orar por ella ante el sagrario, cuando oí que decía que sentía ganas de vomitar. Mi oración por ella duró hora y media. Durante ese tiempo la señora emitía un tipo de eructo muy especial que suelen tener las personas a las que se les ha hecho un maleficio, cuando se ora por ellas. Es un eructo muy prolongado, no breve como el normal, sino es como si recorriera hacia arriba todo el esófago y la faringe hasta salir por la boca. Así estuvo durante hora y media. A pesar de que había comido dos horas antes, no vomitó nada. Pero continuamente escupía saliva. Como ya he dicho, estuve orando por ella durante hora y media, en la que intercale varias horas canónicas de mi breviario que ese día llevaba retrasado. Al cabo de ese tiempo ya se sintió bien, perfectamente bien.

Liberada ya la señora de aquella influencia, le hice algunas preguntas, y me dijo que sí que desde hacía tiempo se sentía muy triste y con problemas de salud. La presencia de estos espíritus no se limita nunca a efectos físicos, sino que va acompañada de una continua sensación de tristeza. ¿Era posible, por lo tanto, que alguien le hubiera podido hacer un maleficio, como ella sospechaba? No lo sé, lo cierto es que había estado padeciendo una influencia maligna. Y este hecho nos hacía sospechar que quizá el hijo también padeciera algo. Pero si era cierto que en él estaba actuando un demonio se hallaba muy oculto. Hasta que el Señor no tocase su alma y se acercase a Dios, hubiera lo que hubiera en él, seguiría oculto.

Caso 24

El hombre que vino a verme de cuarenta años comenzó refiriéndome que ya de pequeño había escuchado una conversación en la que su abuela decía que se le habían aparecido unas almas. Y que, posteriormente, estando solo en casa oyó un llanto y vio algo en un espejo. Algo que no recuerda, pero que le hizo salir corriendo de casa. Alguna vez más, vio algún espíritu.

Los años pasaron sin nada especial que contar salvo que siempre sufrió una cierta tendencia a la depresión e incluso al suicidio. Tenía un gran rechazo a la Iglesia y los sacerdotes. Comenzó a practicar esoterismo, concretamente espiritismo, con frecuencia. Hasta entonces se le habían aparecido espíritus humanos de difuntos. Pero varios meses después, por primera vez, se le apareció el demonio. Se le apareció con una especie de máscara que le recordaba a las de tipo veneciano. No le vio la cara, pero el gesto y la mirada eran de burla. No recuerda nada especial del cuerpo, lo único que veía de forma clara era que su cara estaba cubierta de esa máscara.

Fuera de este episodio, la vida siguió normal. Aunque, según me decía él, no notaba que se iba llenando de soberbia, pensando que llegaría a ser un gran mago. Había avanzado en el camino del ocultismo, y ya hacía conjuros e invocaba a los espíritus para pedirles cosas.

Entre uno y dos años estuvo muy metido en el tema de videntes, astrología, tarot y espiritismo. Pasaron dos años más hasta que vino a verme. Vino a verme por los siguientes síntomas: Se despertaba de repente y notaba una presencia a su lado, o escuchaba un parloteo que no entendía. Sentía en la cara como si recibiera repentinamente una gran luz. Cuando pasaba eso ya no se podía dormir, a pesar que no le daba ningún temor el haber tenido esa sensación. Veía luces a veces, pero tenía que cerrar los ojos porque le escocían mucho. Una vez resistió (a pesar del escozor de los ojos) y enfocó su vista hacia esas luces que le parecieron como muy lejanas. Esas luces se le iban acercando. La exacta sensación que tuvo al mirarlas fue muy precisa, entendió (así me lo dijo) que eran viejos sabios con sentido del humor. Le daban paz e incluso risa. Y uno se manifestó con forma de ojo. Sentía que le sonreían, aunque no los veía con apariencia de cuerpo alguno.

Esa experiencia la recuerda como agradable, pero todas las demás experiencias fueron desagradables y le infundieron temor. Las presencias a su lado y los olores cada vez más le producían temor. Una noche, incluso, vio a un hombre en su casa que se burlaba. Lo vio tan claro, de un modo tan visual, que creyó que era un ladrón y le increpó, el intruso se escondió en la casa. Al esconderse y no encontrarlo, sintió miedo, y se fue haciendo consciente de que aquel hombre pertenecía al mundo de lo preternatural de manera que no llamó a la policía y se fue a la cama. Más tarde esa noche volvió a sentirlo cerca y se quedó paralizado en el lecho sin poderse mover, ni gritar, muy asustado. En esa época, asimismo, comienza a sufrir depresiones muy fuertes. Ya había sufrido antes depresiones, pero en ese momento más intensas.

A raíz de una amistad con cierta persona, fue acercándose a Jesús. Ese acercamiento provocó un cambio de vida cada vez mayor, un cambio a mejor, hacia Dios. Después de una tregua que duró un mes sin sentir nada extraño, vio un día tres caras de demonios como si estuvieran apoyadas sobre el borde superior de la puerta entreabierta. Él se asustó, oró y se marcharon, pero aunque se habían marchado comenzó a tener cada vez más miedo de esas presencias que aparecían en su vida. También volvieron las depresiones que le habían dado un respiro durante un tiempo.

Finalmente fue a consultar a un sacerdote de su ciudad, porque al ver al demonio sintió que el demonio lo que quería era matarle. El sacerdote le indicó que fuera a ver al exorcista de la diócesis. El exorcista le trató con frialdad, le tomó por loco y no hizo nada. El sacerdote que tenía el nombramiento de exorcista en esa diócesis, era alguien sin ningún interés por esta materia, y que despachaba los casos que venían a verle con prisa, con desgana y con la sola ayuda de una breve lista de preguntas. Este sacerdote era el primer admirador de su propia ciencia y buen sentido común. Como es lógico, nunca encontró ningún poseso. De haber estado yo poseso, antes me hubiera puesto en las manos de Martín Lutero o en las de Martin Luther King, que en las de él. Así que el pobre hombre que había ido a verle en busca de ayuda, entendió que de él no iba a lograr esa ayuda. Finalmente, la Providencia hizo que oyera hablar de mí y vino a verme.

En la primera cita, por una urgencia que tuve no pude ir, así que telefoneé a un sacerdote que colaboraba conmigo en este ministerio. El cual le atendió y consideró que sí, que era un caso auténtico, y le exorcizó durante una hora. Una hora en la que aunque estaba consciente, gritó, se convulsionó y se manifestaron tres demonios, que salieron. Durante la sesión el poseso estaba consciente y cuando hablaba lo hacía con su propia voz. A veces le profería blasfemias, gritos, y tenía un comportamiento que (aun estando consciente) sentía claramente que no procedía de él.

En la segunda sesión, dos semanas después, estuvimos tres cuartos de hora. Ya no había dentro ningún demonio que le poseyera, solo sentía cómo el demonio le movía el cuerpo con un temblor continuo.

Para prepararse a la tercera sesión decidió dedicar tres días al ayuno y la oración. Me preguntó cómo hacer el ayuno. Dado que se trataba de tres días seguidos, le aconsejé que hiciera el ayuno eclesiástico y que por tanto hiciera una comida normal al día, pero que no dejara de hacer una frugal colación por la mañana y otra por la noche. De lo contrario, tres días seguidos podían debilitarle en exceso, tener mareos, nauseas, e impedir la oración. El ayuno debía ser una ayuda a la oración, no el impedimento de esta.

Durante una mañana de esos tres días, se sintió muy mal. Hay que explicar que años antes siguiendo el consejo de un libro de magia, había ingerido una sustancia para tener siempre junto a sí a la mujer a la que entonces amaba. Esto había ocurrido años antes, pues bien, en el segundo día de ayuno, por la mañana, se sintió cada vez peor. Finalmente vomitó una sustancia entre verde y amarilla, aunque no tenía nada en el estómago pues aquel día había sido de ayuno. Además al vomitar sintió como si echara fuera de sí una bocanada de fuego. Era consciente de que aquel vómito no era un vómito normal, sino que estaba echando fuera de sí algo maligno.

Esa tarde tuvo lugar la tercera sesión de exorcismo en la que solo sintió un gran amor de Dios. Lloró, se puso de rodillas y nos dimos cuenta de que ya estaba liberado. Recé por él al día siguiente, pero solo para confirmar una vez más que nuestras oraciones y sus tres días de ayuno le habían liberado completamente. Se marchó contento y renovado en su cuerpo y en su espíritu.

Siguió viniendo a la parroquia en meses siguientes sin dar síntoma alguno de influencia demoniaca. Su vida continuó en un gran fervor y amor a Dios. Al cabo de dos años, esa vida de oración se volvió a debilitar y, finalmente, desapareció a causa de una relación concubinaria con una mujer. No se podían casar ya que él estaba separado de su mujer. Ella le había dejado, antes de venir a verme la primera vez. Pero el sacramento existía. Así que como no podían casarse, vivieron juntos durante casi un año. El resultado fue que su vida espiritual desapareció completamente, ya que sentía que lo uno y lo otro no podían coexistir. Pero un año después, comenzó a hacer oración, sin dejar a la mujer con la que convivía. Y poco a poco fue tomando fuerzas para vivir en gracia de Dios y dejar aquella relación en una mera amistad.

Caso 25

Una mujer de cincuenta años aprendió a hacer espiritismo, creía que se comunicaba con Dios. Hizo el espiritismo acompañada al principio, pero después ya lo hizo sola. Le preguntaba a esa entidad si era Dios y le respondía que sí. La mujer se daba cuenta de que las respuestas a veces eran ciertas, pero que en otras fallaba. Animada por la emoción de esta novedad, llegó a practicar el espiritismo diariamente. Fue entonces cuando le empezaron a ocurrir fenómenos tales como que las cosas le desaparecían de un lugar y le aparecían en otro, o incluso que las puertas de dentro de la casa se cerraran solas. Aunque tampoco ocurrieron muchas cosas extrañas más. Dado lo mucho que practicaba la comunicación con los difuntos, lo que me sorprendió cuando me contó su caso fue la poca cantidad de hechos preternaturales que sucedieron. Lo cierto es que a pesar de estos pequeños sustos, fueron transcurriendo ocho meses de práctica espiritista diaria.

En este caso, como ya he visto en otros, el que ella fuera a misa, rezara mucho y con gran fe, unido al hecho de que practicara el espiritismo de total buena fe (pensaba que hablaba con Dios) hizo que fuera protegida por el Señor y cuando oré no tuvo ni la más pequeña influencia.

El que no sufriera influencia maligna alguna, concordaba con lo que me había dicho, que durante todos estos ocho meses nunca había sentido nada en su cuerpo, cosa que hubiera podido indicar posesión o influencia. Todos los fenómenos los había visto en la casa, ninguno en ella misma. En su caso, como en otros, Dios le había protegido a pesar de ponerse en la boca del lobo. Se trataba de una situación de *circumdatio*, es decir, de una influencia externa, y por lo tanto bastaba con darle consejos de oración para alejar al demonio de su alrededor. Sin embargo, se trataba de un caso de *circumdatio* y no de infestación, que son los casos en los que el demonio posee un lugar. Puesto que los fenómenos extraños sucedían allá donde morara esta mujer, aunque cambiara de casa.

Caso 26

Una chica de dieciocho años me cuenta que no puede dormir en su habitación, desde que se mudaron a esa casa, hacía ya diez años. Si duerme allí, siente una presencia que llega incluso a tocarla. Si trata de rezar, no lo logra, se pone nerviosa hasta que no resiste más y tiene que marchar a la habitación de sus padres. Sus padres no oponen reparos a que no duerma en su habitación desde hace tantos años, porque también ellos han sentido allí *cosas extrañas*. Le pregunté si cuando iba de visita a otras casas y lugares tenía las mismas sensaciones, me contestó que no, que solo le ocurría eso en su habitación. Ante mis preguntas, manifestó que ella nunca ha hecho nada que tuviera que ver con el ocultismo para que sucediera eso en su habitación.

Lo primero que hice tras conocer lo que ella refería, fue orar por ella. Todo lo que había dicho parecía indicar que era un caso de infestación y no que ella sufriera algún tipo de influencia interna maligna. Pero aun así, siempre hay que asegurarse y orar por la persona. Sea cual sea la teoría que uno tenga sobre lo que padece alguien, siempre hay que rezar por ella y ver si se produce algún tipo de manifestación.

Nada más empezar a bendecirla y orar por ella, me di cuenta de que ponía caras raras, caras de que estaba sintiendo algo dentro de su cuerpo. Al preguntarle si notaba algo, me respondió que algo le quemaba fuertemente en la laringe. Esa sensación se mantuvo durante cinco minutos, durante los cuales su rostro mostraba claramente la gran molestia que le estaba produciendo mi oración. También sintió como si algo se moviese entre el pecho y el cuello. Además, el corazón le latía muy fuertemente, y no por el nerviosismo de que yo orara por ella, ya que mientras contó su historia y al comenzar mis bendiciones se mostraba relajada y tranquila. En este caso en cinco minutos, los síntomas que sentía fueron remitiendo. Finalmente cuando le pregunté contestó que ya no sentía nada, sino paz.

Le expliqué que la influencia que había sobre ella había salido. Pero que podía intentar volver a entrar y que por tanto debía orar de forma especialmente frecuente durante un mes. Le aconsejé las tres prácticas diarias que siempre aconsejo a todos los que son liberados de una influencia: rosario, misa y lectura del evangelio.

Le dije que dado que en su habitación había una infestación, que en ese lugar cada día echara agua bendita y que rezara allí el rosario, mejor con su madre y más miembros de la familia. Con eso, lo que hubiera iría desapareciendo.

Caso 27

Un sacerdote me pide que examine a un chico de dieciocho años, que se había confesado con él dos días antes, y que le había dado permiso para contarme lo que sigue. El chico hace una sincera confesión tras mucho tiempo sin acercarse a los sacramentos. En el momento de recibir la absolución el chico siente una gran angustia. No se trataba de la angustia por tener que decir sus pecados, pues ya había hecho tal cosa, tampoco se trataba de la lógica conmoción debida a la emoción del momento, sino que era una angustia que iba más allá de lo normal. El sacerdote se sorprendió, pero es que después sintió ganas de vomitar.

Aun así, ni el confesor ni el chico le dieron más importancia al hecho. Pero al día siguiente salieron de excursión, en un puente el chico se asomó y sintió un impulso a tirarse puente abajo. Era como si algo le arrastrase a ello. Se agarró a la barandilla y solo con una intensa y desesperada oración de confianza en Dios, logró vencer aquello.

Todo esto fue suficiente para que el sacerdote me pidiera que le echara una hojeada a este joven. Hablé con él, el chico me relató la misma historia de la que había sido testigo el sacerdote. Le pregunté si en algún momento había hecho magia o algo parecido, me dijo que no.

Comencé a orar por él. Tras un minuto dijo que sentía la mitad derecha de su cuerpo distinta de la mitad izquierda. Comenzó a sudar abundantemente. Seguí orando, el chico me dijo que sentía mucho miedo. Era el miedo que le transmitía el demonio. Es un sentimiento que muy a menudo el demonio transmite a alguien por el que se reza. A veces, en cambio, trasmite hilaridad, para que el exorcista se ofenda y deje de rezar. En otros casos, transmite sentimientos de agresividad contra el sacerdote. En este caso, era solo miedo. Entonces sentí que todos mis pelos se erizaban. Signo claro de una presencia demoniaca. Quizá había venido otro demonio en ayuda del mal espíritu que estaba en ese cuerpo. Ese mal espíritu que estaba en ese cuerpo no lo poseía, solo ejercía sobre él una influencia. Continué con mi oración, sentí cómo mis pelos dejaban de estar erizados: el demonio se había marchado al no poder resistir la fuerza de la oración. Tras ese momento en que mis pelos dejaron de estar erizados, noté que el chico respiraba más fuertemente, con más intensidad. Después sintió, dijo, como si le salieran raíces de los pies. Por ahí estaba saliendo ese mal espíritu de su cuerpo. Finalmente ya no sintió nada, estaba bien, relajado. Había quedado liberado.

Aunque yo continué cinco minutos más de oración, se sintió muy bien, feliz y tranquilo por más que yo continuaba con mis oraciones. Dentro de él ya no había ningún mal espíritu. Toda la oración había durado unos diez minutos, más unos cinco para estar seguro de que no quedaba nada. Dado que no poseía a ese chico el mal espíritu, ¿qué hubiera pasado si no hubiera sido liberado? Si no hubiera rezado yo por él, el demonio con esa influencia le hubiera provocado problemas de índole interna (tentaciones, tristeza, desánimo, etc) e incluso actuando de forma extraordinaria como ya lo había hecho. Pero si él hubiera perseverado en la conversión que se había producido el día de su confesión, es decir, si hubiera perseverado en la práctica de la oración y los sacramentos, las ataduras del demonio hubieran ido desapareciendo por sí solas en unos cuantos meses.

Apartado B
Casos no de posesión pero instructivos para el ejercicio de este ministerio

Caso B-1

El caso de esta mujer rondando los treinta y cinco años es muy interesante. Cuando vino a mí, trajo consigo toda una carpeta de informes psiquiátricos. Lo cual me facilitó algo conocer qué había estado sucediendo durante esos años. Los informes no son de una grandísima utilidad, contrariamente a lo que pudiera parecer. Ya que hablar con la persona durante quince minutos, siempre ofrece más información que leer un cierto número de páginas repletas de frías conclusiones. Pero aun así, pude seguir la trayectoria de esta persona a través de esos papeles de la Seguridad Social. Si seguimos su historia de forma cronológica, el primer informe decía así literalmente:

> *"Ha sufrido cuatro ingresos hospitalarios en distintas unidades de agudos de salud mental. Todas las veces, menos la primera, se presentó voluntariamente en los hospitales para ingresar, el motivo que alegó era estar posesa del demonio. Los ingresos voluntarios tuvieron como ilusión por su parte el que los psiquiatras se convencieran de que lo que tenía, realmente, era una posesión y ellos convencieran a las autoridades eclesiásticas de la diócesis.*
>
> *En cada ingreso refiere todo tipo de hechos indicativos de manifestaciones demoniacas. Acudiendo, en uno de los ingresos, a la unidad de agudos de salud mental con una ma-*

leta llena de botellas de agua bendita, oraciones, estampas y similares.

La primera vez que fue ingresada dirá que aunque había tenido relaciones con personas involucradas en el tema del esoterismo, ya había tenido a los veinte años las primeras alteraciones sensoperceptivas: visuales y cenestésicas, principalmente. A partir de ese momento todo su mundo gira alrededor de conseguir que se le realice un exorcismo. Los trabajos realizados son temporales y no exentos de conflictividad con sus compañeros con un pensamiento prejuicioso que puntualmente llega a ser paranoide."

En otro de los informes posteriores (el más completo y profundo de los cuatro informes que trajo ella consigo) el médico concluirá:

"Desde nuestro punto de vista, no es tan relevante en la paciente el trastorno disociativo como la convicción irrebatible a la lógica de la posibilidad de la existencia del demonio y de la magia negra, creencias que son parcialmente reforzadas por la religión católica, que nunca aseguran su no existencia al 100%. (...) Durante su ingreso se induce mediante sugestión dicho cuadro disociativo, observándose cierto grado de control consciente sobre recuerdos y sensaciones, aunque descartamos la simulación."

Ese informe finalmente determinaba que se observaban rasgos histriónicos-dependientes como sensitivo-paranoides, junto a una necesidad desmesurada de aceptación y afecto. Todos los informes de los distintos psiquiatras son unánimes en lo esencial, manteniéndose idénticos tanto en la descripción de los síntomas como en las conclusiones. Tan solo uno de ellos añade que ella dice hablar y ver a la Virgen.

Esta mujer, cuando llegó a mi parroquia, hizo como todas: contarme una larga historia. Una larga crónica de sus sufrimientos a manos del demonio, crónica repleta de elementos nada relevantes. Siempre que hablo con las personas que vienen a mí en busca de ayuda, tengo que luchar denodadamente para saber cuáles son los síntomas que dicen sufrir en su día a día. Y digo que lograr esta información es una labor ardua, porque estas personas siempre caen en la narratividad inacabable. Es decir, comienzan una narración que parece no tener fin y que supone una sucesión de historias acerca de su familia, de lo mucho que sufren y de mil detalles que no aportan nada. Finalmente, tras insistir en mis preguntas hacia ella, y tras cortar la historia una y otra vez (a través de las preguntas, las historias resurgían como una hidra), logré sintetizar la siguiente descripción de los síntomas:

Síntomas Físicos: Le salen manchas rojas que formaban caras de animales, nota pinchazos en el cuerpo como si le clavaran algo, sufre un dolor como si le quemaran zonas de las piernas y en los hombros, nota como si le dieran un golpe en la cabeza, tras lo que sigue un mareo.

Síntomas Psíquicos: Mantiene conversaciones con alguien que dice que es la Virgen María, ve presencias, no le dejan dormir más de dos horas, es violada por espíritus, estos seres llegan incluso a darle palizas. A veces provoca escándalos en las misas gritando y bufando, pero ella dice que es el demonio el que en realidad hace eso.

Los síntomas físicos que ella refirió, no eran comprobables externamente. Nunca vi que le salieran manchas extrañas en su piel. Y especialmente el que esas manchas tuvieran formas de animales, era un signo psicótico clarísimo.

A todo esto había que añadir que había tratado, por todos los medios, de ser exorcizada en su diócesis. Tanto persiguió ser exorcizada, que un sacerdote sin ningún tipo de permiso episcopal la exorcizó por su cuenta. Creándole después todo tipo de problemas con su obispo, ya que ella no guardó el secreto que él le había pedido. Con lo cual la dejó de exorcizar y no quiso saber más de ella.

Después de tantos años buscando exorcista, tras hacer varios cientos de kilómetros para llegar a mi parroquia, la tenía delante de mí esperando mi veredicto. Le dije que según lo apuntado en mi agenda, la atendería más tarde, a determinada hora, pues yo tenía muchos casos esa tarde.

Un rato después, en la iglesia, mientras ella esperaba en un banco, comenzó a sufrir una crisis furiosa contra el Santísimo Sacramento expuesto sobre el altar. Colaboradores de mi parroquia me vinieron a avisar, yo estaba en otras dependencias de la parroquia. Desde la puerta de mi despacho, entré en el templo y la observé en silencio durante un rato, sin intervenir. Ella se había retirado al último banco del final de la iglesia y allí hacía todo tipo de caras y visajes como si estuviera en trance. La observaba y aquello no me acababa de convencer. Había en todo ello algo de teatral, algo de falta de autenticidad.

En días posteriores hablé mucho con ella y oré sobre ella en varias ocasiones. Nunca llegué a exorcizarla. Solo la bendije e hice las oraciones propias para discernir si un caso es de posesión o no. Desde el primer día, le dije que necesitaba estudiar su caso durante unos días. Viendo todas aquellas aparentes manifestaciones demoniacas de furia, no tenía claro dónde acababa la actuación del subconsciente de la persona y dónde empezaba la influencia del demonio si es que esta se hallaba presente. Tras unos tres días de bendiciones, le dije claramente que mi opinión era que su caso no entraba dentro de mi especialidad, sino que necesitaba asistencia psiquiátrica.

Por supuesto se negó en redondo a someterse a ningún tipo de atención médica y, por el contrario, se convirtió en una persona frecuente en las misas de mi parroquia. Aunque me mantuve firme en mi decisión, le dije que no tenía inconveniente en hablar con ella y en bendecirle. El caso lo seguí durante meses. Era de otra provincia, pero iba y venía a la parroquia, y se quedaba uno o dos días enteros. Sin embargo, cuando la bendecía y ella caía al suelo en una aparente crisis de furia, todo era muy histriónico. No vi nada que me sacara de dudas. Por el contrario, me constaba (porque así me lo había referido ella) que en una consulta había imitado los signos de la posesión para convencer a un psiquiatra (que era una persona religiosa) y que así hiciera un informe favorable al exorcismo dirigido al obispo de esa diócesis. Sin embargo, fue descubierta por el mismo psiquiatra y ella misma reconoció su deseo de, digamos, ayudar al discernimiento del psiquiatra exagerando un poco las cosas.

No nos podíamos fiar de que lo que dijera o hiciera mientras orábamos por ella, fuera una crisis demoniaca, entre otras cosas, porque en varias ocasiones había grabado en audio sus mismas crisis (justo antes de caer en ellas) para así tener pruebas de su posesión. Es decir, antes de entrar en crisis, presionaba al botón de su grabadora, para que quedara registrado lo que decía y gritaba en el estado de furia. Este, por si fueran pocos los elementos anteriores, era otro elemento que hacía razonablemente pensar en la gran necesidad de llamar la atención de esta mujer, quizá a causa de carencias afectivas. Mientras duraban esas crisis, ella se sentía el centro de atención. Quizá ella sentía que si estaba posesa, psiquiatras y sacerdotes se paraban a hablar con ella, la atendían y le prestaban todo el interés del mundo. Los elementos voluntarios de la persona emborronaban completamente el cuadro de influencia demoniaca si es que es esta realmente existía.

Dado que eran varios los sacerdotes de su diócesis a los que había contactado desesperadamente pidiendo ayuda, y que ellos después me habían llamado por teléfono, dado que me había llamado también incluso un obispo, ante el que había pedido audiencia para exponer su caso, dado que había tratado de involucrar en su caso a otro obispo más y nos amenazaba con pasear su demanda de ayuda por todas las televisiones del país, me vi obligado a emitir un juicio fundamentado y definitivo. Finalmente y tras innumerables charlas, tras tanta observación, tras mucho reflexionar sobre el caso (solo y en común con más personas del equipo que me asistía), les dije que se trataba de un caso de desequilibrio mental.

Dados los elementos del pasado de esta persona que conocíamos (informes psiquiátricos e indudables fingimientos de posesión) y lo que habíamos observado, durante su estancia en la parroquia, llegamos a la conclusión de que sufría una enfermedad mental. Si bien se añadió una pequeña nota en la que se advertía que hoy por hoy no era posible saber dónde acaba el histrionismo por un deseo subconsciente de convertirse en el centro de atención, y dónde empezaba la acción del demonio (influencia) si la había. En esta persona la existencia de una patología psiquiátrica sí que era segura, la existencia de un factor demoniaco no.

A esta mujer se le recomendó lo siguiente:

—que se someta a un psiquiatra fijo

—que siga los consejos de un confesor fijo, que conozca bien su caso y las conclusiones de este informe final

—que se ponga a trabajar para distraerse y no tener tanto tiempo para pensar

—que lleve una vida de oración y sacramentos centrada en Dios y no en el demonio

Por teléfono hablé con el confesor que aceptó ser su consejero en adelante en cuanto regresara a su diócesis. Y a esta mujer le ordené que a partir de entonces fuera ya él el que recibiera todas sus consultas y preguntas. Al confesor le dije que cada dos semanas hiciera una breve oración de liberación de cinco minutos sobre ella, por si había algún tipo de influencia demoniaca. Pues aunque el caso estuviera muy emborronado por elementos espurios voluntarios, vistos por ella en películas y leídos en libros, tampoco podíamos descartar algún pequeño grado de influencia demoniaca en su enfermedad. Además, ella decía que todos sus problemas comenzaron al hacer magia muchos años antes para conseguir a un chico, *desde entonces todo se me torció*. Tiempo después fue a una vidente que le hizo ciertos ritos. ¿Tuvo en estos hechos su origen la enfermedad mental? ¿O fue su enfermedad la que creo ese episodio de su vida? Nunca lo sabremos.

Lo que sí que es cierto, es que un exorcista solo cuenta con unos ciertos signos externos para saber si alguien está poseso. Cómo saber dónde empiezan los signos verdaderos y dónde la enfermedad si la obsesión consiste precisamente en imitar esos signos de un modo admirablemente bueno. Es decir, qué hacer ante una persona que ha visto treinta veces la película *El Exorcista*, se ha leído todos los libros serios sobre el tema y ha visitado a todos los exorcistas de la nación adquiriendo una experiencia de muchos años, que le lleva a una imitación que, aunque inconsciente, es admirable. Diariamente el exorcista debe pedir a Dios que le ilumine en los casos complejos.

Atender a esta mujer en los meses siguientes, supuso una carga muy pesada para su confesor, pidiendo hablar con él de forma casi diaria y haciendo espectáculos en la iglesia. La obediencia no era precisamente una de las características de esta pseudoposesa, por ello la evolución que pronosticamos a su caso en los años siguientes fue muy negativa, a menos de que fuera ingresada a la fuerza; lo cual estaba fuera de mis posibilidades. Aun así, cada vez que me llamaba por teléfono, la remití siempre a su confesor, para que no se creara una dependencia psicológica conmigo. Pues ese tipo de dependencias son perjudiciales. Además, siendo ella una mujer, es muy fácil que pase del amor intenso al odio intenso no solo en cuestión de días, sino incluso de horas.

El caso estuvo rondando a mi alrededor durante dos años. Recibiendo sus llamadas unas veces con lloros, suplicantes, otras amenazadoras, llenas de odio, incluso llamando más de diez veces en una misma noche tras la cena. Esta persona llegó a saber dónde vivía, a pesar de que mi dirección no aparece en ningún servicio de información pública. Para evitar filtraciones por error, ni siquiera en el obispado de mi diócesis consta mi dirección. Y sin embargo, ella logró saber dónde vivía y colocó una bolsa con huevos sobre el capó de mi coche en el parking. Para que se vea la perseverancia de estas personas en lograr algo, hay que decir que para entrar a ese parking se necesita atravesar tres puertas cada una cerrada con su llave.

Hoy día vive con su familia, pero su enfermedad es crónica aunque llegue a ser tratada por un psiquiatra. De forma que, con mejorías o recaídas, será una paciente que rondará alrededor de mí para siempre. Acepto esta situación como parte de mi trabajo.

Caso B-2

El chico de dieciocho años llegó a mi parroquia con una depresión severa, deseos de suicidarse y voces que le hablaban en su cabeza. Ningún hecho preternatural, ni ningún contacto con lo esotérico. Después de hablar con él, oré: no hubo ningún signo. El caso podía parecer acabado, pero no. El padre era muy religioso, muy involucrado en la renovación carismática y de ningún modo aceptó que la enfermedad de su hijo no estuviera causada por un espíritu. Traté de razonar con él hasta lo imposible, pero el padre se mostró irreductible. Mis conversaciones fueron con el padre, ya que resultaba inútil tratar de convencer al hijo en ese estado de pasividad en el que se encontraba ya que en su estado, evidentemente, iba a hacer lo que le dijera su padre.

Así que, finalmente, tras mucho hablar, llegué a un pacto con el padre: yo rezaría sobre el hijo una vez a la semana, cinco o diez minutos, no haría el ritual de exorcismo, sino que mi oración sería de bendiciones y plegarias dirigidas a Dios pidiéndole que se sanara, pero a cambio él tenía que ir a un psiquiatra a que le tratara.

Las semanas comenzaron a pasar. Yo oraba por él cada semana. En su casa, el joven rezaba solo de una manera vocal, desganada y despistada, pero su padre le acompañaba cada día en sus rezos, como si de un niño pequeño se tratara. No se veía que el chico avanzara para nada. Respecto a la atención psiquiátrica, nunca me quedó muy claro si estaban yendo de forma continuada o si habían ido al especialista meramente para cumplir conmigo. Las respuestas del padre indicaban que estaba recibiendo atención especializada, pero me quedaba la sospecha de que no fuera así en la medida en que debía.

Cada vez que el padre me preguntaba si había allí una influencia demoniaca, debía responder que yo no veía ningún signo. Pero si me preguntaba si yo afirmaba con absoluta seguridad que su hijo no padecía ninguna influencia demoniaca en su mente, entonces debía repetirle que yo no veo el mundo invisible, pero que dado el examen que le había practicado a su hijo, no se percibía ningún signo que hiciera pensar en alguna influencia demoniaca. Lo cierto es que al cabo de tres meses se observó una clara y repentina mejoría que fue progresando. El chico pudo empezar a ayudar a su padre en el trabajo, estaba más comunicativo y hasta la cara le había cambiado. Los rezos y la mejora prosiguieron en los meses siguientes.

Y aquí se plantea el dilema de siempre. Un psiquiatra ateo diría que se curó por una evolución propia y espontánea de la enfermedad. Un cristiano de a pie quizá diría que se debió a la fe puesta en la oración. Y un psiquiatra creyente y yo mismo diríamos que no sabemos dónde puede estar la parte de una remisión espontánea de la patología y dónde la acción de la oración que también sana enfermedades mentales y no solo sirve para echar demonios. El caso lo seguí durante dos años, aunque ya solo me pedía que orara por él cinco minutos cada varios meses. La mejoría perduró en el tiempo, aunque con recaídas.

Caso B-3

Voy a narrar este caso porque en este ministerio del exorcismo si el mal se manifiesta a veces de un modo extraordinario, también en ocasiones el bien se manifiesta de un modo igualmente extraordinario. Un libanés de cerca de cincuenta años llegó con su mujer a mi parroquia, había venido desde Bélgica. Aunque era libanés, llevaba afincado muchos años en esa parte de los Países Bajos. Para mí, el hecho de que fuera musulmán no suponía ningún impedimento para que yo le examinara y le atendiera lo mejor posible: Dios es padre y ama a todos sus hijos. Sería un espantoso error imponer la conversión al cristianismo ni para examinar un caso o para exorcizarlo. Aunque para ser exorcizado sí que es necesario acercarse a Dios, orar y poner en orden la propia vida de acuerdo a los Mandamientos de Dios.

Me contó su historia, no había tenido nada de contacto con lo esotérico, no le había pasado nada extraordinario. Lo único que decía que le pasaba era que todo le salía mal: los negocios, la salud, todo. Su mujer insistía, apoyándole, en que todo efectivamente salía mal desde hacía varios años. Me dijo que, desde hacía cinco años, veía ciertas entidades, las cuales habían entrado en su vida provocándole miedo y ansiedad. ¿Pero usted las ve con sus ojos?, le pregunté. Me contestó que, en realidad, verlas no las veía, pero que las sentía. Tampoco su mujer pudo avalar nada preternatural, no había sido testigo de nada extraño.

Bastante escéptico me puse a orar por él, pero hubo una total ausencia de signos, no se produjo ni la más leve manifestación. Le pregunté si sentía algo cuando oraba por él imponiéndole las manos. Me dijo que sentía en ese momento que algo se movía en su cabeza. Pero por más que insistí en conjurar al demonio si estaba allí, no hubo ninguna manifestación, sus ojos estaban perfectos, no mostraban signo alguno de influencia, él se hallaba sentado tranquilo en el banco orando fervorosamente.

Después de orar diez minutos y ver que allí no se manifestaba nada de nada, decidí orar diez minutos más en lenguas. Yo había recibido ese don del que habla san Pablo en la Carta a los Corintios. Y, cuando me sentía movido por el Espíritu Santo, profería cosas en lenguas desconocidas que, efectivamente, provocaban un gran desagrado en los demonios, como habíamos visto infinidad de ocasiones.

Oré en lenguas, y allí comenzaron las sorpresas en un caso que hasta entonces había parecido bastante anodino. El libanés y su mujer (también libanesa) dijeron que entendían algunas palabras de esa oración en lenguas.

Concretamente el matrimonio dijo que había entendido las siguientes palabras en árabe:

Shitan (Satanás en árabe)
cinco años
(el nombre concreto de un familiar)
Dios es grande
ponte cerca de María
serpiente
ella hace algo que no desea que lo vean.
muñeca
oscuridad

Yo estaba muy sorprendido de que el caso hubiera dado ese giro inesperado. Pero, aunque soy muy incrédulo, era evidente que dos personas (el libanés y su esposa) habían entendido perfectamente en árabe esas palabras. Dada la situación, les dije que consideraba que esto se interpretaba de la siguiente manera:

Que hacía cinco años que se había hecho el maleficio por parte del familiar cuyo nombre había mencionado (y del que el libanés sospechaba ya antes de venir a verme, aunque no me había dicho su nombre). Y que ese familiar, un sobrino, había encargado el maleficio, a una mujer, la cual lo había realizado a través de una muñeca (una muñeca de vudú). Pero que Dios era grande y que para destruir el maleficio tenía que ir a ese monte que yo había mencionado, y donde casualmente hay una iglesia cristiana en la cima. El monte, situado en el Líbano, se llamaba en árabe *Casa de María*. Además de mencionar el nombre del monte, situado a pocos kilómetros de donde él era originario, el Espíritu Santo le había dicho *ponte cerca de María*. Las últimas palabras del mensaje eran confirmarle que sí, que había una serpiente (símbolo del demonio, es decir que era verdad que se le había hecho un maleficio), y las palabras *ella hace algo que no desea que lo vean* y *oscuridad* se referían a cuando ella había hecho el maleficio.

Les di los consejos pertinentes para que el matrimonio se acercara más a Dios y llevara una vida todavía mejor. La pareja se fue llena de agradecimiento a Dios que todo lo descubre y que les había mostrado el camino para el remedio. Les insistí en que lo único que Dios siempre pide en estos casos es el perdón de la persona que ha hecho la mala acción, que no le odiaran porque el odio era algo desagradable a Dios, además de ser una fuerza destructiva en aquel que lo sufre en su corazón. Añadí que, en mi opinión, cuando ellos llevaran un tiempo orando y fueran a la iglesia de ese monte serían liberados del maleficio.

Caso B-4

Una señora, de unos cincuenta años, que había tenido una completa conversión a Jesús, hacía veintitrés años, vino a mi parroquia y me contó que su madre, aunque creyente, tuvo contactos con gente que echaba las cartas. Y que había ido a ese tipo de personas para buscar el bien de su hija, que era la señora que ahora tenía delante de mí.

Me dijo que su hermano había participado un tiempo en las prácticas de una secta satánica, aunque la había dejado. Le insistí a la señora que me contara sus síntomas, aquello que ella padeciera y que le había hecho venir a consultarme. Como siempre, tenía que cortar enérgicamente con las historias para pedir que se centrara en la enumeración de los síntomas. Ya que la narración de su hermano en la secta satánica, iba camino de ser una historia interminable. Sea dicho de paso, siempre soy muy escéptico cuando me dicen que alguien ha ingresado en una secta satánica. Si hubiera tantas sectas satánicas como la gente me cuenta, sería tremendo. Así como de noche todos los gatos son pardos, cuando hay mucho miedo todo son sectas satánicas.

La señora se centró en los síntomas, diciéndome: *Dejo las cosas en un sitio y no las veo. Se me olvidan las cosas, me siento incapaz y sin ganas para nada.* Me explicó, con abundancia de detalles innecesarios que el coche se le fue por una pendiente, pero que el freno estaba puesto, y que el coche se paró unos centímetros antes de chocar contra la pared y que eso lo vio como una actuación de la Providencia, pues la sirvienta le dijo que el coche se paró donde el Señor había querido que se parara. Después de la historia de su hermano en la secta, ahora la historia del coche sin freno, iba camino de seguir precipitándose por una pendiente narrativa sin fin a la vista. Trato de reflejar lo que es una conversación con aquellos que nos vienen a consultar para que se vea la gran paciencia de la que a veces tenemos que echar mano. Pues con gran falta de tiempo por nuestra parte, muchas veces las personas que vienen consideran que si no hablan con nosotros media hora, no nos vamos a hacer idea de un caso tan importante como el suyo.

Esta señora estaba muy preocupada porque su madre había ido a personas que echaban cartas, pero hay que decir que no todo el mundo que va a este tipo de videntes recibe una influencia demoniaca. El mero hecho de ir a una persona así que echa cartas, no necesariamente produce un perjuicio demoniaco. Es más, las más de las veces no lo produce, si no hace ningún rito de invocación de espíritus sobre la persona que ha ido a consultarle. Consultar el futuro no supone invocar al demonio. Las influencias extraordinarias sobre una persona, como regla general, se producen cuando alguien invoca demonios, entidades o espíritus desconocidos.

Cuando oré por ella, quedó claro que no tenía nada de nada. Allí no había manifestación alguna. Así que le di los consejos pertinentes: que se olvidara de todo lo demoniaco, que estaba limpia de toda influencia y que centrara su vida más en Cristo y no en ver en todas partes al Maligno. A este tipo de personas hay que dejarles muy claro que no tienen que preocuparse de nada. También es nuestra labor, la de los sacerdotes que nos dedicamos a esto, dar tranquilidad al que nos viene con una consulta. Lo que pasa es que discernir cada caso supone normalmente una media hora. Pues hay que hablar antes de orar sobre ella, hay que orar y después hay que darle las conclusiones y los consejos. Pero aunque sea media hora por caso, es nuestro trabajo. Si bien, cuando el caso se ve muy claro, es decir, que el desequilibrio es muy evidente, o que lo que refiere son meros miedos, entonces un caso puede ser discernido en diez o quince minutos.

Caso B-5

Claro que también hay casos en los que todavía se puede ser más rápido, si todo indica que no tiene sentido emplear más tiempo. Por ejemplo, una mujer de unos 45 años vino a verme. Todo lo que me dijo era que sentía un cierto rechazo hacia su propia familia, hacia sí misma, hacia la situación política. No pude sacar de la breve conversación ningún elemento que me hiciera sospechar nada demoniaco, absolutamente nada. Al revés, todo lo que me decía me indicaba que había venido porque sufría una especie de hipocondría en relación a lo demoniaco. Recé por ella con intensidad y concentración durante algo más de medio minuto y le dije que no tenía nada y que diera gracias a Dios por ello.

Entre la conversación y la oración, no creo que empleara con ella más allá de dos minutos y medio. Puede parecer que el examen de los casos por la *vía rápida* supone falta de interés, pero en realidad hay casos que son tan claros que no tiene sentido utilizar diez minutos en ellos. Es preferible usar ese tiempo en los casos que de verdad lo requieren.

Caso B-6

Una chica cercana a los treinta años vino a ver si necesitaba ser exorcizada. Cuando íbamos a entrar en la capilla para ver si era verdad que necesitaba un exorcismo, me preguntó: ¿es que va a haber más gente? Sí, le respondí, este es el grupo de personas que me ayuda a rezar en los casos de posesión. La chica se negó en redondo, me dijo que ella quería ser exorcizada solos: ella y yo. Con una persona más como máximo. Le dije que era muy conveniente orar en grupo, pero ella se negó.

Vi mucha soberbia en ella, muchísima soberbia. Traté de que entendiera las razones de que hubiera más gente presente durante las oraciones. Asimismo le expliqué largamente que había que ser humilde. Un exorcismo es un don de Dios. No se pueden poner condiciones a un don, tú pones condiciones. Pero se negó en redondo. Protestó alegando que su intimidad era para ella muy importante.

Mira, le respondí, aquí nadie te obliga a ser exorcizada. Si quieres entrar en la capilla, entra. Pero si no quieres entrar, la puerta está abierta (estábamos en un pasillo que daba a los salones parroquiales). Ella dijo que así no accedía, que ponía esa condición. Repuse: Aquí las condiciones las pongo yo.

De forma que como vi tanta soberbia y ya habíamos perdido más de diez minutos en tratar de convencerla, le aconsejé que hiciera oración para que Dios le concediera el don de la humildad. Pero que con soberbia y exigencias no tenía sentido comenzar a rezar por ella, sería una oración infructuosa. Ella, enfadada, se marchó.

Después, algunos me dijeron que era el demonio el que hablaba por ella y que en realidad no era ella. No, contesté, ella estaba en estado consciente y es ella la que es soberbia. Sin humildad, el exorcismo no tendrá ningún resultado, no lo dudéis, les dije a los miembros del equipo que estaban allí. Hoy hubiéramos perdido el tiempo exorcizándola. Primero debe rendirse a Dios, después debe ser exorcizada. Si uno invierte el orden, el exorcismo no tiene efecto.

Caso B-7

La madre de tres niños me refirió a solas en el despacho de mi parroquia los siguientes hechos:

Uno de sus hijos comenzó a los siete años a mostrar repentinamente un comportamiento muy extraño. El niño decía que se iba a drogar y otras cosas carentes de sentido. Después no recordaba qué había dicho. Comenzó a ser un niño violento. Con el agua bendita el niño retornaba a la tranquilidad. Ese comportamiento extraño comenzó a hacerse cada vez más continuo. Un buen día dijo que no le llamara *Javier* sino *Ramiro* puesto que ese era su nombre; los nombres son ficticios, por supuesto. Otro día que tuvo un episodio muy violento, la madre ya no se limitó a hacerle la señal de cruz con agua bendita, sino que se la dio a beber, y ese día el agua le quemó. La madre percibía que el niño volvía mucho los ojos hacia atrás, es decir que los ponía en blanco echando su cabeza también hacia atrás. Después comenzó a observar los mismos síntomas en su hermano.

La madre llevó al niño a un sacerdote para que lo viera. El niño antes de ir a ver a un sacerdote quiso tirarse por las escaleras. Una vez que estuvo ante el sacerdote que le examinó, el supuesto poseso pudo meter la mano en agua bendita y no pasó nada. Aun así el sacerdote pensó que había algo en el niño. Entre otras cosas la madre vio a uno de sus hijos subir por una escalera y un segundo después verlo salir de un cuarto del piso de abajo. Por todo lo cual, el confesor creyó a la madre y pensó que había algo maligno en el chico.

En la casa en la que vivían desde hacía tiempo había apariciones de sombras, crujidos en las paredes y muebles.

Fueron a ver a un exorcista de otra diócesis el cual les exorcizó dos veces. Exorcizó a los tres hermanos, el demonio se manifestó en los tres, pues también había una chica mayor que ellos que había tenido algún síntoma. Las pupilas de la niña se le agrandaban a pesar de acercarse a la luz, un párpado aparecía más levantado que el otro. El color de los ojos de todos sus hijos se les volvieron más marrones.

La niña quedó liberada en pocos minutos, durante el exorcismo con aquel otro sacerdote. Pero los otros dos hijos seguían dando botes en la cama, mostraban respiraciones muy profundas, ronquidos muy fuertes para su edad e incluso gruñidos. La madre sabía que una persona de la familia de su marido había hecho un ritual contra ellos. Y estaba completamente segura de ello, porque esa persona se lo había dicho abiertamente a otra persona que la conocía.

Hasta aquí llegan los hechos tal como me los refirió la madre en mi despacho antes de que yo examinara a sus hijos. El mayor de los cuales tenía trece años, y el menor uno menos. Una vez que la madre me había contado toda esta historia, yo estaba bastante cierto de que me iba a encontrar con un caso de posesión o quizá con dos casos. Pero mi sorpresa fue que oré largamente por los tres hermanos y ninguno dio signo alguno de posesión por mínimo que fuera. Y eso que entre los dos hermanos y la hermana estuve orando media hora.

Me quedé un poco sorprendido. Hablé finalmente con el marido que había estado esperando fuera del templo paseando. La mujer me lo había pintado con tintes oscuros, como una persona que no colaboraría, que se limitaba a ir a misa los domingos pero que no la apoyaba en nada en todo este asunto. Cuando hablé con el esposo me encontré con una persona que me permitió con toda amabilidad que orara por él y que habló conmigo del modo más afable. La mujer me había presentado una imagen del marido con tintes bastante negativos en lo relativo a los supuestos fenómenos. Pero cuando charlé con el marido hubo varios hechos que empezaron a no concordar con la historia anterior: él estaba abierto completamente a la posibilidad de que hubiera algo demoniaco en su familia, me pareció un hombre de lo más razonable, incluso religioso, lo único que sucedía era que él no había presenciado ninguno de los signos evidentes de los que me hablaba la madre.

Indagué si vivía en casa o estaba las más de las veces ausente. Me contestó que estaba casi siempre en casa, pero que cuando su mujer le había llamado para ver alguna de esas manifestaciones, él no había visto nada, ni la más pequeña cosa extraordinaria. Comenzó a extrañarme que tantos fenómenos y tan evidentes siempre, sin excepción hubieran sido presenciados únicamente por la madre. Así que sospeché que tal vez el exorcista que los había exorcizado dos veces no hubiera visto las manifestaciones de las que ella me había hablado. Decidí llamar al exorcista a ver si era verdad que había realizado dos exorcismos[10] y le dije además al marido dos cosas: *He orado por sus hijos y en ninguno he visto la más pequeña manifestación demoniaca, ni siquiera signo alguno de la más leve influencia maligna. Por otro lado, sospecho que todo es producido por una obsesión de su mujer. Mucho me temo que es ella la que interpreta hechos ordinarios como algo diabólico.* Según ella, el marido no colaboraba nada y era contrario a todo esto. Pero de mi conversación con él saqué una conclusión tan distinta que aconsejé al marido que no le dijera nada a su mujer y que estuviera muy atento durante un par de semanas a ver si comenzaba a ver con más claridad el origen patológico de las observaciones que su mujer hacía y que habían logrado sembrar la duda en el mismo marido, a pesar de que él no había visto nada y parecía un hombre de lo más razonable. Si en un par de semanas de fijarse en todo esto de un modo más crítico, él iba convenciéndose más de que todo eran interpretaciones y no hechos, debería su mujer pedir ayuda no a un exorcista sino a un psiquiatra.

Así acabó el examen de este caso que achaco completamente a una interpretación paranoica de hechos ordinarios. Siempre aconsejo que el exorcista que escuche casos, debe aprender a no fiarse de ningún relato por más datos que aparezcan, si esos datos no están corroborados por una persona más allí presente. Y el exorcista desconfíe aunque la persona le diga que ya ha hablado con otro exorcista y le ha dicho que sí que ha discernido que hay posesión. En el examen de una persona, el exorcista solo debe tener como referencias seguras dos cosas: los testimonios de varias personas presentes y lo que él mismo observe. Todo lo demás es una pura nebulosa.

---

10 El padre E.G. de la archidiócesis de Madrid es un santo varón. Pero a veces me ha resultado más fácil expulsar a un demonio, que lograr hablar con este cura por teléfono. Está muy ocupado. Al día de hoy todavía sigo esperando que conteste a mi mensaje en el contestador de su móvil.

Epílogo

Infinidad de veces he llegado a ciudades y monasterios y he escuchado de boca del párroco, del abad o de la priora con aire de secreto y preocupación las siguientes palabras: "Padre, cuánto me alegro de que haya llegado, el cielo nos lo envía, tengo que comentarle... –y mira a los lados a ver si está alguien escuchando– asuntos extremadamente... delicados".

Así comienza en la película (no en la novela del mismo nombre) la conversación entre el padre abad y Guillermo de Basquerville en *El nombre de la rosa*, y así suelen comenzar muchas conversaciones mías al llegar a monasterios y conventos. Después el clérigo o la monja me insiste en que no voy a creer lo que me va contar, que no sabe por dónde comenzar, que lo que me va a decir resulta totalmente increíble. En mi caso –añado siempre con flema inglesa–, lo extraordinario y lo increíble forma parte de mi rutina.

Hace dos siglos, el cazador que cazaba de vez en cuando liebres o ciervos, no podía ni imaginar lo que era la captura de la ballena con arpón en medio del océano desde una barca. El cazador que les hubiera acompañado a alta mar y lo hubiera presenciado hubiera exclamado excitado: "Esto es apasionante!". El marino viejo podría haber cogido su pipa en la mano y haber repuesto: "Se trata de nuestro trabajo cotidiano".

En este mundo cargado de miles de años, ha habido muchas labores, muchas profesiones, pero ninguna atrae más interés, más curiosidad que el oficio de expulsar demonios. Eso ha sido así y seguirá siéndolo.

Expulsar demonios siempre suscitará más preguntas que el ayudar a un pobre o a un enfermo. Y lo que no voy a decir es que la culpa de este interés la tienen los humanos, no. Todo lo contrario. Dios que ha colocado tantas cosas tan interesantes en su Creación, también ha querido que hubiera regiones... llenas de misterio. El Creador podía haber hecho que de todo este mundo demoniaco no supiéramos ni una palabra. Pero ha sido su voluntad el que supiéramos de este mundo algo más que su existencia. De esa región oscura sabemos, sí, alguna palabra. Cuando menos, en estas páginas yo, humildemente, alguna palabra he escrito acerca de esa región.

Gloria a Dios en el cielo
y en la tierra paz a
los hombres que
ama el Señor.